A FORÇA DO SILÊNCIO

CARDEAL ROBERT SARAH
E NICOLAS DIAT

A FORÇA DO SILÊNCIO
CONTRA A DITADURA DO RUÍDO

Tradução
Omayr José de Moraes Junior

Edição Especial

Fons Sapientiae

São Paulo, 2024

© Librarie Arthème Fayard, 2016 – all Rights reserved
Título original: La force du silence: Contre la dictature du bruit
Autores: Cardinal Robert Sarah e Nicolas Diat

© 2017 – Distribuidora Loyola de livros.

Fundador: Jair Canizela (*1941-†2016)
Diretor geral: Vitor Tavares
Diretor editorial: Rogerio Reis Bispo
Editora: Cristiana Negrão
Capa: Editora Mensageiros/Fábio Fernandes
Diagramação: Claudio Tito Braghini Junior
Tradução: Omayr José de Moraes Junior
Preparação: Joseli Nunes Brito
Revisão: Joana Figueiredo e D. Hugo C. da S. Cavalcante, OSB

Este livro segue as regras da Nova Ortografia da Língua Portuguesa.

Dados Internacionais de Catalogação na Publicação (CIP)
(Câmara Brasileira do Livro, SP, Brasil)

Sarah, Robert
A força do silêncio : contra a ditadura do ruído / Robert Sarah, Nicolas Diat ; tradução Omayr José de Moraes Junior. -- Edição Especial -- São Paulo : Edições Fons Sapientiae, 2024.

Título original: La force du silence.
ISBN: 9786586085426

1. Silêncio - Aspectos religiosos - Igreja Católica 2. Vida espiritual - Igreja Católica I. Diat, Nicolas. II. Título.

17-08002   CDD-248

Índices para catálogo sistemático:

1. Silêncio: Aspectos religiosos : Cristianismo   248

Edições *Fons Sapientiae* é um selo da
Distribuidora Loyola de Livros
Rua Senador Feijó, 120 - Centro - Sé
01006-000 São Paulo - SP
T 55 11 3242 0449

Todos os direitos reservados. Nenhuma parte desta obra pode ser reproduzida ou transmitida por qualquer forma ou quaisquer meios (eletrônico ou mecânico, incluindo fotocópias e gravação) ou arquivada em qualquer sistema ou banco de dados sem permissão escrita.

*A Bento XVI, grande amigo de Deus,
mestre de silêncio e de oração.*

*A Dom Raymond-Marie Tchidimbo,
antigo arcebispo de Conakry, prisioneiro
e vítima de uma ditadura sangrenta.*

*A todos os cartuxos desconhecidos que buscam a Deus
há quase mil anos.*

OS DOZE GRAUS DO SILÊNCIO

Primeiro grau
Falar pouco com as criaturas e muito com Deus

Eis o primeiro passo indispensável para as vias solitárias do silêncio.

Na escola do silêncio, ensinam-se os elementos que dispõem à união com Deus. Nela, a alma estuda essa virtude no espírito do Evangelho, aprofunda-a no espírito da Regra que abraçou, respeitando os lugares consagrados, as pessoas, e sobretudo a língua... Nela, muitas vezes repousa o Verbo, a Palavra de Deus, o Verbo feito carne...

Silêncio em relação ao mundo... Silêncio sobre as notícias... Silêncio com as almas mais santas... E eis que voz de um Anjo perturbou Maria...

Segundo grau
Silêncio no trabalho, silêncio nos movimentos

Silêncio no andar. Silêncio dos olhos, dos ouvidos, da voz. Silêncio de todo o exterior, preparando a alma para unir-se a Deus.

Por esses primeiros esforços, a alma merece, tanto quanto necessita, ouvir a voz do Senhor. Como esse primeiro passo é bem recompensado! Deus atrai a alma ao deserto.

Assim, nesse segundo estado, a alma afasta tudo o que possa distraí-la. Afasta-se do ruído. Foge só, para aquele que é o só. Gozará então as primícias da união divina.

É o silêncio do recolhimento ou o recolhimento no silêncio.

Sétimo grau
Silêncio da natureza, do amor próprio

Silêncio à vista da própria corrupção e incapacidade. Silêncio da alma que se compraz em sua baixeza. Silêncio ante os louvores e a estima. Silêncio diante do desprezo, das preferências, das murmurações. Eis o silêncio da mansidão e da humildade.

Silêncio da natureza ante a alegria e o prazer. A flor desabrocha em silêncio. Seu perfume louva em silêncio o Criador. Assim deve fazer a alma. Silêncio da natureza no sofrimento e na contradição. Silêncio sobre os jejuns e vigílias. Silêncio sobre o cansaço, o frio, o calor. Silêncio na saúde, na doença, na privação total. É o silêncio eloquente da verdadeira pobreza e penitência!

O silêncio tão amável da morte a toda criatura. É o silêncio do eu humano perdendo-se no querer divino. As reclamações da natureza não o perturbam, porque esse silêncio está acima da natureza.

Oitavo grau
Silêncio do espírito

Afastar os pensamentos inúteis, agradáveis, muito humanos. Só eles perturbam o silêncio do espírito. Porque o pensamento, em si mesmo, não pode deixar de existir.

Nosso espírito quer a verdade. E nós lhe damos a mentira! Ora, a verdade essencial é Deus! Deus basta. E Ele não bastaria à pobre inteligência humana?

Pensar continuamente em Deus é certamente impossível à fraqueza humana, salvo por um dom de sua bondade. O silêncio do espírito, em matéria de fé, é contentar-se com as obscuridades da fé. Silêncio, pois, de argumentos sutis, que enfraquecem a vontade e diminuem o amor.

Silêncio na intenção: pureza, simplicidade. Na meditação, silêncio da curiosidade. Na contemplação, silêncio das potências da alma.

Silêncio do orgulho. Este se insinua por toda a parte e sempre, procurando subir no conceito das criaturas. Cale-se o orgulho. Far-se-á o silêncio da simplicidade, da retidão, do despojamento total.

Um espírito que combate tais inimigos é semelhante aos anjos que veem sempre a face de Deus. Deus eleva até Si essa inteligência sempre no silêncio.

Nono grau
Silêncio do julgamento

Silêncio quanto às pessoas e às coisas. Não julgar. Não deixar transparecer sua opinião. Fazer como se não se tivesse opinião, isto é, simplesmente ceder, salvo se a caridade ou a prudência se opuser. É o bem-aventurado silêncio da infância espiritual. É o silêncio dos perfeitos. É o silêncio dos anjos e arcanjos, quando executam as ordens de Deus. É o silêncio do Verbo Encarnado.

Décimo grau
Silêncio da vontade

O silêncio ante uma ordem, o silêncio diante das santas leis da Regra, não é o bastante.

"O que nos gritam, pois, essa avidez e essa impotência, senão que houve, outrora, no ser humano, uma verdadeira felicidade da qual só lhe restam, hoje, a marca e o vestígio todo vazio que ele tenta inutilmente preencher com tudo o que o rodeia, procurando, das coisas ausentes, o socorro que não obtém das coisas presentes, sendo todas elas incapazes, porque esse abismo infinito só pode ser preenchido por um objeto infinito e imutável, isto é, pelo próprio Deus."
Blaise Pascal, *Pensées* [Pensamentos]

"Ó dialeto de minha aldeia interior,
Doce falar de meus campos imaginários,
Jargão ribeirinho do meu rio invisível,
Idioma do meu país, de minha pátria espiritual,
Ó palavra mais querida que o próprio francês,
Ó meu silêncio! Eu te falo e te recito.
Eu te canto mil vezes para o deleite de minha alma
E te ouço soar como os órgãos triunfais."

Jean Mogin, *Pâtures du silence*
[Pastagens de silêncio]

Sumário

PREFÁCIO 11

INTRODUÇÃO 15

1 O SILÊNCIO CONTRA O BARULHO DO MUNDO......... 27

**2 DEUS NÃO FALA, MAS SUA
VOZ É BEM CONHECIDA**.. 107

3 O SILÊNCIO, O MISTÉRIO E O SAGRADO.................... 145

**4 O SILÊNCIO DE DEUS DIANTE DO
DESENCADEAMENTO DO MAL** 175

**5 COMO UM CLAMOR NO DESERTO:
O ENCONTRO NA GRANDE CARTUXA** 225

POSFÁCIO 283

BIBLIOGRAFIA 291

Prefácio

Desde quando, nos anos de 1950, pela primeira vez eu li as cartas de santo Inácio de Antioquia, ficou-me especialmente gravada uma passagem de sua *Carta aos Efésios*: "É melhor permanecer em silêncio e ser do que falar e não ser. É belo ensinar quando se faz o que se diz. Um só é o Mestre que disse e fez, e o que Ele fez, permanecendo em silêncio, é digno do Pai. Quem realmente possui a palavra de Jesus pode ouvir também o seu silêncio, de modo a ser perfeito, de modo a agir por sua palavra e ser conhecido por sua permanência no silêncio" (15,1s).

O que significa ouvir o silêncio de Jesus e reconhecê-lo por seu silêncio? Sabemos, pelos Evangelhos, que Jesus costumava passar as noites a orar a sós, "sobre o monte", em diálogo com o Pai. Sabemos que o seu falar, que a sua palavra provém da permanência no silêncio e que só no silêncio poderia amadurecer. É revelador, portanto, o fato de que a sua palavra só possa ser compreendida de modo justo quando se adentra também em seu silêncio; só se aprende a escutá-la a partir dessa sua permanência no silêncio.

É claro que, para interpretar as palavras de Jesus, é necessária uma competência histórica que nos ensine a compreender o tempo e a linguagem da época. Mas isso por si só não basta para colher verdadeiramente, em toda a sua profundidade, a mensagem do Senhor. Quem lê os comentários aos Evangelhos, cada vez mais volumosos, que são feitos atualmente fica desapontado no final. Aprende muitas coisas úteis sobre o passado e defronta-se com muitas hipóteses que, no final, em nada favorecem a compreensão do texto. No final, tem-se a sensação de que àquele excesso de palavras falta alguma coisa essencial: entrar no silêncio de Jesus, silêncio do qual nasce a sua palavra. Se não conseguirmos entrar nesse silêncio, sempre ouviremos a palavra de modo superficial e assim não a compreenderemos verdadeiramente.

Todos esses pensamentos atravessaram-me de novo a alma ao ler o novo livro do cardeal Robert Sarah, que nos ensina o silêncio: permanecer em silêncio com Jesus, o verdadeiro silêncio interior. Ao nos propor justamente isso, ele também nos ajuda a compreender de um modo novo a palavra do Senhor. Naturalmente, ele fala pouco ou nada de si, mas mesmo assim nos permite entrever algo da sua vida interior. Quando Nicolas Diat lhe pergunta: "Ao longo da sua vida, o senhor se deu conta algumas vezes de que as palavras foram se tornando demasiadamente inoportunas, pesadas e ruidosas?". Ele responde: "Em minhas orações e em minha vida interior, sempre senti a necessidade de um silêncio mais profundo e completo. [...] Os dias de solidão, de silêncio e de jejum absoluto foram um grande alento, uma graça incrível, uma lenta purificação e um encontro pessoal com Deus [...]. Os dias de solidão, de silêncio e de jejum, alimentado apenas pela Palavra de Deus, permitem ao homem estabelecer sua vida sobre o essencial" (*Pensamento* 134). Nessas linhas, revela-se a fonte de vida do cardeal, fonte que confere à sua palavra uma profundidade interior. Essa é a base que lhe permite reconhecer os perigos que continuamente ameaçam a vida espiritual, especialmente a de padres e bispos, ameaçando assim a própria Igreja, na qual, com não pouca frequência, em lugar da Palavra introduz-se uma verbosidade em que se dissolve a grandeza da Palavra. Gostaria de citar uma frase que

Prefácio

pode servir de começo para o exame de consciência de qualquer bispo: "Pode suceder que um sacerdote bom e piedoso, uma vez elevado à dignidade episcopal, descambe rapidamente na mediocridade e no desejo de ser bem-sucedido nos negócios mundanos. Sobrecarregado pelo peso de seus encargos, agitado pela vontade de agradar, preocupado com seu poder, autoridade e as necessidades materiais de seu ofício, gradualmente ele se esgota" (*Pensamento* 15).

O cardeal Sarah é um mestre espiritual que fala a partir da sua profunda permanência silenciosa junto ao Senhor, fala a partir da sua profunda unidade com Ele, e, assim, tem realmente algo a dizer a cada um de nós.

Devemos ser gratos ao papa Francisco por ter posto tal mestre espiritual à frente da Congregação que é responsável pela celebração da liturgia na Igreja. Na liturgia, como na interpretação da Sagrada Escritura, também é necessária uma competência específica. No entanto, também na liturgia pode acontecer que o conhecimento especializado acabe por ignorar o essencial, caso não se fundamente numa profunda unidade interior com a Igreja orante, que aprende sempre de novo, com o próprio Senhor, o que é a adoração. Com o cardeal Sarah, um mestre de silêncio e de oração interior, a liturgia está em boas mãos.

Bento XVI, Papa Emérito
Cidade do Vaticano, Semana da Páscoa de 2017.

Introdução

Por que o cardeal Robert Sarah quis consagrar um livro ao silêncio? Conversamos pela primeira vez sobre esse belo assunto em abril de 2015. Estávamos voltando a Roma, depois de passar alguns dias na abadia de Lagrasse.

Nesse magnífico mosteiro, entre Carcassonne e Narbonne, o cardeal tinha ido visitar seu amigo, o irmão Vincent. Prostrado por força da esclerose múltipla, o jovem religioso sabia que estava chegando ao fim de sua vida. No melhor da idade, encontrava-se paralisado, acamado numa enfermaria, condenado a impiedosos protocolos médicos. Para ele, a menor respiração era um grande esforço. Aqui na terra, o irmão Vincent-Marie da Ressurreição já vivia no grande silêncio do céu.

O primeiro encontro aconteceu em 25 de outubro de 2014. Esse dia marcou profundamente o cardeal Sarah. Ele reconheceu, imediatamente, uma alma ardente, um santo escondido, um grande amigo de Deus. Como esquecer a força espiritual do irmão Vincent, seu silêncio, a beleza de seu sorriso, a emoção do cardeal, as lágrimas, a modéstia, os sentimentos conflitantes? Irmão Vincent era incapaz de pronunciar uma simples frase, pois, àquela altura, a doença o privara do uso da palavra.

Ele podia simplesmente erguer o olhar para o cardeal. Ele podia simplesmente contemplá-lo, fixa, terna e amorosamente. Os olhos serenos de irmão Vincent tinham já a cor da eternidade.

Nesse dia ensolarado de outono, saindo do pequeno quarto onde os cônegos e as enfermeiras se revezavam constantemente com uma dedicação extraordinária, o abade de Lagrasse, Dom Emmanuel-Marie, conduziu-nos aos jardins do mosteiro, perto da igreja. Era preciso retomar um pouco de ar para aceitar a vontade silenciosa de Deus, aceitar esse plano oculto que inexoravelmente levaria um jovem e bom religioso, com o corpo martirizado, em direção a praias desconhecidas.

O cardeal voltou várias vezes para rezar com seu amigo, Irmão Vincent. A condição do paciente continuava a piorar, mas a qualidade do silêncio que selava o diálogo de um alto prelado da Igreja e um jovem cônego crescia de maneira sempre mais sobrenatural. Quando se encontrava em Roma, o cardeal costumava ligar para o irmão. Um falava suavemente e o outro permanecia em silêncio. Poucos dias antes de sua morte, o cardeal Sarah falou novamente com Irmão Vincent. Ele pôde ouvir sua respiração, rouca e dissonante, os achaques da dor, os últimos esforços de seu coração, e lhe deu sua bênção.

No domingo, 10 de abril de 2016, quando o cardeal Sarah chegara a Argenteuil para o encerramento da exposição da santa túnica de Cristo, Irmão Vincent entregou sua alma a Deus, acompanhado por Dom Emmanuel-Marie e por sua família. Como compreender o mistério de Irmão Vincent? Depois de tantas provas, o fim da estrada foi tranquilo. Os raios de luz do paraíso atravessaram sem ruído as janelas de seu quarto.

Nos últimos meses de vida, o jovem paciente rezou muito pelo cardeal. Os cônegos que se ocupavam do irmão a cada instante estão convencidos de que ele viveu alguns meses a mais para melhor proteger Robert Sarah. Irmão Vincent sabia que os lobos espreitavam, que seu amigo precisava dele, contava com ele.

Introdução

Essa amizade nasceu no silêncio, cresceu no silêncio e continua a existir no silêncio.

Os encontros com irmão Vincent eram um quinhão de eternidade. Nunca duvidamos da importância de cada minuto passado com ele. O silêncio permitia elevar todos os sentimentos em direção a um estado mais perfeito. Quando era preciso sair da abadia, sabíamos que o silêncio de Vincent nos tornaria mais fortes para enfrentar os ruídos do mundo.

Nesse domingo primaveril, quando irmão Vincent se juntou aos anjos no céu, o cardeal desejou ir a Lagrasse. Uma grande calma reinava em todo o mosteiro. O silêncio daquele irmão desceu aos lugares em que ele vivera. Claro, não era fácil passar perto da enfermaria deserta.

No coro da igreja, onde o corpo do irmão foi velado por alguns dias, a oração dos cônegos era bela.

Um cardeal africano veio sepultar um jovem religioso com quem ele jamais conversara. O filho das savanas da Guiné falava em silêncio com um pequeno santo francês; essa amizade é única e inabalável.

A força do silêncio nunca teria sido escrito sem irmão Vincent. Ele nos mostrou o quanto o silêncio em que o mergulhara a doença permitia adentrar sempre mais profundamente na verdade das coisas. As razões de Deus são frequentemente misteriosas. Por que quis provar tão duramente um moço feliz que nada pedia? Por que uma doença tão cruel, tão violenta, tão dolorosa? Por que esse encontro sublime entre um cardeal alçado ao topo da Igreja e um enfermo em seu quarto? O silêncio foi o sal dessa história. O silêncio teve a última palavra. O silêncio foi o elevador para o céu.

Quem procurava o irmão Vincent? Quem veio levá-lo consigo sem uma palavra? Deus.

Para o irmão Vincent-Marie da Ressurreição, o programa foi simples. Ele o cumpriu em três palavras: Deus ou nada.

Outra etapa marca essa amizade espiritual. Sem irmão Vincent, sem Dom Emmanuel-Marie, jamais teríamos chegado à Grande Cartuxa.

Quando surgiu a ideia de pedir ao padre geral da Ordem dos Cartuxos que participasse deste livro, pensamos não ser possível um tal projeto. O cardeal não queria perturbar o silêncio da Grande Cartuxa; é extremamente rara a fala do padre geral.

Não obstante, quarta-feira, 3 de fevereiro 2016, no início da tarde, nosso trem chegou à estação de Chambéry...

O céu cinza cobria as montanhas que cercam a cidade. A tristeza do inverno parecia integrar a paisagem e as pessoas em um aglutinante pegajoso. Quando nos aproximamos do maciço da Cartuxa, sobreveio uma tempestade de neve que cobriu o vale de um branco perfeito. Depois da porta Du Pont [St. Laurent du Pont], no famoso caminho de são Bruno, a estrada tornou-se quase intransitável.

Ao ladear os altos muros do mosteiro, cruzamos com o mestre de noviços, o padre Seraphico, e alguns jovens monges que retornavam do *spatiamentum* [o passeio comunitário semanal dos monges]. Eles se viraram à passagem do carro do cardeal e o saudaram discretamente. Em seguida, o carro parou diante daquele edifício solene e austero: tínhamos chegado à Grande Cartuxa. Os flocos de neve caíam aos montões e o vento se esgueirava entre os pinheiros, mas o silêncio já envolvia os nossos corações. Atravessamos lentamente o pátio para nos dirigir ao grande pavilhão dos priores, construído por dom Innocent le Masson no século XVII, que se abre ao imponente claustro dos ofícios.

O 74º reverendo padre geral da Ordem dos Cartuxos, dom Dysmas de Lassus, saudou o cardeal com uma simplicidade particularmente tocante.

No centro dessa geografia mística, o sonho de solidão e de silêncio de são Bruno tomou forma desde o ano de 1084. Em *La Grande Chartreuse, au-delà du silence* [A Grande Cartuxa, além do silêncio], Nathalie Nabert fala de uma fusão inigualável: "A espiritualidade cartuxa nasce

Introdução

do encontro de uma alma e um lugar, da coincidência entre o desejo de vida retirada em Deus e uma paisagem, *Cartusie solitudinem* [deserto da Cartuxa], assim a descrevem os textos antigos, cujo isolamento e a beleza selvagem atraem ainda mais para a solidão, longe das 'sombras fugazes do século', permitindo que se passe 'da tempestade deste mundo ao repouso tranquilo e a um porto seguro': é assim que Bruno de Colônia, no outono de sua vida, evocará a necessidade da solidão numa carta ao seu amigo Raul le Verd para atraí-lo ao deserto".

Logo a seguir, depois de uma conversa que não passou de cinco minutos, fomos para nossas celas. Da janela do quarto onde eu estava instalado, podia contemplar o mosteiro, revestido de seu manto branco, aninhado nas encostas imponentes do Grand Som, mais belo do que todas as imagens que construíram o inalterável mito da Grande Cartuxa. A longa sequência solene de pavilhões alinha-se perfeitamente reta e, a seguir, num nível inferior, as "*maisons des obédiences*".[1]

É muito raro poder atravessar as portas dessa cidadela. Nesse lugar inspirado, entrecruzam-se a longa tradição de ordens eremíticas, as tragédias da história e a beleza da criação. Mas isso não é nada comparado à profundidade das realidades espirituais; a Grande Cartuxa é um mundo onde as almas abandonaram-se em Deus e para Deus.

Às 17h30, os monges cartuxos reuniram-se na igreja conventual, estreita e sombria, para as Vésperas. Para chegar à igreja, foi preciso atravessar intermináveis corredores, frios e severos, ao longo dos quais não parei de pensar nas gerações de cartuxos que apertavam o passo para comparecer ao ofício. A Grande Cartuxa é a morada dos séculos, a morada sem voz, a morada santa.

Pensei também na odiosa e perturbadora expulsão dos religiosos em 29 de abril de 1903, consequência da votação da lei Émile Combes sobre a expulsão das congregações religiosas, que lembra as horas sombrias da

---

1 *Maisons des obédiences:* são as oficinas e ateliês de trabalho do mosteiro [Nota do Tradutor]

Revolução e a partida forçada dos cartuxos em 1792. Devemos refletir sobre essa profanação e sobre a chegada ao antigo mosteiro, depois de arrombadas as pesadas portas de entrada, de um batalhão de infantaria, seguido de dois esquadrões de dragões e de centenas de soldados sapadores. Os magistrados e os soldados entraram até na igreja, e os padres foram retirados um a um de suas estalas e conduzidos para fora dos muros. Os inimigos do silêncio de Deus triunfaram na vergonha. Por um lado, havia os tenazes defensores de um mundo liberado de seu Criador e, por outro, os fiéis e pobres cartuxos cuja única riqueza era o belo silêncio do céu.

Nessa noite de fevereiro de 2016, da primeira tribuna, eu via as sombras brancas, encapuçadas, que tomavam posse das estalas. Os padres não tardaram em abrir os grandes antifonários que lhes permitem seguir as partituras dos textos do ofício de Vésperas. A luz diminuía pouco a pouco, os cantos dos salmos se sucediam; o cardeal, ocupando um lugar ao lado de dom Dysmas, virava cuidadosamente as páginas daqueles livros antigos para seguir a oração. Atrás dele, o coro alto, "*jubé*", que separa as estalas dos padres da dos irmãos conversos, desenhava, na penumbra, uma grande Cruz que parecia conferir dignidade ainda maior a essa impressionante penumbra.

O lento canto gregoriano dos cartuxos imprime uma profundeza, uma piedade doce e áspera ao mesmo tempo. No final das Vésperas, os monges entoaram a magnífica *Salve Regina*. Desde o século XII, diariamente os cartuxos entoam essa antífona à Virgem Maria. Hoje, há poucos mosteiros onde essas notas ainda ressoam.

Lá fora, a noite caíra e as fracas luzes do mosteiro acabavam de parar o tempo. Os flocos de neve que rolavam dos telhados quebravam o silêncio. A névoa parecia escalar o fundo do vale estreito e os escuros flancos montanhosos compunham um cenário grandioso e triste.

Os monges retornavam às suas celas. Depois de percorrer os imensos corredores do claustro do cemitério, cada um entrou em seu *cubiculum* onde eles passam a parte mais importante de sua vida terrena. O silêncio da Grande Cartuxa logo retomou os seus direitos imprescritíveis. Ao percorrer a galeria dos mapas, onde, adornando as paredes, estão assinaladas as Cartuxas de toda a Europa, ficou fácil compreender como a ordem de são Bruno florescera a fim de satisfazer a sede de tantos religiosos que queriam encontrar o céu longe dos ruídos do mundo.

Enquanto o mundo dorme, ou se atormenta, o ofício noturno é o coração ardente da vida cartuxa. Na primeira página do antifonário que dom Dysmas tinha preparado antes de minha chegada, eu podia ler este aviso: *Antiphonarium nocturnum, ad usum sacri ordinis cartusiensis*. Era meia-noite e quinze, e os monges apagaram as poucas luzes que ainda iluminavam a igreja. Uma escuridão perfeita recobria todo o santuário quando os cartuxos entoaram suas primeiras orações. A noite permitia observar mais claramente do que nunca a lâmpada vermelha do Santíssimo Sacramento. O estalar da madeira das velhas estalas de nogueira parecia misturar-se às vozes dos monges. Os salmos se encadeavam ao ritmo lento de um canto gregoriano cuja falta de pureza talvez estranhasse aos frequentadores das abadias beneditinas. Mas a noite de oração não se presta a simples considerações estéticas. A liturgia se desdobra em uma penumbra que busca a Deus. Há as vozes dos cartuxos, e há um perfeito silêncio.

Por volta das duas e meia da manhã, os sinos soam o *Angelus*. Os monges deixam um por um a igreja. O ofício noturno é uma loucura ou uma maravilha? Em todas as Cartuxas do mundo, a noite prepara o dia e o dia prepara a noite. Não se podem esquecer as palavras de são Bruno, doces e vigorosas, em sua carta a Raul le Verd: "Aqui, Deus concede a seus atletas, na liça da batalha, a recompensa desejada: a paz que o mundo ignora e a alegria no Espírito Santo".

O prefeito da Congregação para o culto divino e a disciplina dos sacramentos ficou profundamente tocado pelos dois ofícios noturnos que marcaram sua passagem pelo mosteiro. De Isaac, o Sírio em seus *Discursos ascéticos*, ele partilha este belo pensamento: "A oração que é oferecida à noite é muito poderosa, mais do que a que se oferece de dia. Por isso, todos os justos oravam à noite, lutando contra o cansaço de seus corpos e a suavidade do sono. Por essa razão, satanás teme a labuta da vigília noturna e usa todos os meios para contrariar os ascetas, como se passou com Antão, o Grande, com o beato Paulo, com Arsênio e outros padres do Egito. No entanto, os santos perseveraram com zelo na vigília e triunfaram sobre o poder do diabo. Qual é o solitário que, mesmo que possua todas as virtudes, não se sentiria inútil se tivesse negligenciado esse trabalho? Pois a vigília é a luz da consciência, ela exalta o espírito, ela recolhe os pensamentos e por meio dela o intelecto se eleva nos ares e fixa seu olhar nas coisas espirituais, enquanto por meio da oração ele se rejuvenesce e brilha com fulgor".

Para o cardeal, a noite aquece o coração humano. O vigia noturno sai de si mesmo, a fim de melhor encontrar Deus. O silêncio da noite é o mais apto para moer as ditaduras do ruído. Quando a escuridão desce sobre a terra, a ascese do silêncio assume contornos mais luminosos. A palavra do salmista é clara: "De noite [...] Faz-me gemer a lembrança de Deus; na minha meditação, sinto o espírito desfalecer. Vós me conservais os olhos abertos e estou perturbado, falta-me a palavra. Penso nos dias passados, lembro-me dos anos idos. De noite reflito no fundo do coração e, meditando, meu espírito indaga:" (cf. Sl 76, 3-7).

Antes de nossa partida, o cardeal quis visitar o cemitério. Atravessamos o mosteiro, suas longas e magníficas galerias, que são como labirintos esculpidos pela oração. O grande claustro mede 216 metros de norte a sul, 23 metros de leste a oeste, ou seja, um quadrilátero de 478 metros. As fundações desse conjunto gótico remontam ao século XII; desde então, reina um silêncio permanente. No deserto da Cartuxa, o cemitério está no centro do claustro.

Introdução

As sepulturas não tinham nome, nem data, nem registro algum. De um lado, havia as cruzes de pedra, para os padres gerais da Ordem, e, de outro, a cruz de madeira para os padres e irmãos leigos. Os cartuxos são enterrados no solo, sem caixão, sem lápide; nenhum sinal que evoque a sua existência. Perguntei a dom Dysmas de Lassus onde estavam as cruzes dos monges com quem ele partilhara a vida e tinha visto morrer. Dom Dysmas já não sabia. "As intempéries e o musgo já fizeram o seu trabalho", declarou. Ele pôde encontrar apenas o túmulo de dom André Poisson, seu predecessor, que morreu em abril de 2005. O antigo padre geral morreu à noite, sozinho em sua cela; ele partiu para reunir-se a todos os filhos de são Bruno, e à vasta coorte de solitários, no céu.

Desde 1084, os cartuxos não querem deixar traços. Só Deus conta. *Stat Crux dum volvitur orbis* – A Cruz está firme enquanto o mundo gira.

Antes de partir, sob um sol radiante e um céu azul imaculado, o cardeal abençoou os túmulos.

Momentos depois, saímos da Grande Cartuxa. O monge beneditino que veio nos buscar disse: "Os senhores deixaram o paraíso...".

Georges Bernanos, em *Diálogos das carmelitas,* escreveu: "Quando o sábio desceu até o fundo de sua sabedoria, convém que ouça as crianças". Os cartuxos são sábios e crianças ao mesmo tempo.

Durante esse ano de trabalho, estas palavras do *Diário de um pároco de aldeia*, de Bernanos, foi a bússola segura de nossa reflexão: "O silêncio interior – aquele abençoado por Deus – nunca me isolou das criaturas. Parece que elas chegam e eu as recebo na soleira de minha casa [...] Infelizmente, não lhes posso oferecer mais que um refúgio precário. Mas imagino que o silêncio de certas almas é como um refúgio seguro. Os pobres pecadores, no limite de suas forças, entram aí por acaso, adormecem e vão embora consolados sem nenhuma lembrança do grande templo em que, por um momento, depuseram o seu fardo".

Da mesma forma, em *Le silence comme introduction à la métaphysique* [O silêncio como introdução à metafísica], o filósofo Joseph Rassam nos diz que "o silêncio é, em nós, a linguagem sem palavras do ser finito; o silêncio, por seu próprio peso, solicita e orienta nosso movimento rumo ao Ser infinito. Ou seja, o pensamento não acede à afirmação de Deus por seu próprio poder, mas por sua docilidade à luz generosa de ser recebido e acolhido como uma dádiva. O ato do silêncio que define esse acolhimento traz consigo a oração, isto é, o movimento pelo qual a alma se eleva a Deus". Para Joseph Rassam, assim como para o cardeal Robert Sarah, "se a palavra caracteriza o ser humano, é o silêncio que o define, porque a palavra só tem sentido em função desse silêncio". Essa é a bela e importante mensagem de *A força do silêncio*.

Em 16 de abril de 2013, poucas semanas depois de sua eleição, o papa Francisco lembrava: "Mataram os profetas [...] depois os veneraram, a eles erigiram monumentos, mas primeiro os mataram. É tal como se manifesta a resistência ao Espírito Santo". Neste mundo, o ser humano que fala de silêncio pode conhecer a mesma espiral: admiração, rejeição e condenação encadeiam-se e dissolvem-se.

As palavras das pessoas silenciosas são muitas vezes verdadeiras profecias, mas também luzes que os homens procuram extinguir.

Neste livro, o cardeal Robert Sarah teve apenas um único projeto que se resume neste pensamento: "O silêncio é difícil, mas nos torna aptos a nos deixar conduzir por Deus. Do silêncio nasce o silêncio. Pelo Deus silencioso, podemos aceder ao silêncio. E nunca deixamos de nos surpreender pela luz que então jorra. O silêncio é mais importante que qualquer outra ação humana. Porque ele expressa a Deus. A verdadeira revolução vem do silêncio; ele nos leva a Deus e aos outros a fim de nos colocarmos, humilde e generosamente, a seu serviço" (*Pensamento 68, A força do silêncio*).

Qual virtude o cardeal Sarah espera da leitura deste livro? A humildade. Desse ponto de vista, ele pôde fazer seu o caminho do cardeal

Introdução

Rafael Merry del Val. Ao aposentar-se dos assuntos públicos da Igreja, o antigo secretário de Estado de São Pio X compôs a bela *Ladainha da humildade*, que ele recitava diariamente depois da celebração da missa:

> "Jesus manso e humilde de coração:
> Fazei o nosso coração semelhante ao Vosso.
> Da minha vontade própria, livrai-me, Senhor!
> Do desejo de ser estimado, livrai-me, Senhor!
> Do desejo de ser amado, livrai-me, Senhor!
> Do desejo de ser procurado, livrai-me, Senhor!
> Do desejo de ser honrado, livrai-me, Senhor!
> Do desejo de ser louvado, livrai-me, Senhor!
> Do desejo de ser preferido, livrai-me, Senhor!
> Do desejo de ser consultado, livrai-me, Senhor!
> Do desejo de ser aprovado, livrai-me, Senhor!
> Do desejo de ser compreendido, livrai-me, Senhor!
> Do desejo de ser visitado, livrai-me, Senhor!
> Do temor de ser humilhado, livrai-me, Senhor!
> Do temor de ser desprezado, livrai-me, Senhor!
> Do temor de ser repreendido, livrai-me, Senhor!
> Do temor de ser caluniado, livrai-me, Senhor!
> Do temor de ser esquecido, livrai-me, Senhor!
> Do temor de ser ridicularizado, livrai-me, Senhor!
> Do temor de ser escarnecido, livrai-me, Senhor!
> Do temor de ser injuriado, livrai-me, Senhor!
> Do temor de ser abandonado, livrai-me, Senhor!
> Do temor de ser rejeitado, livrai-me, Senhor!
>
> Que os outros sejam mais amados do que eu,
> Senhor, concedei-me a graça de desejá-lo!
> Que os outros sejam mais estimados do que eu,
> Senhor, concedei-me a graça de desejá-lo!
> Que os outros possam crescer na opinião do mundo e eu possa diminuir,
> Senhor, concedei-me a graça de desejá-lo!

A FORÇA DO SILÊNCIO

Que aos outros seja concedida mais confiança no seu trabalho e que eu seja deixado de lado,
Senhor, concedei-me a graça de desejá-lo!
Que os outros sejam louvados e eu esquecido,
Senhor, concedei-me a graça de desejá-lo!
Que os outros possam ser preferidos a mim em tudo,
Senhor, concedei-me a graça de desejá-lo!
Que os outros possam ser mais santos do que eu, contanto que eu me torne santo como puder,
Senhor, concedei-me a graça de desejá-lo!

Que eu seja desconhecido e pobre,
Senhor, que eu me alegre com isso.
Que eu seja desprovido de perfeição natural do corpo e da alma,
Senhor, que eu me alegre com isso.
Que ninguém pense em mim,
Senhor, que eu me alegre com isso.
Que eu me ocupe das tarefas mais humildes,
Senhor, que eu me alegre com isso.
Que ninguém queira que o sirva em nada,
Senhor, que eu me alegre com isso.
Que ninguém peça a minha opinião,
Senhor, que eu me alegre com isso.
Que me deixem em último lugar,
Senhor, que eu me alegre com isso.
Que ninguém me cumprimente,
Senhor, que eu me alegre com isso.
Que me critiquem oportuna ou inoportunamente,
Senhor, que eu me alegre com isso.
Bem-aventurados os que sofrem perseguição pela justiça,
Porque deles é o reino dos céus".

Nicolas Diat
Roma, 2 de setembro de 2016.

1
O silêncio contra o barulho do mundo

"As grandes coisas se realizam no silêncio. Não no barulho e na *mise-en-scène* de acontecimentos exteriores, mas na clareza do olhar interior, no movimento discreto da decisão, nos sacrifícios e vitórias ocultas, quando o amor toca o coração, e a ação solicita um espírito livre. As potências do silêncio são potências realmente fortes. Queremos aplicar nossa atenção ao evento mais oculto, o mais silencioso, cujas fontes secretas se perdem em Deus, inacessíveis aos olhares humanos."

Romano Guardini, *O Deus vivo*

NICOLAS DIAT: No livro Voix cartusienne *[A voz cartuxa], dom Augustin Guillerand escreve, com precisão, que "a solidão e o silêncio são hóspedes da alma. Se a alma os possui, os leva consigo a todos os lugares; a alma que não os tem não os encontrará em lugar algum. Para entrar no silêncio, não é suficiente parar o movimento dos lábios e o movimento dos pensamentos. Não é aí que se cala. Calar-se é uma condição do silêncio, mas não é o silêncio. O silêncio é uma palavra, o silêncio é um pensamento. É* uma palavra e um pensamento em que se concentram todas as palavras e todos os pensamentos". Como entender essa bela ideia?

CARDEAL ROBERT SARAH:

1 – Nisso há uma grande pergunta: como o homem realmente pode ser a imagem de Deus? Ele deve entrar no silêncio.

Revestindo-se de silêncio, como o próprio Deus habita em um grande silêncio, o homem está perto do céu, ou melhor, ele deixa Deus se manifestar nele.

Só encontramos Deus no silêncio eterno onde ele mora. O senhor já ouviu a voz de Deus como está ouvindo a minha?

A voz de Deus é silenciosa. Na verdade, também o homem deve tender a se tornar silêncio. Falando de Adão no paraíso, santo Agostinho escreveu: *"Vivebat fruens Deo, ex quo bono erat bonus"* ["Vivia fruindo a Deus de cujo bem era feita a sua bondade"] (*De civ. Dei* XIV, 26: PL 41, 434). Ao viver com e no Deus silencioso, devemos nos tornar nós mesmos silenciosos. Em seu livro *Quero ver a Deus*, o frei Marie-Eugène do Menino Jesus escreve: "Para o homem espiritual que provou Deus, o silêncio e Deus parecem se identificar. Pois Deus fala no silêncio e só o silêncio parece poder expressar a Deus. Além disso, para reencontrar Deus, onde o homem poderia ir senão nas profundezas mais silenciosas de si mesmo, nessas regiões tão ocultas que nada pode perturbá-las? Quando as alcança, ele zelosamente preserva esse silêncio que Deus dá. Ele o defende de toda a agitação, mesmo a de suas próprias potências".

2 – No coração do homem há um silêncio inato, porque Deus habita o mais íntimo de cada pessoa. Deus está em silêncio, e este silêncio divino habita o homem. Em Deus, estamos inseparavelmente ligados ao silêncio. A Igreja pode afirmar que a humanidade é filha de um Deus silencioso; pois os homens são os filhos do silêncio.

3 – Deus nos sustém, e vivemos com ele a todo instante guardando o silêncio. Nada é melhor para descobrir a Deus que o seu silêncio inscrito no centro de nosso ser. Se não cultivamos esse silêncio, como encontrar a Deus? O homem gosta de viajar, criar, fazer grandes descobertas. Mas permanece fora de si mesmo, longe de Deus, que está silenciosamente em sua alma. Quero lembrar quão importante é cultivar o silêncio para estar verdadeiramente com Deus. Servindo-se do livro do Deuteronômio, que diz que não é atravessando o mar que encontramos Deus, pois Ele está em nosso coração, são Paulo explica: *"Não digas em teu coração: Quem subirá ao céu?* Isto é, para fazer Cristo descer do alto, ou: *Quem descerá ao abismo?* Isto é, para reconduzir Cristo dentre os mortos. Que ela [a justiça que vem da fé] diz então? *A palavra está perto de ti, na tua boca e no teu coração*. Isto é, a palavra da fé, que pregamos. Porque se confessas, com tua boca, que Jesus é o Senhor, e crês, em teu coração, que Deus o ressuscitou dentre os mortos, tu serás salvo" (cf. Rm 10, 6-9; Dt 30,12-14.16).

4 – Mediante a Sagrada Escritura, ouvida e ruminada em silêncio, as graças divinas se derramam sobre o homem. É na fé, e não percorrendo países remotos ou atravessando mares e continentes, que podemos encontrar e contemplar Deus. Na verdade, será perscrutando por longas horas as Escrituras, depois de ter resistido a todos os ataques do Príncipe deste mundo, que chegaremos a Deus.

Dom Augustin Guillerand não se enganou ao dizer que os homens não encontram em nenhum outro lugar aquilo que têm em si mesmos. Se o silêncio não habita o homem, e se a solidão não é um estado em que ele se deixa moldar, a criatura está privada de Deus. Não há lugar no mundo onde Deus esteja mais presente que no coração humano. O coração realmente é a morada de Deus, o templo do silêncio.

5 – Nenhum profeta jamais reencontrou com Deus sem se retirar na solidão e no silêncio. Moisés, Elias e João Batista reencontraram Deus no imenso silêncio do deserto. Hoje, também os monges buscam a Deus na solidão e no silêncio. Não falo unicamente de solidão ou de isolamento geográfico, mas de um estado interior. Não basta calar-se. É preciso tornar-se silêncio.

No entanto, antes mesmo do deserto, da solidão e do silêncio, Deus já está presente no homem. O verdadeiro deserto está dentro de nós, em nossa alma.

Fortalecidos por esse conhecimento, podemos compreender que o silêncio é indispensável para encontrar Deus. O Pai espera seus filhos em seus próprios corações.

6 – É preciso sair do tumulto interior para encontrar Deus. Apesar das agitações, dos negócios, dos prazeres fáceis, Deus permanece silenciosamente presente. Ele está em nós como um pensamento, uma palavra e uma presença cujas fontes secretas, inacessíveis aos olhares humanos, estão encerradas no próprio Deus.

A solidão é o melhor estado para ouvir o silêncio de Deus. Quem quiser encontrar o silêncio, a solidão é a montanha que se deve subir. Se um homem se isola entrando em um mosteiro, de início deve buscar o silêncio. No entanto, o objetivo de sua busca está em si mesmo. A presença silenciosa de Deus já mora em seu coração. O silêncio que procuramos confusamente está em nosso próprio coração e nos revela Deus.

Infelizmente, os poderes do mundo que buscam modelar o homem moderno descartam metodicamente o silêncio.

Não temo dizer que os falsos padres da modernidade, que declaram uma forma de guerra ao silêncio, perderam a batalha. Pois podemos permanecer em silêncio mesmo em meio à maior confusão, às agitações abjetas, em meio à barulheira e aos roncos das máquinas infernais que nos convidam ao funcionalismo e ao ativismo e nos tiram de toda dimensão transcendente e de toda vida interior.

Para muitos místicos, a fertilidade do silêncio e da solidão é semelhante à palavra pronunciada quando da criação do mundo. Como o senhor explica esse grande mistério?

7 – A palavra não é apenas um som; é uma pessoa e uma presença. Deus é a palavra eterna, o *logos*. É o que diz são João da Cruz em suas *Máximas*, quando escreve: "O Pai Eterno disse uma só palavra: essa é seu Filho. Ele a disse eternamente e em um silêncio eterno. É no silêncio da alma que ela se faz ouvir" (*Dichos de Luz y Amor, 99*). O livro da Sabedoria nos indica essa mesma interpretação sobre o modo de Deus intervir para libertar o povo eleito de seu cativeiro no Egito. Essa inesquecível ação se passou durante a noite: "quando um silêncio profundo envolvia tudo e a noite chegava ao meio de seu rápido curso, do alto do céu a tua Palavra onipotente se lançou do trono real" (cf. Sb 18,14-15). Mais tarde, esse mesmo versículo será compreendido, pela tradição litúrgica cristã, como prefiguração da Encarnação silenciosa do Verbo eterno na manjedoura de Belém. O hino da Apresentação do Senhor no Templo canta também esse acontecimento: "O que começa aqui sem ruído, a oblação do grão pelo fruto, quem dentre nós poderá compreender?". São João Crisóstomo, em suas *Homilias sobre o Evangelho de são Mateus*, não hesita enfatizar: "Vemos que Jesus Cristo nasceu de nós e de nossa substância humana, e que ele nasceu de uma Virgem: mas não compreendemos como esse milagre pôde se realizar. Não nos fadiguemos ao tentar descobri-lo, mas aceitemos humildemente o que Deus nos revelou, sem perscrutar curiosamente o que Deus nos mantém oculto. Acolhamo-lo no silêncio da fé".

8 – Deus realiza tudo, age em todas as circunstâncias e opera todas as nossas transformações interiores. Mas as faz quando estamos à sua espera no recolhimento e no silêncio.

É no silêncio, e não no tumulto e no barulho, que Deus entra nas mais íntimas profundezas de nosso ser. Em *Quero ver a Deus*, Padre Marie-Eugène do Menino Jesus escreveu escreveu com razão: "A lei divina nos surpreende. Ela vai diretamente ao encontro da nossa experiência das leis naturais do mundo. Aqui na terra, toda transformação profunda, toda mudança exterior produz certa agitação e se faz ruidosamente. O rio não poderia alcançar o oceano, que é o seu termo, senão pelo movimento ruidoso das suas correntes que ali desembocam bramindo". Se observamos as grandes obras, as ações mais poderosas, as transformações interiores mais extraordinárias e mais brilhantes que Deus opera no homem, somos obrigados a constatar que Ele trabalha em silêncio. O batismo realiza uma criação maravilhosa na alma da criança ou do adulto que recebe esse sacramento em nome do Pai, do Filho e do Espírito Santo. O recém-batizado é imerso em nome da Trindade, é inserido no Deus Trino. Ele recebe uma nova vida, permitindo-lhe realizar os atos divinos dos filhos de Deus. Ouvimos as palavras do sacerdote: "Eu te batizo...", vemos correr a água sobre a cabeça da criança; mas dessa imersão na vida íntima da Trindade, da graça e da criação que exige nada menos do que a ação pessoal e todo-poderosa de Deus, nós nada percebemos. Deus silenciosamente pronunciou a sua Palavra na alma. E, na mesma obscuridade silenciosa, geralmente, advêm os desenvolvimentos posteriores da graça.

9 – Em junho de 2012, na basílica de são João de Latrão, em uma *lectio divina* luminosa, Bento XVI explicou a realidade e o sentido profundo do batismo: "Ouvimos que as últimas palavras do Senhor nesta terra aos seus discípulos foram estas: 'Ide, fazei discípulos de todos os povos e batizai-os no nome do Pai e do Filho e do Espírito Santo' (cf. Mt

28,19). Fazei discípulos e batizai. [...] Por que é necessário ser batizado? [...] Uma primeira porta abre-se, se lermos atentamente essas palavras do Senhor. A escolha da palavra *'no* nome do Pai', no texto grego, é muito importante: o Senhor diz *'eis'* e não *'en'* ou seja, não *'em* nome' da Trindade – como dizemos que um vice-prefeito fala 'em nome' do prefeito, um embaixador fala 'em nome' do governo: não. Ele diz: *'eis to onoma',* isto é, uma imersão no nome da Trindade, um estar inserido no nome da Trindade, um impregnar-se do ser de Deus e do nosso ser, um estar imerso no Deus Trindade, Pai, Filho e Espírito Santo, do mesmo modo como no matrimônio, por exemplo, duas pessoas se tornam uma só carne, se tornam uma nova e única realidade, com um novo e único nome [...] Por conseguinte, ser batizado quer dizer estar unido a Deus; numa existência única e nova nós pertencemos a Deus, estamos imersos no próprio Deus".

Dá-se o mesmo na ordenação sacerdotal. No silêncio, pelo sacramento da Ordem, um homem torna-se não apenas um "*alter Christus*", um outro Cristo, mas também, muito mais que isso, ele é "*ipse Christus*", o próprio Cristo. Nesse momento, sem que nada seja perceptível exteriormente, no silêncio, nas profundezas do ser, ocorre uma verdadeira e real identificação com Cristo. Santo Ambrósio, em seu *Tratado sobre os mistérios*, exorta-nos, dizendo: "Viste o diácono, viste o sacerdote, viste o bispo. Não dês atenção ao aspecto físico deles, mas à graça de seu ministério" (*De Mysteriis* II, 6: PL 16, 391). Exteriormente, como sacerdotes, permanecemos pobres pecadores; mas, na realidade, somos como que "transubstanciados" e configurados ao próprio Cristo. No ato da transubstanciação, o sacerdote desempenha o papel de Cristo.

10 – A transubstanciação do pão e do vinho no corpo e sangue de Cristo, a mais incrível e a mais prodigiosa transformação, se passa no

maior silêncio sagrado. Ouvimos o sacerdote pronunciar as palavras da consagração, mas o prodígio da transubstanciação realiza-se imperceptivelmente, como todas as obras mais grandiosas de Deus. O silêncio é a lei dos planos divinos.

11 – O ser de Deus está presente em nós, desde sempre, em absoluto silêncio. E seu próprio silêncio permite ao homem entrar em relação com a Palavra que está no fundo de seu coração. Assim, no deserto, não falamos. Ouvimos em silêncio; o homem entra em um silêncio que é Deus.

Como definir o silêncio em sua acepção mais simples, ou seja, o silêncio da vida cotidiana? De acordo com o Petit Robert [dicionário], o silêncio é "a atitude de alguém que permanece sem falar". Ele designa "a ausência de ruído, de agitação, a condição de um lugar onde nenhum som é perceptível". O silêncio só pode ser definido pela negação? A ausência de palavra, de ruído, de som é sempre silêncio? Da mesma forma, não é paradoxal tentar "falar" de silêncio na vida cotidiana?

12 – O silêncio não é uma ausência. Pelo contrário, é a manifestação de uma presença, a mais intensa de todas as presenças. O descrédito em que a sociedade moderna lançou o silêncio é o sintoma de uma doença grave e preocupante. Os verdadeiros questionamentos da vida são feitos em silêncio. O sangue corre sem fazer ruído em nossas veias, e só em silêncio podemos ouvir o coração bater.

13 – Em 4 de julho de 2010, em uma homilia para o oitavo centenário do nascimento do papa Celestino V, Bento XVI insistiu seriamente sobre o fato de que "vivemos numa sociedade em que cada espaço, cada momento parece que deva ser 'preenchido' por iniciativas, atividades,

sonhos; muitas vezes, nem sequer temos tempo para ouvir e dialogar. Não tenhamos medo de ficar em silêncio, para fora e para dentro de nós mesmos, se queremos ser capazes não apenas de perceber a voz de Deus, mas também a voz de quem está ao nosso lado, a voz dos outros". Bento XVI e João Paulo II conferiram ao silêncio uma dimensão positiva. Na verdade, se está associado à solidão e ao deserto, o silêncio não está de modo algum fechado em si mesmo, vazio; não é mutismo, assim como a verdadeira palavra não é tagarelice, mas condição para estar na presença de Deus, do próximo e de si mesmo.

Como bem entender o silêncio exterior? "Deus é o amigo do silêncio. As árvores, as flores e a grama crescem em silêncio. Olhem as estrelas, a lua e o sol, como se movem silenciosamente", dizia poeticamente santa Teresa de Calcutá em seu discurso de agradecimento pelo Prêmio Nobel da Paz, em Oslo, em 1979.

14 – Para se entender o caráter tão valioso do silêncio na vida cotidiana, é eloquente o episódio da visita de Jesus a Marta e Maria, narrado por Lucas (Lc 10, 38-42): "Marta, Marta, tu te afliges e te preocupas com muitas coisas" (Lc 10, 41). Jesus não repreendeu Marta por conta de seus afazeres na cozinha – era preciso que ela preparasse a refeição –, mas por sua dissipação interior, que refletiu na sua irritação com sua irmã. Desde Orígenes, certos comentadores tendem a reforçar o contraste entre as duas mulheres a ponto de ver, por um lado, a figura de uma vida ativa e dispersa e, por outro, a de uma vida contemplativa vivida em silêncio, escuta e oração interior. Na realidade, Jesus parece indicar os contornos de uma pedagogia espiritual: sempre devemos cuidar para ser Maria antes de nos tornar Marta. Caso contrário, arriscamos cair num verdadeiro atoleiro de ativismo e de agitação cujas consequências desagradáveis afloram muito claramente na narrativa evangélica: o pânico, o medo de agir sozinho, a dissipação interior, um aborrecimento, como o de Marta

em relação a sua irmã, e a impressão de que Deus nos deixa sozinhos sem intervir de forma eficaz. Assim, ao dirigir-se a Marta, Jesus diz: "Maria escolheu a melhor parte" (Lc 10, 42). Ele lembra a importância de "[manter nossa] alma em paz e silêncio" (cf. Sl 130, 2) para estar à escuta do próprio coração. Com ternura, Cristo a convida a parar um pouco e retornar ao coração, lugar do verdadeiro acolhimento e morada da silenciosa ternura de Deus, de quem ela se afastara ruidosamente por conta da atividade à qual ela se entregara. Toda a ação deve ser precedida de uma intensa vida de oração, de contemplação, de busca e de escuta da vontade de Deus. Em sua carta apostólica *Novo millennio ineunte*, João Paulo II escreve: "É muito importante que tudo o que nos propusermos, com a ajuda de Deus, esteja profundamente radicado na contemplação e na oração. O nosso tempo é vivido em contínuo movimento que muitas vezes chega à agitação, caindo-se facilmente no risco de 'fazer por fazer'. Há que resistir a essa tentação, procurando o 'ser' acima do 'fazer'". Eis o desejo íntimo e imutável do monge. Mas também é a aspiração mais profunda de qualquer pessoa que procura o Eterno. Porque o ser humano não pode reencontrar verdadeiramente com Deus a não ser no silêncio e na solidão, interior e exterior.

15 – Quanto mais somos revestidos de glória e de honra, quanto mais elevados em dignidade, quanto mais investidos de responsabilidades públicas, de prestígio e funções temporais, como leigos, padres ou bispos, tanto mais precisamos progredir na humildade e cultivar, com zelo, a dimensão sagrada da nossa vida interior, buscando constantemente ver a face de Deus na prece, na oração, na contemplação e na ascese. Pode suceder que um sacerdote bom e piedoso, uma vez elevado à dignidade episcopal, descambe rapidamente na mediocridade e no desejo de ser bem-sucedido nos negócios mundanos. Sobrecarregado pelo peso de seus encargos, agitado pela vontade de agradar, preocupado com seu poder, sua autoridade

e as necessidades materiais de seu ofício, gradualmente ele se esgota. Em seu ser e em seu trabalho, ele manifesta a vontade de promoção, o desejo de prestígio, bem como a degradação espiritual. Enfim, ele é prejudicial a si mesmo e ao rebanho do qual o Espírito Santo o estabeleceu guardião para apascentar a Igreja de Deus, adquirida com o sangue de seu próprio Filho. Todos corremos o perigo de ser capturados pelos negócios e pelas preocupações mundanas se negligenciamos a vida interior, a prece, a oração, o face a face cotidiano com Deus, a ascese necessária para todo contemplativo e toda pessoa que quer ver o Eterno e com Ele viver.

16 – Recordemos o que são Gregório Magno escreveu em uma carta a Teoctista, irmã do imperador bizantino Flávio Maurício Tibério. Confrontado com a tensão entre a vida monástica e seu ministério pontifício, com tudo o que o pontificado comportava de responsabilidades sociais e políticas, ele expunha, com amargura, suas dificuldades de harmonizar contemplação e ação. Em *Registrum epistolarum*, ele confidencia: "Perdi as alegrias profundas do meu repouso; tenho a impressão de ter-me elevado por fora, enquanto, por dentro, estou desmoronado. Também deplorei ter sido banido para longe da face de meu Criador. Todos os dias, na verdade, esforçava-me para viver fora do mundo, fora da carne, para afastar dos olhos da alma todas as imagens corpóreas, para fitar as alegrias do alto. [...] Apressava-me em me pôr aos pés do Senhor, como Maria, para ouvir as palavras de sua boca, e eis que, como Marta, sou forçado a me ocupar de tarefas exteriores, de defrontar-me com múltiplas tarefas. [...] Diz o salmo: 'Tu os jogaste ao chão enquanto subiam (cf. Sl 72,18); ele não diz: 'Tu os jogaste ao chão depois de terem se elevado', mas 'enquanto subiam', porque os malvados desabam interiormente quando, cobertos de honras temporais, parecem estar subindo exteriormente. Portanto, sua elevação é sua própria ruína. No entanto, há muitos que sabem dominar as honras exteriores de modo que elas não provoquem alguma ruína

interior. Por isso, está escrito: 'Deus não rejeita os poderosos, porquanto também ele é poderoso' (cf. Jó 36, 5)" (*Registrum epistolarum*, Epist. V, *ad Theoctistam*: PL 77, 448-449).

São Gregório enfatiza o contraste que ele vivia; ele queria harmonizar a vida contemplativa e a ativa, simbolizadas por Maria e Marta. Uma viva tensão entre o silêncio, a paz monástica e seus novos encargos temporais só poderia ser resolvida pela intensificação da vida interior e por uma íntima relação com Deus.

17 – Da mesma forma, em uma carta a Raul le Verd, são Bruno escreve, com a delicadeza que o caracteriza, comentando são Lucas: "O que a solidão e o silêncio do deserto trazem de utilidade e de regozijo divino àqueles que os amam, somente sabem os que fizeram pessoalmente essa experiência. Lá, de fato, homens fortes podem se recolher o quanto quiserem, permanecer em si, cultivar assiduamente as sementes das virtudes, e se alimentar com alegria dos frutos do paraíso. Nesse lugar, tentamos adquirir esse olho cujo claro olhar fere de amor o Esposo divino, e cuja pureza permite ver a Deus face a face. Nesse lugar, gozamos de plena liberdade, e nos imobilizamos em uma ação tranquila. Lá, Deus concede a seus atletas, pela labuta do combate, a recompensa desejada: a paz que o mundo ignora e a alegria no Espírito Santo. Essa é a melhor parte que Maria escolheu e que não lhe será tirada. Como gostaria, querido irmão, que ardesses de amor divino. Que essa caridade venha estabelecer-se em teu coração, e a glória do mundo, enganosa, sedutora, logo te pareça miserável. Descartarias, então, facilmente, as riquezas cuja preocupação torna mais pesada tua alma. O que, na verdade, há de mais contrário à razão, à justiça, à própria natureza que preferir a criatura ao Criador, preferir os valores perecíveis mais que os bens eternos? O amor de Deus é tanto mais útil quanto mais justo for. O que poderia ser mais justo e mais útil, mais natural, mais conveniente ao ser humano que amar o que

é bom? E o que há de tão bom quanto o próprio Deus? Além disso, há outro verdadeiro bem que Deus apenas? Também a alma santa que tem alguma percepção desse bem, desse esplendor, de seu brilho incomparável, arde de amor celeste e clama: 'Minha alma tem sede de Deus, do Deus vivo: quando estarei diante da face de Deus?'" (cf. Sl 41, 2-3). É o desejo de ver Deus que nos impele a amar a solidão e o silêncio. Pois é o silêncio que Deus habita. Ele se cobre de silêncio.

Em todas as épocas, a experiência de vida interior e de amor intimamente vividos com Deus foi essencial para encontrar a verdadeira felicidade.

18 – Cada dia, é importante guardar silêncio para estabelecer os contornos da ação futura. A vida contemplativa não é o único estado em que é preciso se esforçar para silenciar o coração.

Na vida cotidiana, secular, civil ou religiosa, o silêncio exterior é necessário. Em *Le signe de Jonas* [O sinal de Jonas], Thomas Merton escreveu: "a necessidade [de silêncio] é particularmente evidente neste mundo onde há tanto barulho e palavras ineptas. O silêncio é necessário para protestar e reparar a destruição e os danos provocados pelo 'pecado' do ruído. É verdade que o silêncio não é virtude, nem o ruído é pecado. Mas o tumulto, a confusão e o ruído perpétuos que reinam na sociedade moderna são expressão dos seus mais graves pecados – sua impiedade, suas orgias e sua depravação moral, sua arrogância perante o Eterno, seu desespero. Um mundo feito de propaganda, de argumentos infindáveis, de vitupérios, de críticas ou simplesmente tagarelices é um mundo, não vale a pena viver. Os católicos que se associam a esse tipo de alarido, os que adentram na Babel das vozes, de certa maneira exilam-se da Cidade de Deus. A missa torna-se um falatório confuso; as orações, um ruído externo ou interno – repetição apressada e mecânica do Rosário".

O Ofício Divino recitado sem recolhimento, sem entusiasmo ou fervor, ou de maneira irregular e esporádica, arrefece o coração e mata a virgindade de nosso amor a Deus. Aos poucos, o nosso ministério sacerdotal torna-se como o trabalho de quem cava poços de onde só saem águas mortas. Vivendo num mundo de ruídos e superficialidade, provocamos a decepção de Deus e não podemos ouvir a tristeza e as queixas de seu coração. Assim diz o Senhor: "Lembro-me de tua afeição quando eras jovem, de teu amor de noivado, no tempo em que me seguias ao deserto. [...] Porque meu povo cometeu uma dupla perversidade: abandonou-me, a mim, fonte de água viva, para cavar cisternas, cisternas fendidas que não retêm a água" (Jr 2, 2.13).

E Thomas Merton continua: "Além disso, embora seja verdade que devemos suportar o barulho e guardar excepcionalmente nossa vida interior em meio à agitação, não é menos verdade que é abusivo conformar-se a uma sociedade perpetuamente oprimida por atividades e sufocada pelo barulho das máquinas, da publicidade, do rádio e da televisão que não param de falar. Que fazer? Quem ama a Deus deve tentar preservar ou criar a atmosfera em que possa encontrá-Lo. Os cristãos deveriam ter lares tranquilos, porque seus corpos, assim como suas casas, são templos de Deus. Dispensar, se necessário, a televisão – não que todos devam fazê-lo, mas apenas os que a levam muito a sério. [...] Que os cristãos se juntem a outros de mesma sensibilidade, os que apreciam o silêncio, e se ajudem a se manter no reino do silêncio e da paz. Que acostumem seus filhos a não gritar muito. As crianças são naturalmente silenciosas: deixemo-las em paz, porque se as irritamos desde o berço, vão se tornar cidadãos de um Estado em que todos gritam. Que levem as pessoas a lugares onde possam ter tranquilidade, relaxar sua mente e coração na presença de Deus: capelas no campo e na cidade, salas de leitura, ermidas. Casas onde possam fazer retiros sem uma perpétua opressão de 'atividades' ruidosas – gritam até mesmo as orações da Via Sacra e, como a multidão excitada e ímpia da Jerusalém intoxicada pelos sumos sacerdotes e os anciãos do povo, gritam enquanto celebramos o mistério da morte de Cristo por nossos pecados".

Em seguida, o trapista conclui: "Para muitos, seria manifestar uma grande renúncia e uma bela disciplina abandonar essas fontes de ruído: todos se dão conta de que precisam de silêncio, não poucos se atrevem a mergulhar nele por medo do que os outros vão dizer".

A sociedade moderna não consegue passar sem a ditadura do ruído. Ela tenta nos embalar com a sua ilusão de democracia de fancaria, mas arranca a nossa liberdade com a violência sutil do diabo, o pai da mentira. Jesus, porém, nos prometeu: "Se permanecerdes na minha palavra, sereis verdadeiramente meus discípulos, e conhecereis a verdade e a verdade vos libertará" (cf. Jo 8, 31-32).

19 – O silêncio interior põe fim aos julgamentos, paixões e desejos. Uma vez adquirido o silêncio interior, podemos levá-lo conosco ao mundo e rezar em todos os lugares. Mas assim como o ascetismo interior não pode ser obtido sem mortificações muito concretas, é absurdo falar de silêncio interior sem silêncio exterior.

Há no silêncio uma exigência para cada um de nós. Controlamos o tempo da ação se sabemos silenciar. A vida de silêncio deve preceder a vida ativa.

20 – O silêncio da vida cotidiana é a condição essencial para viver uns com os outros. Sem a capacidade de silêncio, perde-se a capacidade de ouvir as pessoas com quem vivemos, perdemos a capacidade de amá-las e compreendê-las. A caridade nasce do silêncio. Ela procede de um coração silencioso capaz de estar atento, ouvir e acolher. O silêncio é uma condição de alteridade e uma necessidade para a compreensão de si mesmo. Sem silêncio, não há descanso, serenidade ou vida interior. O

silêncio é amizade e amor, harmonia interior e paz. O silêncio e a paz pulsam em um só coração.

No ruído da vida cotidiana, há sempre certa inquietação que se desperta em nós. O barulho nunca é sereno e não leva a compreender o outro. Pascal estava certo ao escrever em seus *Pensées:* "Toda a infelicidade dos homens provém de uma só coisa, que é a de serem incapazes de permanecer quietos em um quarto".

Sob o mero aspecto físico, não podemos descansar senão em silêncio. As melhores coisas da vida acontecem em silêncio. Só podemos ler ou escrever se dispomos de silêncio.

Como imaginar, por um só momento, a vida de oração fora do silêncio?

21 – Hoje, num mundo ultratecnicista e atarefado, como encontrar o silêncio? O ruído cansa, e temos a impressão de que o silêncio tornou-se um oásis inatingível. Quantas pessoas são obrigadas a trabalhar no meio de uma confusão que as angustia e desumaniza? As cidades tornaram-se infernos barulhentos, onde nem mesmo a noite é poupada das agressões sonoras.

Sem barulho, o homem pós-moderno cai numa inquietação surda [que não quer escutar] e lancinante. Ele está habituado a um ruído de fundo constante que o adoece e dopa.

Sem barulho, o homem fica inquieto, febril e perdido. O barulho o tranquiliza como uma droga da qual ele se torna dependente. Com sua aparência festiva, o ruído é um turbilhão que evita olhar de frente. A agitação se torna um calmante, sedativo, uma dose de morfina, uma forma de sonho, de estado onírico sem consistência. Mas esse ruído é um medicamento perigoso e ilusório, uma mentira diabólica que proíbe o confronto com o vazio interior. O despertar só pode ser brutal.

22 – Em *Quero ver a Deus*, o frei Marie-Eugène escreveu: "Vivemos na febre do movimento e da atividade. O mal não está apenas na organização da vida moderna, na ansiedade que impõe aos nossos gestos, a rapidez e facilidade que proporciona aos nossos movimentos. Um mal mais profundo está na febre e no nervosismo dos temperamentos. Não sabemos mais esperar ou ficar em silêncio. No entanto, parece que procuramos o silêncio e a solidão. Deixamos o ambiente familiar a fim de procurar novos horizontes, outra atmosfera. Geralmente, é apenas diversão com novas impressões. Quaisquer que sejam as mudanças do tempo, Deus permanece o mesmo, *Tu autem idem Ipse es*", e é sempre no silêncio que Ele pronuncia seu Verbo e no qual a alma deve recebê-lo. A lei do silêncio se impõe a nós como se impunha a santa Teresa. A febre e a inquietação do temperamento moderno tornam essa lei mais imperiosa e nos obrigam a um esforço mais enérgico para respeitá-la e nos submeter a ela".

Os sons e as paixões nos afastam de nós mesmos enquanto o silêncio sempre nos obriga ao questionamento sobre a própria vida.

23 – A humanidade deve comprometer-se em uma forma de resistência. Em que se tornará nosso mundo se ele não encontrar espaços de silêncio? O repouso interior e a harmonia só podem vir do silêncio. Sem ele, a vida não existe. Os maiores mistérios do mundo nascem e se desenrolam em silêncio. Como a natureza se desenvolve? No maior silêncio. Uma árvore cresce em silêncio, e as fontes d'água nascem do silêncio da terra. O sol nascente aquece-nos, brilhante e grandioso, em silêncio. O extraordinário está sempre envolto em silêncio.

No ventre da mãe, a criança cresce em silêncio. Quando o bebê dorme no berço, seus pais gostam de olhá-lo em silêncio, para não o acordar. Esse espetáculo só pode ser contemplado em silêncio, no assombroso mistério do homem em sua pureza original.

24 – As maravilhas da criação são silenciosas, e só podemos admirá-las em silêncio. A arte também é fruto do silêncio. Do contrário, como é possível contemplar em silêncio um quadro ou uma escultura, a beleza da cor e a perfeição de uma forma? A grande música se ouve em silêncio. O encantamento, a admiração e o silêncio funcionam por correspondência. A música vulgar e de mau gosto é executada com alvoroço, gritos, confusão, uma verdadeira agitação diabólica e extenuante. Música que não se ouve; ela ensurdece o ser humano, o embriaga de vazio, de confusão e desespero.

Não experimentamos os mesmos sentimentos, a mesma pureza, a mesma elegância, a mesma elevação de espírito e de alma quando ouvimos silenciosamente Mozart, Berlioz, Beethoven ou o canto gregoriano? Essa música nos faz entrar numa dimensão sagrada, numa liturgia celeste, no limiar da própria pureza. Por seu caráter expressivo, por sua capacidade de converter almas, essa música faz o coração humano vibrar em uníssono com o de Deus. Aí, a música reencontra a sua sacralidade e sua origem divina.

Segundo dom Mocquereau, monge beneditino da abadia de Solesmes, "recebemos de Platão uma admirável definição de música: a música é a arte que, modulando a voz, chega até a alma e inspira o gosto pela virtude. De acordo com Platão, a mais bela melodia é a que exprime com mais perfeição as boas qualidades da alma. As Musas, dizia ainda, nos concederam a harmonia, cujos movimentos são semelhantes aos de nossas almas, não para servir a prazeres fúteis, mas para nos ajudar a regrar, mediante ela, os movimentos desordenados de nossa alma; elas nos concederam também o ritmo a fim de serem reformados os modos desprovidos de medida e de graça da maioria dos homens. Tal era o ideal superior que os gregos tinham da música".

25 – Os sentimentos que emergem de um coração silencioso exprimem-se na harmonia e no silêncio. As grandes coisas da existência humana são vividas no silêncio, sob o olhar de Deus.

O silêncio é a maior liberdade do ser humano. Nenhuma ditadura, nenhuma guerra, nenhuma barbárie pode lhe subtrair esse tesouro divino.

Escutando o senhor, entendemos que se o silêncio pode ser a ausência de palavras, ele é, acima de tudo, a atitude daquele que escuta. Escutar é acolher o outro no coração. Salomão no primeiro livro de Reis (cf. 3, 5-15) não diz: "Dai-me, Senhor, um coração que escuta"?. Ele não pede nem riqueza, nem a morte de seus inimigos, nem o poder, mas um coração silencioso para ouvir a Deus.

26 – O rei Salomão pede a Deus para ser um homem silencioso, ou seja, um verdadeiro filho de Deus. Não quer riqueza nem glória, nem a vitória sobre o inimigo, mas um coração que escuta. Em um movimento inverso, o mundo moderno transforma aquele que ouve em um ser inferior. Com uma funesta arrogância, a modernidade exalta o homem embriagado de imagens e de *slogans* ruidosos, matando o homem interior.

27 – A *Regra do Carmelo* prescreve que se evite "com grande cuidado que se fale muito [...] porque a abundância de palavras não é sem pecado". O apóstolo são Tiago, de fato, mostra quão importante é a mortificação da língua: "Se alguém não cair por palavra, esse é um homem perfeito, capaz de refrear todo o seu corpo. Quando pomos o freio na boca dos cavalos, para que nos obedeçam, governamos também todo o seu corpo. Vede também os navios: por grandes que sejam e embora agitados por ventos impetuosos, são governados com um pequeno leme à vontade do piloto. Assim também a língua é um pequeno membro, mas pode gloriar-se de grandes coisas. Considerai como uma pequena chama pode incendiar uma grande floresta! Também a língua é um fogo, um mundo de iniquidade. A língua está entre os nossos membros e contamina todo o corpo; e sendo inflamada pelo inferno, incendeia o curso da nossa

vida. Todas as espécies de feras selvagens, de aves, de répteis e de peixes do mar se domam e têm sido domadas pela espécie humana. A língua, porém, nenhum homem a pode domar. É um mal irrequieto, cheia de veneno mortífero. Com ela bendizemos o Senhor, nosso Pai, e com ela amaldiçoamos os homens, feitos à semelhança de Deus. De uma mesma boca procede a bênção e a maldição. Não convém, meus irmãos, que seja assim" (Tg 3, 2-10).

São Tiago compara a língua ao leme de um barco. É um pequeno pedaço de madeira que dirige toda a embarcação. Quem controla a língua controla sua própria vida, como o capitão controla o navio. Inversamente, quem fala demais é como um barco à deriva. Na verdade, a tagarelice, que é uma tendência insana de exteriorizar todos os tesouros da alma ao expô-los oportuna e inoportunamente, é maximamente prejudicial à vida espiritual. Seu movimento se dá na direção oposta ao da vida espiritual, a qual se interioriza e se aprofunda sem cessar para aproximar-se de Deus. Arrastado para fora por uma necessidade de tudo dizer, o tagarela está longe de Deus e de toda atividade profunda. Sua vida se expõe inteiramente sobre seus lábios e flui como rios de palavras que carregam os frutos cada vez mais empobrecidos de seu pensamento e de sua alma. Porque já não tem tempo nem prazer de se recolher, de pensar, de viver profundamente. Pela agitação que criou em torno de si, o tagarela também impede a fecundidade do trabalho e do recolhimento dos outros. Superficial e vazio, torna-se perigoso. O costume, atualmente tão difundido, de testemunhar em público as graças divinas concedidas nas regiões mais profundas e secretas da alma, expõe quem fala à superficialidade, à autoviolação da amizade interior com Deus e à vaidade.

28 – Temos de aprender, diz Thomas Merton, que "a inviolabilidade do nosso santuário espiritual, do centro de nossa alma, depende de nossa discrição. A discrição é o correspondente intelectual de uma

intenção pura que oculta todas as coisas boas, sobretudo as que dizem respeito a nós mesmos. Se queremos encontrar com Deus no fundo de nossa alma, devemos deixar fora todas as coisas, incluindo nós mesmos". Se queremos encontrar com Deus em nossas almas e permanecer com Ele, é desastroso tentar dizer aos outros de que modo o vemos. Podemos fazer isso de outra maneira, pela graça que ele nos concede em silêncio e também pela radiação e transparência de nossas vidas.

O verdadeiro testemunho se expressa pelo exemplo silencioso, puro e radiante da santidade de nossa vida.

29 – Hoje, a palavra fácil e a imagem vulgar são as peças centrais de muitas vidas. Tenho a impressão de que o homem moderno não sabe como parar o fluxo interminável do discurso sentencioso, falsamente moral, e também a necessidade bulímica de imagens adulteradas.

O silêncio dos lábios parece impossível aos ocidentais. Mas os meios de comunicação tentam também as sociedades africanas e asiáticas empurrando-as para uma selva superabundante de palavras, imagens e sons. Os monitores necessitam de suprimentos gigantescos para distrair a humanidade e destruir as consciências. Quem se cala reveste-se da aparência de fraqueza, ignorância ou falta de vontade. No regime moderno, quem vive o silêncio transforma-se na única pessoa que não pode se defender. É tido por sub-humano. *A contrario*, alguém supostamente forte é um ser de palavras. Ele oprime e afoga o outro nas ondas de seu palavrório.

30 – A pessoa silenciosa não é mais um sinal de contradição; é apenas alguém a mais. Aquele que fala tem importância e valor; quem se cala recebe pouca consideração. O homem silencioso é reduzido a nada. O simples fato de falar se investe de valor. As palavras não têm sentido? Não importa. O barulho adquiriu a nobreza que o silêncio possuía outrora.

Quem fala é celebrado e quem mantém silêncio é um pobre mendigo diante do qual não é preciso sequer erguer os olhos.

31 – Nunca deixarei de agradecer os bons e santos sacerdotes que generosamente doaram suas vidas em prol do reino de Deus. Mas denunciarei sem trégua os sacerdotes infiéis às promessas de sua ordenação. Para serem conhecidos ou para impor a sua visão de mundo, seja no plano teológico seja no pastoral, eles insistem em falar sempre mais. Esses clérigos repetem as mesmas coisas banais. Eu seria incapaz de afirmar que Deus os habita. Quem consegue sentir o transbordar puro de sua interioridade como uma fonte que corre das profundezas divinas? Mas eles falam, e os meios de comunicação gostam de ouvi-los para fazer retumbar suas inépcias, especialmente se eles se declaram favoráveis às novas ideologias pós-humanistas, no domínio da sexualidade, da família e do casamento. Assim, esses clérigos pensam que é um mero "ideal evangélico" o que Deus pensa sobre a vida conjugal. O casamento não é mais uma exigência de Deus, cujo modelo é a aliança nupcial entre Cristo e a Igreja. Certos teólogos impõem seus pontos de vista com audácia e arrogância a ponto de sustentarem opiniões dificilmente conciliáveis com a Revelação, a tradição, o magistério plurissecular da Igreja e o ensinamento de Cristo. Assim, lançando mão de uma barulheira midiática, contestam abertamente o pensamento de Deus.

Será que estamos vendo a realização das palavras proféticas de Paulo VI, citadas por Jean Guitton, em seu livro *Paul VI secret*: "Atualmente, há uma grande perturbação no mundo e na Igreja, e o que está em questão é a fé. [...] O que me impressiona quando considero o mundo católico é que, no interior do catolicismo, parece por vezes predominar um tipo de pensamento não católico, e pode acontecer que esse pensamento não católico se torne amanhã ainda mais forte no catolicismo. Mas ele nunca representará o pensamento da Igreja. É preciso que subsista um pequeno rebanho, por menor que seja".

É urgente ouvir a voz de são Paulo em sua segunda epístola aos Coríntios: "Não somos, como tantos outros, falsificadores da palavra de Deus. Mas é na sua integridade, tal como procede de Deus, que nós a pregamos em Cristo" (2 Cor 2,17). "Por isso não desanimamos deste ministério que nos foi conferido por misericórdia [...]. Não andamos com astúcia, nem falsificamos a palavra de Deus. Pela manifestação da verdade nós nos recomendamos à consciência de todos os homens, diante de Deus" (2 Cor 4,1-2).

Santo Inácio de Antioquia conclamava os sacerdotes a "exortar aos cristãos a viver de acordo com a mente de Deus, pois Jesus Cristo, nossa vida, de quem não nos podemos separar, é o pensamento do Pai, assim como os bispos, estabelecidos por toda a terra, representam o espírito de Jesus Cristo" (*Epist. ad Ephesios* c.3: PG 5, 647). Eis uma séria responsabilidade de cada bispo: ser e representar o pensamento de Cristo. Os bispos que desencaminham o rebanho que Jesus lhes confiou serão implacáveis e severamente julgados por Deus.

32 – Em sua *Epístola aos Efésios* I (15-16), santo Inácio de Antioquia mostra-se severo ao tratar do silêncio e da fidelidade à doutrina: "É melhor permanecer em silêncio e ser do que falar e não ser. É bom ensinar quando se faz o que se diz. Há um só Mestre que disse e foi feito, e as obras que, no silêncio, realizou são dignas do Pai. Quem verdadeiramente possui a palavra de Jesus Cristo pode ouvir o próprio silêncio, a fim de ser perfeito, para agir por meio do que diz e ser conhecido por se manter em silêncio. Nada escapa ao Senhor, até mesmo os nossos segredos estão diante dele. Tudo façamos, portanto, pensando que Ele habita em nós, seus templos, Ele, o nosso Deus. Ele realmente está e se manifestará a nós se tivermos por Ele uma justa caridade. Não vos enganeis, meus irmãos: os que corrompem a família não herdarão o reino de Deus. Se foram entregues à morte os que agem segundo a carne, quanto mais os

que corromperem, por sua perversa doutrina, a fé divina pela qual Jesus Cristo foi crucificado! Quem assim se contaminou irá para o fogo que não se apaga, e irá também quem o ouve".

33 – Atualmente, tantas pessoas estão embriagadas de palavras, sempre inquietas, incapazes de silêncio e de respeito pelos outros. Elas perderam a calma e a dignidade. Ben Sirac, o sábio, muitas vezes recomenda a sobriedade, a prudência e as boas maneiras no trato social. É preciso ter medida e precaução para não ferir a nossa alma e a dos outros, para que nada nos faça cair gravemente por nossa conduta e palavras. Em particular, Ben Sirac se inquieta com nossa atitude à mesa: "O vinho, bebido moderadamente, é a alegria da alma e do coração. A sobriedade no beber é a saúde da alma e do corpo. O excesso na bebida causa irritação, cólera e numerosas catástrofes. O vinho, bebido em demasia, é a aflição da alma" (Sr 31, 28-30). E santo Alberto de Jerusalém, autor da *Regra do Carmelo*, nos dá um conselho simples: para evitar a queda, é preciso silenciar e confiar na sabedoria, nas inspirações e na ação silenciosa de Deus. Não devemos "ultrajar o Espírito da graça". A conquista do silêncio tem o sabor amargo das batalhas ascéticas, mas Deus quis que esse combate fosse acessível a todos.

34 – A palavra, sem o silêncio que a precede, corre o risco de ser pura tagarelice inútil: "No silêncio e na esperança estará a vossa força", disse Isaías (Is 30,15). O profeta critica o povo de Israel e seu ativismo idólatra, sua borbulhante paixão política feita de alianças de interesses ou de estratégia militares, às vezes com o Egito, às vezes com a Assíria. O povo de Israel não confia mais em Deus. Isaías exorta à conversão, à calma e à serenidade. Assim, o silêncio está ligado à fé em Deus. Longe da agitação e das falsas aparências, devemos nos lançar silenciosamente nos braços de Deus. A esperança e a força do ser humano residem na sua

aposta silenciosa em Deus. Porém, na época do profeta Isaías, o povo não escutou. Antes disso, para fugir do Egito, puseram sua confiança nos carros, nos cavalos e no poderio militar egípcio, toda uma loucura barulhenta que os levou ao caos. No entanto, o povo eleito deveria ter entregado sua vida unicamente nas mãos de Deus, permanecendo em silêncio. Nosso futuro está nas mãos de Deus e não na agitação ruidosa das negociatas humanas, mesmo que pareçam úteis. Hoje ainda, nossas estratégias pastorais sem exigências, sem apelo à conversão, sem um retorno radical a Deus, são caminhos que levam ao nada. São meros jogos políticos que não podem nos levar ao Deus crucificado, nosso verdadeiro Libertador.

O homem moderno é capaz de todo o barulho, de todas as guerras e de tantas falsas declarações solenes; ele produziu um caos infernal porque excluiu Deus de sua vida, de seus combates e da sua gigantesca ambição de transformar o mundo em proveito desse seu egoísmo.

35 – Os que permanecem em silêncio, desconhecidos, são os verdadeiros homens. Estou certo de que os grandes raramente se servem de palavras fáceis. Eles traçam um caminho pela eloquência de seus silêncios e do rigor de sua vida inseparavelmente ligada ao "pensamento de Jesus Cristo". É maravilhoso ser reconhecido pelo próprio silêncio.

No alvorecer deste novo milênio, os silenciosos são as pessoas mais úteis à sociedade porque, sendo seres de silêncio e interioridade, vivem a verdadeira dimensão humana. A alma humana não se expressa apenas por palavras.

36 – Em nossas sociedades consumistas, o ser humano não cansa de desfilar como um pavão, mas não tem cuidado algum com sua alma. Exibe-se com roupas brilhantes que se desgastam e serão entregues às traças.

37 – Na Igreja, sem menosprezar o trabalho dos missionários e o mérito de seu sacrifício, são os monges e as monjas que representam a maior força espiritual. Os contemplativos são a maior força evangelizadora e missionária, o órgão mais importante e valioso que transmite a vida e mantém a energia vital do corpo inteiro. Deus escolhe pessoas a quem confia a missão de consagrar suas vidas à oração, à adoração, à penitência, ao sofrimento e aos sacrifícios diários, assumidos em nome de seus irmãos para a glória de Deus, a fim de complementar em sua carne o que falta às tribulações de Cristo pelo seu corpo que é a Igreja. São seres do silêncio e estão constantemente diante de Deus. Noite e dia, cantam louvores ao seu nome, em nome da Igreja e da humanidade. Não os ouvimos, mas eles contemplam o Invisível e levam adiante a obra de Deus.

38 – Os homens e as mulheres que rezam em silêncio, à noite e na solidão, são as colunas-mestras da Igreja de Cristo. Nestes tempos confusos, os contemplativos são os que se consomem realmente na oferta generosa de suas vidas numa existência mais fiel às promessas do Filho de Deus. O verdadeiro missionário, disse João Paulo II, é o contemplativo em ação.

39 – Desde sua renúncia, Bento XVI vive como os monges, recolhido no silêncio de um mosteiro dos jardins do Vaticano. Como os contemplativos, também ele está a serviço da Igreja, dedicando suas últimas forças e o amor de seu coração à oração, à contemplação e à adoração a Deus. O papa emérito mantém-se constantemente diante do Senhor para a salvação das almas e a glória de Deus.

40 – Contudo, há dois milênios se vê o paradoxo de tantos teólogos tagarelas, tantos papas barulhentos, tantos sucessores dos Apóstolos

pretensiosos e inchados por seus raciocínios. Mas a Igreja é inabalável, pois foi construída sobre "Pedro" e sobre o rochedo do Gólgota.

41 – Cristo viveu trinta anos em silêncio. Depois, ao longo de sua vida pública, retirou-se ao deserto para ouvir e falar com o Pai. O mundo tem necessidade vital de pessoas que saiam para o deserto, pois Deus fala no silêncio.

42 – É um trabalho difícil, árduo e árido manter-se em silêncio, controlando os lábios e a língua. Mas é preciso que nos recolhamos sempre mais nas realidades interiores que podem moldar efetivamente o mundo. O ser humano deve manter-se em silêncio diante de Deus e dizer: Deus, uma vez que me deste o conhecimento e o desejo de perfeição, conduze-me sempre em direção ao absoluto do amor. Fazei com que Vos ame sempre mais, porque sois o sábio artesão que não deixa inacabada obra alguma, desde que a argila da criatura não vos oponha resistência e recusa. Sem palavras, entrego-me a Vós, Senhor. Quero ser dócil e maleável como o barro nas mãos de Vós, hábil e benévolo oleiro.

Como caracterizar o que poderíamos nomear o silêncio do olhar?

43 – Há muitos anos, o ser humano é constantemente agredido por imagens, luzes e cores que o cegam. Sua morada interior é violada pelas imagens malsãs e provocantes da pornografia, da violência bestial e de todas as obscenidades mundanas que atacam a pureza do coração e nele se infiltram através da porta do olhar.

44 – O olhar, que deveria ver e contemplar as coisas essenciais, é desviado para as artificiais. Nossos olhos confundem dia e noite, pois as nossas vidas estão inteiramente imersas numa permanente luz. Nas

cidades que brilham de luzes e faróis, o nosso olhar já não distingue mais as penumbras repousantes e as consciências não conhecem mais o que é pecado. A humanidade perdeu amplamente a consciência da gravidade do pecado e da desordem que a presença do pecado introduz em sua vida pessoal, eclesial e social. Há mais de cinquenta anos, em 1964, o beato Paulo VI constatava esse drama: "Não encontrareis hoje na linguagem das pessoas de boa vontade, nos livros, nas coisas que falam dos homens, a palavra 'difícil' que, ao contrário, é muito frequente no nosso mundo religioso, e que é vizinho a Deus: a palavra pecado. Os homens, em seus juízos modernos, não mais se consideram pecadores. São catalogados como sãos, doentes, bravos, bons, fortes, fracos, ricos, pobres, inteligentes, ignorantes; mas a palavra pecado nunca se encontra. E isso devido ao afastamento do entendimento humano da sabedoria divina – assim, perdeu-se o conceito de pecado. Uma das palavras mais penetrantes e sérias do Sumo Pontífice Pio XII, de venerável memória, é esta: 'O mundo moderno perdeu o sentido do pecado; eis ao que conduziu a ruptura das relações com Deus, causada exatamente pelo pecado'". Em sua exortação apostólica pós-sinodal *Reconciliatio et paenitentia* (18), João Paulo II escreveu: "o meu predecessor Pio XII, com palavras que se tornaram quase proverbiais, pôde declarar um dia que 'o pecado do século é a perda do sentido do pecado'".

45 – Longe de Deus e das luzes que nascem da verdadeira Luz, o ser humano já não pode ver as estrelas – as cidades brilham como tochas incandescentes que fazem arder nossas pupilas. A vida moderna não permite deixar nosso olhar em paz. As pálpebras permanecem constantemente abertas, os olhos são forçados a olhar uma forma de espetáculo permanente. A ditadura da imagem, que mergulha o nosso olhar em um turbilhão sem fim, odeia o silêncio. O ser humano sente-se na obrigação de buscar realidades sempre novas que aumentem seu apetite de posse;

mas seus olhos estão vermelhos, cansados e doentes. Os espetáculos artificiais e os *displays* iluminados que nunca se apagam se propõem a enfeitiçar a mente e a alma. Nas prisões brilhantes do mundo moderno, o ser humano afasta-se de si mesmo e de Deus. Está fortemente preso ao efêmero e cada vez mais longe do essencial.

46 – O silêncio do olhar consiste em saber fechar os olhos para contemplar Deus que está em nós, nas regiões profundas e íntimas do nosso abismo pessoal. As imagens são drogas das quais não podemos nos livrar, porque estão o tempo todo em toda a parte. Os olhos estão doentes, embriagados, e já não podem se fechar. É também preciso fechar os ouvidos, porque existem imagens sonoras que agridem e violam nossa audição, nossa inteligência e imaginação. É difícil parar de ouvir um mundo em constante gesticulação e que procura nos ensurdecer e atordoar a fim de melhor nos abandonar como destroços destruídos pelos recifes, simples dejetos inúteis, rejeitados sobre a praia.

47 – A tirania da imagem obriga o ser humano a renunciar ao silêncio dos olhos. A humanidade voltou à triste condição de que fala Isaías e foi citada por Jesus: "eles olham sem ver e ouvem sem ouvir, nem compreender. [...] Porque o coração deste povo se endureceu: taparam seus ouvidos e fecharam seus olhos, para que seus olhos não vejam e seus ouvidos não ouçam, nem seu coração compreenda; para que não se convertam e eu os cure" (Mt 13,13.15).

O silêncio do coração conhece os mesmos perigos?

48 – O silêncio do coração é o mais misterioso, porque se é verdade que podemos decidir não falar, nos calamos, e se podemos também fechar os olhos para não ver, contudo temos menos controle sobre

nosso coração. Dentro dele há uma fornalha onde as paixões, a cólera, os rancores, as violências são dificilmente controláveis. Dificilmente, o amor humano se configura no amor de Deus. Rios incontroláveis deságuam em seu coração, e por isso o ser humano enfrenta todo o tipo de dificuldade para reencontrar o silêncio interior. Ele reluta em se aproximar da sarça ardente do amor de Deus que se consome sem parar dentro dele, nas profundezas de seu coração, sem forçar sua liberdade e seu consentimento.

49 – Só quando o ser humano conseguir "enxertar" o seu coração no coração de Deus, aceitando o poder divino, ele caminhará para o silêncio.

50 – Como são João conseguiu reclinar seu coração sobre o de Jesus? Ele simplesmente se inclinou em direção a Jesus, acomodando-se junto dele, assim como faz um cão fiel que se põe aos pés do seu dono. Essa proximidade física é muito mais do que corporal, é um enxerto espiritual e de comunhão íntima que permitiu a são João experimentar os mesmos sentimentos que os de Jesus. O discípulo que Cristo "amava" é o apóstolo que melhor descreve as insondáveis profundezas do coração do Filho de Deus.

51 – O caminho para o silêncio do coração se faz também em silêncio. O grande mistério é este: o silêncio se alcança em silêncio e cresce no silêncio.

52 – O silêncio do coração consiste em calar pouco a pouco os nossos miseráveis sentimentos humanos para nos tornarmos capazes de ter os mesmos sentimentos de Jesus. O silêncio do coração se dá ao silenciarmos as paixões. É preciso morrer para si mesmo a fim de encontrar, em silêncio, o Filho de Deus. São Paulo diz: "Cada um tenha em vista

não os seus próprios interesses, e sim os dos outros. Tende em vós os mesmos sentimentos que estão em Cristo Jesus" (Fl 2, 4-5).

Em Jésus, celui qu'on invoque *[Jesus, a quem invocamos]*, Madre Teresa escreveu: "Jesus nos ensinou a orar; ele também nos ensinou a ser mansos e humildes de coração. Nada disso seria necessário se soubéssemos o que é o silêncio. A humildade e a oração se aprofundam na medida em que o ouvido, a mente e a língua vivem em silêncio com Deus, pois é no silêncio do coração que Deus fala". Ao diferenciar o silêncio exterior do silêncio interior, percebemos que, se o silêncio exterior promove o silêncio interior, o silêncio da palavra, do gesto ou da atividade encontra todo o seu sentido na busca de Deus. Esta busca só é realmente possível em um coração em silêncio...*

53 – Madre Teresa tinha um conhecimento íntimo do silêncio. Ela conheceu a dura experiência do silêncio de Deus, como santa Teresa de Ávila, são João da Cruz e santa Teresa de Lisieux. Ela foi uma mulher de silêncio porque era uma mulher de oração, vivia constantemente com Deus. Queria permanecer no silêncio de Deus. Essa religiosa detestava falar e fugia das tormentas do barulho mundano. Madre Teresa gozava de uma incrível estima em todo o mundo e manteve um espírito de criança. Ela imitava Cristo em seu silêncio, sua humildade, sua pobreza, sua doçura e sua caridade. Ela gostava de permanecer por horas em silêncio diante de Jesus presente na Eucaristia. Para ela, rezar era amar de todo seu coração, de toda sua alma e com todas as suas forças; era doar ao Senhor todo o seu ser e todo o seu tempo. A mais bela oferta que ela queria fazer de si mesma, e de todas as suas atividades para os pobres, era consagrar longos períodos do dia para um colóquio de coração para coração com Deus, a fim de que esses momentos de intimidade permitissem que seu coração se enchesse de amor sem reservas. Como Jesus, seu coração estava

sempre sedento de amor. Em todas as capelas das Irmãs Missionárias da Caridade está escrito o grito de Jesus: "Tenho sede".

54 – De minha parte, sei que os momentos mais intensos do meu dia são as horas incomparáveis que passo de joelhos na penumbra diante do Santíssimo Sacramento do Corpo e Sangue de Nosso Senhor Jesus Cristo. Fico como que submerso em Deus e envolvido por todos os lados por sua presença. Queria pertencer apenas a Deus e mergulhar na pureza de seu Amor. No entanto, percebo o quanto sou pobre, tão distante de amar o Senhor como ele me amou até se entregar por mim.

55 – Lembro-me das palavras fortes e comoventes de Madre Teresa a um jovem padre, Angelo Comastri, hoje cardeal-arcipreste da basílica de são Pedro em Roma. Em seu livro *Dio scrive dritto* [Deus escreve certo], há palavras magníficas. Eis a descrição de seu comovente encontro com a santa, que relato com grande emoção: "Liguei para a casa geral das Irmãs Missionárias da Caridade. Queria encontrar Madre Teresa de Calcutá, mas sua resposta foi categórica: 'Não é possível esse encontro com a Madre, pois os seus compromissos não lhe permitem'. Mesmo assim eu fui. A irmã que me recebeu muito gentilmente perguntou-me: 'O que senhor deseja'? – 'Eu quero apenas falar com a Madre Teresa por alguns momentos'. A irmã respondeu meio surpresa: 'Sinto muito! Não é possível!'. Então, fiquei parado dando a entender à irmã que não iria embora sem conhecer Madre Teresa. A irmã se retirou por um tempo, e voltou na companhia de Madre Teresa... Tive um sobressalto e fiquei sem voz. Madre Teresa me levou a uma pequena sala perto da capela. Nesse meio tempo, me recompus um pouco mais e consegui dizer: 'Madre, sou um jovem sacerdote: estes são os meus primeiros passos! Vim pedir-lhe que me acompanhe com suas orações'. Madre Teresa olhou

para mim terna e suavemente, a seguir, sorrindo, respondeu-me: 'Sempre rezo pelos sacerdotes. Rezarei também por você'. Depois, me deu uma medalha de 'Maria Imaculada', e, pondo-a em minha mão, perguntou: 'Quanto tempo você reza todos os dias?' Fiquei surpreso e um pouco embaraçado. Então, repassando minha memória, respondi: 'Madre, celebro a missa e rezo o breviário diariamente; a senhora sabe: fazer isso hoje em dia é prova de heroísmo (estávamos em 1969)! Também rezo o terço todos os dias com muito boa vontade, pois aprendi isso com minha mãe'. Madre Teresa, com suas mãos enrugadas, estreitava o terço que ela sempre tinha consigo. Então, olhou para mim, com os olhos cheios de luz e amor, e disse: 'Isso não basta, meu filho! Isso não basta porque o amor não pode ser reduzido a um mínimo indispensável; o amor exige o máximo!' Não entendi imediatamente as palavras de Madre Teresa e, quase me justificando, respondi: 'Madre, da senhora, eu esperava esta pergunta: que atos de caridade você faz?' De repente, o rosto de Madre Teresa tornou-se severo, e ela disse com voz firme: 'Você supõe que eu poderia praticar a caridade se eu não pedisse diariamente a Jesus para encher meu coração de seu amor? Você supõe que eu poderia andar pelas ruas ajudando os pobres se Jesus não infundisse em minha alma o fogo da sua caridade?' Senti-me tão pequeno... Olhei para Madre Teresa com uma profunda admiração e com o desejo sincero de entrar no mistério da sua alma tão cheia da presença de Deus. A seguir, realçando cada palavra, ela acrescentou: 'Leia atentamente o Evangelho, e você verá que Jesus, para dedicar-se à oração, sacrificava as obras de caridade. F você sabe por quê? Para ensinar-nos que, sem Deus, somos muito pobres para ajudar os pobres!' Naquela época, víamos tantos sacerdotes e religiosos abandonarem a oração para mergulhar – como se dizia – na ação social. As palavras de Madre Teresa pareceram-me um raio de sol e eu repeti lentamente em meu coração: 'Sem Deus, somos muito pobres para ajudar os pobres!'"

56 – Concedamos bastante tempo a Deus, à oração e à adoração. Alimentemo-nos, abundante e incessantemente, da Palavra de Deus. Demora muito tempo para que o nosso coração, cuja dureza conhecemos, se abrande e se humilhe em contato com a hóstia e, finalmente, se impregne do amor de Deus.

57 – Não há nada menor, mais suave e mais silencioso do que Cristo presente na hóstia. Essa pequenina espécie de pão encarna a humildade e o perfeito silêncio de Deus, sua ternura e seu amor por nós. Se queremos crescer e ficar repletos do amor de Deus, devemos plantar a nossa vida sobre três grandes realidades – a Cruz, a Eucaristia e a Virgem: *crux, hostia et virgo...* São esses os três mistérios que Deus concedeu ao mundo a fim de estruturar, fertilizar e santificar nossa vida interior e levar-nos a Jesus. São esses os três mistérios que devemos contemplar no silêncio.

58 – Existem situações exteriores que devem favorecer o silêncio interior. Devemos procurar os meios que favoreçam o melhor ambiente possível para encontrar o silêncio que permite estar em íntima comunhão com Deus. Cristo recomenda muito claramente essa busca de intimidade: 'Quando orares, entra em teu quarto, fecha a porta e ora ao teu Pai em segredo; e teu Pai, que vê num lugar oculto, recompensar-te-á" (Mt 6, 6). O "quarto" de que ele fala é precisamente nossa alma. Somos convidados a nela entrar para ficar a sós com Deus.

Jesus mesmo não deixa de nos dar exemplo: "Naqueles dias, ele retirou-se a uma montanha para rezar, e passou aí toda a noite orando a Deus" (Lc 6,12). Ele nos ensina, assim, as condições propícias para a oração silenciosa.

Diante de Deus, em silêncio, tornamo-nos mansos e humildes de coração. A mansidão e a humildade de Deus penetram em nós, e travamos um verdadeiro colóquio com ele. A humildade é condição e consequência do silêncio. O silêncio precisa de mansidão e humildade, e também nos abre para essas duas qualidades. O mais humilde, o mais suave e o mais silencioso dos seres é Deus. O silêncio é o único meio de entrar no grande mistério de Deus.

Tenho certeza de que o silêncio é uma libertação divina que unifica e nos põe no centro de nós mesmos, nas profundezas dos mistérios de Deus. No silêncio, somos absorvidos pelo divino e os movimentos do mundo já não têm qualquer influência sobre nossa alma. Em silêncio, partimos de Deus e chegamos a Deus.

As condições exteriores que favoreçam o silêncio dependem de cada um e podem variar de acordo com as circunstâncias da vida. Mas o que devemos fazer para entrar "dentro de nós mesmos"?

59 – Na vida de oração, precisamos de apoio, pois sempre corremos o risco de ficar longe de nós mesmos, invadidos por todos os tipos de ruídos, sonhos e lembranças.

A leitura silenciosa e atenta da Bíblia é o melhor instrumento. Os Evangelhos nos põem diante de Cristo, de sua vida, de seus sentimentos. Eles nos ajudam a contemplar e meditar sobre a existência de Jesus, desde seu nascimento na manjedoura de Belém até a sua morte e ressurreição. É assim que nos sentiremos inseridos em sua vida. No silêncio, que nos põe diante de sua Palavra, Deus se aproxima de nós. Ele não nos deixa. Nós o percebemos e ele nos percebe. Esse face a face inunda-nos com sua luz e penetra-nos com sua presença. Estamos um diante do outro e acolhemo-nos reciprocamente no silêncio interior.

60 – O Evangelho explica a importância de desconfiarmos dos entusiasmos estéreis, paixões desenfreadas, gritos ideológicos ou políticos. Quando Jesus desceu de Betânia a Jerusalém, no Domingo de

Ramos, preparam-lhe uma grande e solene recepção. O povo estendia seus mantos sob seus pés e agitavam ramos, aclamando o Filho de Davi. Todos gritavam: *"Hosana!* Bendito o que vem em nome do Senhor e o Rei de Israel" (Jo 12,13). Todos testemunhavam a ressurreição de Lázaro que esteve sepultado num túmulo. Por essa razão, a multidão recebeu Cristo com grande pompa, Jerusalém inteira estremeceu com o alarido dessa entrada triunfal e dessa recepção excepcionalmente festiva. Todos se perguntavam: "Quem é este homem?" (Mt 21,10). Fiel a seu costume, Jesus entrou no Templo e curou os coxos e os cegos que estavam lá (Mt 21,14). Esses milagres provocaram a indignação dos principais sacerdotes e dos escribas. Mas Jesus ficou feliz ao ouvir os corações inocentes das crianças o aclamarem, pois estava escrito que de suas bocas deveria sair o perfeito louvor de Deus (Mt 21,16). Terminadas as festividades já bem tarde, e como curiosamente ninguém lhe ofereceu hospitalidade ou deu-lhe de comer, Jesus deixou a cidade e voltou a Betânia para passar a noite com os seus discípulos.

O Filho de Deus, triunfantemente acolhido, não encontrou alguém que lhe desse teto. Da mesma forma, hoje, quão superficiais são o nosso acolhimento, nosso amor e nosso louvor, quão inconsistentes são eles, meros vernizes religiosos.

Apenas nos contentamos em cumprir ritos que não têm impacto algum sobre a nossa vida concreta, porque são vividos sem recolhimento, sem interioridade e sem verdade. Os habitantes de Jerusalém não entenderam o verdadeiro alcance da visita do Filho de Deus; entregue às suas paixões e ambições políticas, o povo mostrou-se apenas vulgar, superficial e barulhento.

Atormentados por toda espécie de convulsões mundanas, não podiam compreender o mistério da visita do Rei Messias, o Rei que traz a paz às nações, como anunciara o profeta Zacarias. "Exulta de alegria, filha de Sião, solta gritos de júbilo, filha de Jerusalém; eis que vem a ti o teu rei, justo e vitorioso; ele é simples e vem montado num jumento, no potro de uma jumenta. Ele suprimirá os carros de guerra na terra de Efraim, e os cavalos de Jerusalém. O arco de guerra será quebrado. Ele proclamará a paz entre as nações, seu império estender-se-á de um mar ao outro, desde o rio até as extremidades da terra" (Zc 9, 9-10). Os habitantes de Jerusalém queriam um líder messiânico, sem tentar entender a grandeza silenciosa da mensagem de Jesus. O povo não acolheu Cristo em sua alma, mas entregou-se a uma mera demonstração de força aberrante e desmedida. Difícil mesmo é amar Jesus em espírito e verdade, para recebê-lo no coração e nas profundezas do nosso ser.

O verdadeiro acolhimento é silencioso. Não é diplomático, teatral ou sentimental.

61 – Hoje, da mesma forma, quando aclamamos Cristo nas grandes festas litúrgicas, devemos prestar muita atenção para que a nossa alegria não seja puramente exterior. Muitas vezes, também nós não damos ao Filho de Deus a oportunidade de permanecer em nossos corações.

No livro *Imitação de Cristo* (II, 1), encontramos estas extraordinárias palavras: "Eia, alma fiel, para este Esposo prepara teu coração, a fim de que se digne vir e morar em ti. Pois assim ele diz: 'Se alguém me ama, guardará a minha palavra, e viremos a ele e faremos nele a nossa morada' (Jo 14, 2).

Dá, pois, lugar a Jesus e a tudo mais fecha a porta. Se possuíres a Cristo, estarás rico e satisfeito. Ele mesmo será teu provedor e fiel procurador em tudo, de modo que não hajas mister de esperar nos homens. [...] Põe toda a tua confiança em Deus, e seja ele o teu temor e amor; ele responderá por ti, e fará do melhor modo o que convier [...].

Não tens aqui morada permanente (Hb 13,14), e onde quer que estejas, és estranho e peregrino; nem nunca terás descanso, se não estiveres intimamente unido a Jesus.

Ao Altíssimo sempre eleva teus pensamentos, e a Cristo dirige súplica incessante. Se não sabes contemplar coisas altas e celestiais, descansa na paixão de Cristo e permanece com alegria em suas sacratíssimas chagas.

Sofre pacientemente com Cristo e por Cristo, se com Ele queres reinar. Se uma só vez entraras perfeitamente no Coração de Jesus e gozaras um pouco de seu ardente amor, não farias caso do teu proveito ou dano, ao contrário, te alegrarias com os mesmos opróbrios; porque o amor de Jesus faz com que o homem se despreze a si mesmo".

No entanto, depois dos primeiros esforços, podemos também constatar que o silêncio não nos pertence completamente. Pois, tão logo cruzam a porta da oração, muitos descobrem uma multidão agitada de pensamentos, sentimentos e aversões com os quais devem lutar duramente para que se calem.

Essas multidões barulhentas e tenazes deixam visgo em nossa alma. Se decidimos rezar, damo-nos conta de que é impossível manter o foco em nossa vida interior. Estamos distraídos por mil coisas perturbadoras. O ruído interior torna impossível todo o silêncio. A menor paixão que agite o nosso coração antes da oração pode tornar inútil esse momento de silêncio. O ruído triunfa e o silêncio nos escapa...

62 – Como conseguir alcançar o próprio silêncio interior? A única resposta está na ascese, na renúncia a si e na humildade. Quem não se aniquila, continua a ser como é, permanece fora de Deus.

63 – Quando querem olhar para Deus, os orientais ajoelham-se e prostram-se com a face voltada para a terra, em sinal de humildade voluntária e reverência respeitosa. Sem um forte desejo de nos desvencilhar de nós mesmos, de nos fazer pequenos diante do Eterno, não há diálogo possível com Ele, assim como sem a conveniente medida de silêncio, não

é possível o encontro com o outro. Se permanecemos sem essa disposição, ficamos cheios de rumores, imaginações e cóleras.

64 – A leitura deve ajudar a rezar mediante a concentração. Não esqueçamos o elo vital entre a oração e a Palavra de Deus. Como "imaginar o Senhor ao nosso lado" se não o procuramos onde Ele se revela? A oração consiste em imaginar silenciosamente a vida concreta e cotidiana de Jesus. Não é preciso imaginar um evento histórico, mas procurar com que o Filho de Deus entre silenciosamente em nosso coração.

Assim, importa manter-se na presença do Senhor para que possa encontrar-nos disponíveis e introduzir-nos no grande silêncio interior que Lhe permite encarnar-se em nós, transformando-nos nEle mesmo. E nesse silêncio, que não é vazio, mas cheio do Espírito Santo, a alma poderá ouvir de seu coração, como um sussurro: "Abba! Pai!" (cf. Rm 8,15). A oração supõe que consigamos nos calar, ouvir a Deus e saber ouvir os inefáveis gemidos do Espírito Santo que habita e clama silenciosamente em nós.

65 – Nossos contemporâneos têm a percepção de que a oração consiste em dizer coisas a Deus, gritar e agitar-se diante dele, mas a oração é algo mais simples. Trata-se de ouvir Deus nos falar silenciosamente. Por que, então, não observamos Jesus orar? Por que, a exemplo dos apóstolos, não lhe suplicamos: "Senhor, ensina-nos a orar, como João ensinou a seus discípulos?" (Lc 11,1) Por que procuramos noutro lugar modelos e exemplos de oração, querendo convencer-nos de que a excitação, o ruído, a desordem são os sinais da efusão e da presença do Espírito de Jesus? Cristo é o único mestre que pode nos ensinar a rezar, e rezar é amar e permanecer no silêncio e na solidão interior.

66 – Em seus *Discursos Ascéticos*, Isaac, o Sírio escreveu: "Ama o silêncio mais que tudo, pois ele te faz colher o fruto. A língua é incapaz

de explicar; por isso, antes de tudo, esforcemo-nos para nos calar. É pelo silêncio que nascerá em nós o que nos conduzirá. Se agires assim, nem sei te dizer que luz se levantará sobre ti. [...] Grande é o homem que, na paciência de seu corpo, acostumou-se maravilhosamente a não estar senão dentro de sua alma. Se colocares de um lado da balança todas as obras da vida monástica e, do outro, o silêncio, verás o que pesa mais".

No silêncio, o ser humano reconquista sua nobreza e grandeza, pondo-se de joelhos para ouvir e adorar a Deus. É no silêncio da humilhação e da aniquilação de si, silenciando o tumulto da carne, domando as imagens ruidosas, mantendo a distância os sonhos, a imaginação e o tumulto de um mundo sempre em turbilhão, que nos purificamos de tudo o que arruína a alma e afasta da contemplação e fazemo-nos capazes de ver e amar a Deus. Já Plotino escrevia em suas *Enéadas*: "Para subir à contemplação da Alma universal, a alma deve ser digna por sua nobreza, ter-se livrado do erro e se furtado aos objetos que fascinam os olhos das almas comuns, deve estar imersa em profunda contemplação e fazer calar em torno de si, não só a agitação do corpo e o tumulto das sensações, mas tudo o que a rodeia. Que tudo se cale, portanto, tanto a terra como o mar, tanto o ar como o próprio céu" (*Enn*. V, 1, 2).

67 – Em *Un autre regard sur l'homme* [Um outro olhar a respeito do homem], Maurice Zundel parece aprofundar o pensamento de Plotino, ao escrever: "Toda a nossa existência está compreendida nesta alternativa: ou eu estou em mim ou eu estou em Deus. Não há meio-termo. Quando deixo de me encontrar, é a Deus que realmente encontro. Quando me perco de vista, é a Ele que vejo. Quando não ouço a mim mesmo, é a Ele que ouço, e o Bem em sua variedade consiste precisamente em perder-me nEle. O programa é simples, mas sua implementação é difícil, porque não se pode marcar um encontro e fixar a hora que o amor irá jorrar. Nenhum caminho conduz inevitavelmente a uma troca de intimidades. Nada é

mais livre, nada é mais inesperado e nada mais gratuito. Tudo o que se pode fazer é remover os obstáculos que tornam esse encontro impossível, e todos esses obstáculos resumem-se no ruído que fazemos conosco dentro de nós e ao nosso redor. A única chance de escaparmos disso será a de neutralizar a nossa atenção, afastando calmamente nossa escuta de toda essa mistura confusa de apetites e de reivindicações, extinguindo a corrente psíquica que alimenta esse tumulto num recolhimento que aumenta sempre mais profundamente o vazio que nos torna disponíveis. Quando o total silêncio se estabelece, é que se anuncia a Presença que preenche o espaço criado pelo recolhimento do eu".

68 – O silêncio é difícil, mas nos torna aptos a nos deixar conduzir por Deus. Do silêncio nasce o silêncio. Pelo Deus silencioso, podemos aceder ao silêncio. E nunca deixamos de nos surpreender pela luz que então jorra.

O silêncio é mais importante que qualquer outra ação humana. Porque ele expressa a Deus. A verdadeira revolução vem do silêncio; ele nos leva a Deus e aos outros a fim de nos colocarmos, humilde e generosamente, a seu serviço.

Em seus Écrits monastiques *[Escritos monásticos], Padre Jérôme escreveu: "O silêncio lembra uma grande onda do oceano, que, depois de empurrar o barco para uma terra desconhecida, deixa-o na encosta de uma região ameaçadora, onde reinará a simples presença do Infinito". Como definir o silêncio contemplativo?*

69 – O silêncio contemplativo pode assustar. É como uma enorme onda que transporta, mas sem nos submergir, e que nos leva à direção de encostas ameaçadoras. Então, encontramo-nos diante da imensidão aterrorizante do mistério. Não penso que seja possível alguém se aproxi-

mar da majestade de Deus sem um misto de medo e estupor. Não raro, nossos ancestrais muitas vezes eram tomados por um grande medo, uma mescla de admiração, respeito e temor religioso diante da fornalha ardente da transcendência de Deus.

70 – O silêncio de Deus é um ardor incandescente para quem se aproxima. Por esse silêncio divino, o ser humano se torna um pouco estranho a este mundo. Ele se afasta para longe da terra e de si mesmo. O silêncio nos impele à direção de uma terra desconhecida, que é Deus. E essa terra se torna nossa verdadeira pátria. Pelo silêncio, voltamos a nossa origem celestial em que não há nada além de calma, paz, descanso, contemplação e adoração silenciosa do rosto radiante de Deus.

71 – Todos os grandes santos passaram por essa experiência incomparável. Quando suas orações os conduziam ao limiar do silêncio do Eterno, eles intuíam quão próximo e imenso Deus se mostrava, e permaneciam sem palavras diante do Pai. Quanto mais alto subiam em direção a Deus, mais silenciosos se tornavam. São Felipe Neri ou santa Teresa de Lisieux estavam diante de uma realidade que não podiam arrebatar, mas viram com os próprios olhos o Infinito e o esplendor do amor. Essa imensidão os imergia em um grande silêncio de adoração e paz interior.

72 – O silêncio contemplativo é o silêncio com Deus. Esse silêncio consiste em aderir a Deus, apresentar-se e expor-se diante de Deus, oferecer-se a Ele, aniquilar-se nEle, adorá-lo, amá-lo, ouvi-lo e nEle repousar. Eis o silêncio da eternidade, a união da alma com Deus.

73 – Em um de seus sermões, Johannes Tauler, teólogo e místico, discípulo de Mestre Eckhart, escreveu: "Maria estava recolhida: do mesmo modo ainda, a serva de Deus deve manter-se recolhida se quiser

realmente sentir em si esse nascimento, abstendo-se não somente das dispersões momentâneas que pareçam lhe causar algum incômodo, mas também das práticas puramente sensíveis das virtudes. Ela deve, muito frequentemente, produzir silêncio e calma em si mesma, retirar-se em si mesma, esconder-se no Espírito para se subtrair e escapar aos sentidos e fazer-se ela mesma um lugar de silêncio e de descanso interior. É esse repouso interior que cantaremos no próximo domingo no início da missa: *'Dum medium silentium fieret'*. Quando estava em completo silêncio, quando tudo estava no maior silêncio e a noite estava a meio caminho do seu curso, foi então, ó Senhor, que de vosso trono real desceu a Palavra Onipotente, o Verbo eterno procedente do coração de Pai. É no silêncio, quando tudo está mergulhado em completo silêncio, lá onde reina o verdadeiro silêncio, que se ouve verdadeiramente esse Verbo, pois se queres que Deus fale, é preciso que te cales".

Com frequência, Cristo nos recomenda o isolamento para rezar. Isso pode ser feito num lugar afastado, na solidão, para estarmos a sós com o Só. Mas as condições exteriores não bastam para resolver o problema da interioridade. É importante criar essa câmara interior, onde o ser humano encontra a Deus em um autêntico face a face. Esse trabalho espiritual demanda um esforço no sentido de nos abstermos de toda a dispersão, e isso supõe uma ascese interior. A busca do silêncio interior é um aperfeiçoamento que requer repetidos esforços. Tantas vezes nos sobrevêm imaginação e excitação bem arriscadas. Devemos nos esconder no Espírito para fugir e escapar aos sentidos. O Espírito Santo é a condição primeira do silêncio.

74 – Nosso mundo não ouve a Deus porque fala continuamente, num ritmo e fluxo fulgurantes, sem nada dizer. A civilização moderna não sabe se calar. É um contínuo solilóquio. A sociedade pós-moderna recusa o passado, olha para o presente como um vil objeto de consumo e olha para o futuro através dos raios de um progresso quase obsessivo.

Seu sonho, transformado em triste realidade, tem sido encerrar o silêncio num calabouço úmido e escuro. Existe agora uma ditadura da palavra, uma ditadura da ênfase verbal. Nesse teatro de sombras, há apenas uma ferida purulenta de palavras mecânicas, irrelevantes, sem verdade e sem fundamento. Tantas vezes o que é tido por verdade não passa de uma pura e falaciosa criação midiática reforçada por imagens e testemunhos forjados.

Daí, fenece a Palavra de Deus, ficando inacessível e inaudível. A pós-modernidade é uma ofensa e uma agressão permanentes contra o silêncio divino. De manhã à noite, do crepúsculo à aurora, o silêncio já não tem direito algum; o ruído quer impedir que o próprio Deus fale. Nesse inferno barulhento, o ser humano se desintegra e se perde, fragmentado em tantas inquietações, fantasias e medos. Para sair desse túnel depressivo, anseia desesperadamente pelo barulho, esperando que esse venha lhe trazer algum consolo. Mas o ruído é um ansiolítico enganoso, viciante e falaz. O melhor modo de compreender o drama do nosso mundo é vê-lo como uma espécie de fúria sem sentido que odeia obstinadamente o silêncio. Nossa época detesta aquilo a que nos conduz o silêncio: encontrar, maravilhar-se e ajoelhar-se diante de Deus.

75 – Mesmo nas escolas o silêncio desapareceu. Como estudar no barulho? Como ler no barulho? Como formar a inteligência no barulho? Como alguém pode estruturar seu pensamento e os contornos de seu ser interior no barulho? Como abrir-se ao mistério de Deus, aos valores espirituais e à nossa grandeza humana em um tumulto contínuo?

O silêncio contemplativo é uma chama pequena e frágil no meio de um oceano em fúria. O fogo do silêncio é fraco, pois é inoportuno para um mundo ocupado.

76 – Hoje, muito poucos cristãos aceitam entrar em si para olhar a si mesmos e permitir que Deus os olhe. Insisto: poucos estão

dispostos a se deparar com Deus no silêncio, vindo abrasar-se nesse grande face a face.

Ao matar o silêncio, o ser humano mata a Deus. Mas quem o ajudará a se calar? O celular toca constantemente, e seus dedos e sua mente estão sempre ocupados enviando mensagens... O gosto pela oração é, provavelmente, a primeira batalha de nossa época. Arregimentado nas guarnições dos barulhos mais cruéis, o homem está disposto a retornar ao silêncio? Mas a morte do silêncio é apenas aparente. Deus sempre nos ajudará a redescobri-lo.

São João da Cruz, em seu Cântico espiritual, *fala sobre a musica calada, a "música silenciosa" que produz o Amado na alma a Ele unida. Como tentar definir o som do silêncio?*

77 – Como expressar em palavras concretas a "música silenciosa"? Essa musicalidade é, forçosamente, um som fraco e humilde que se ouve de Deus apenas. São as notas que soam da harpa do nosso coração quando se consome de amor.

78 – É importante deixar o Espírito Santo penetrar no centro das regiões profundas da alma. Pois, nesse espaço secreto, Deus vive e atua. Ele age de maneira a realizar a nossa união com Ele. Enquanto o ser humano não for capaz de reconhecer o grande silêncio de Deus no mais fundo de seu coração, e compreender esse misterioso lugar do Eterno em sua carne, ele não poderá aceder a uma verdadeira transformação espiritual e humana. O verdadeiro som do silêncio consiste nisso: não podemos ouvir o Verbo se não somos previamente transformados pelo silêncio de Deus.

79 – A alma deve ouvir a voz do silêncio. Ela deve aceitar unir-se ao silêncio para permitir que Deus entre nela. Como deixar que Deus entre em nós? Eis a pergunta e a verdadeira graça do silêncio.

80 – No silêncio, há uma colaboração entre o ser humano e Deus. A profundidade da alma é a casa de Deus. Poderemos deixar Deus agir ao guardarmos o mais perfeito silêncio interior. Conseguimos encontrar esse silêncio estando atentos à voz do silêncio. Mesmo em um ambiente hostil, podemos encontrar Deus em nós, se tentamos ouvir o silêncio que ele imprime em nossa alma.

81 – Um coração em silêncio, é uma melodia para o coração de Deus. Pensemos na lâmpada que se consome em silêncio diante do tabernáculo, e no incenso que sobe silenciosamente até o trono de Deus: tal é o som do silêncio do amor.

82 – O som do silêncio em Deus permite-nos aprender a primeira nota desta canção que é a música dos céus. "A linguagem que Deus mais gosta de ouvir é a do amor silencioso", diz-nos magnificamente João da Cruz em seus *Ditos de luz e amor (Carta 8, a las Carmelitas Descalzas de Beas*, 22 de novembro de 1587).

83 – O amor silencioso, que queima sem se consumir e nada diz, é o maior dos amores. Se ficarmos longe do ruído, procurando-O, Deus se comprazerá em atender a essa disponibilidade. Qual é o silêncio que Deus quer ouvir? Quais são as vozes e a música que agradam a Deus? É amor silencioso que nada diz, mas que consente. É como a oferenda e a fumaça dos perfumes que sobem diante de Deus com a oração dos santos (cf. Ap 8,1-4).

84 – A vida concreta dos monges é um amor silencioso, um amor oblativo, um amor consumado. Deus recebe esse holocausto silencioso. Um holocausto não produz ruídos. Ele queima longa e silenciosamente diante da majestade divina, e seu perfume alegra o coração de Deus.

Ele nada espera além desse amor silencioso, humilde e doce.

85 – Na escola do Espírito Santo, aprendemos a ouvir a Deus em silêncio que é a linguagem do amor verdadeiro, que só ele pode ouvir: "Embora essa música seja silenciosa quanto aos sentidos e às potências naturais, no entanto, é uma solidão muito sonora para as potências espirituais, porque, estando sós e vazias de todas as formas e apreensões naturais, elas podem bem receber no espírito, de uma maneira muito sonora, o som espiritual da excelência de Deus em si e em suas criaturas", escreve João da Cruz em seu *Cântico (Cántico espiritual. Canciones* 13-14, 26).

86 – Em seu sermão sobre o nascimento de são João Batista, "É preciso que ele cresça e eu diminua", consagrado à voz e ao Verbo, santo Agostinho, fazendo eco à atitude cheia de humildade e de esquecimento de si, não hesitou dizer: "É preciso que todas as vozes diminuam à medida que avançamos no conhecimento de Cristo. Quanto mais avançamos no conhecimento da sabedoria, menos indispensável se tornam as vozes: a voz nos profetas, voz nos Apóstolos, voz nos salmos e voz no Evangelho. Que Ele venha, o Verbo que estava no princípio! O Verbo que estava junto de Deus! O Verbo que é Deus! [...] "Assim, a voz reduz gradualmente o seu papel na medida em que a alma progride em direção ao Verbo. Porque Deus tem uma linguagem secreta; para muitos, ele se dirige ao coração, e é um poderoso rumor no grande silêncio do coração quando diz: 'Eu sou a tua salvação'" (*Serm.* 288, 5: PL 38,1307).

87 – Quanto mais alguém avança no mistério de Deus, mais fica sem palavras. O homem é envolvido no poder do amor, e torna-se mudo de espanto e de admiração. Diante de Deus, desaparecemos arrebatados pelo maior dos silêncios.

88 – A sabedoria de Deus engendrou em nós um grande amor, que alimenta o pequeno silêncio do coração humano. O estupor diante do silêncio divino fecha nossas bocas, como um ministro de Deus que, exercendo diante dele as funções sacerdotais, queima incenso na presença divina e a adora em silêncio. Nada é mais importante para o mundo que o silêncio de Deus. Nenhum som humano, nem mesmo o som tão doce do Evangelho, pode expressar o magnífico silêncio de Deus.

89 – Diante de Deus e o seu silêncio, tudo desaparece; os Apóstolos, e mesmo os evangelistas, não são nada comparados ao silêncio do céu. O Evangelho é o mais bonito som sobre a terra, mas, comparado com o silêncio do Eterno, continua sendo um simples som, embora tão sublime e importante como é.

90 – Na encarnação, Cristo assumiu as limitações humanas. Diante do silêncio de Deus, somos confrontados com o amor absoluto. E esse grande silêncio também explica a liberdade dada ao ser humano. O único poder de Deus é amar em silêncio. Ele é incapaz de qualquer força opressiva. Porque Deus é amor e o amor não pode obrigar, forçar e oprimir para que seja amado em retribuição.

Santo Agostinho e são João da Cruz fizeram a experiência do deserto, seja ela física ou interior. Eles tocaram uma pequena parte do grande silêncio de Deus e foram como que absorvidos, submersos no silêncio divino e na fornalha de seu amor.

91 – Nos manuscritos de santa Teresa do Menino Jesus, encontramos esta reflexão: "Se o fogo e o ferro tivessem inteligência, e o ferro dissesse ao fogo: atrai-me para ti, isso não provaria que ele deseja identificar-se com o fogo para que este o penetre e o embeba da sua

essência ardente e pareça ser um só com ele?". Assim acontece com quem se aproxima do silêncio de Deus: torna-se ele mesmo silêncio.

92 – Os grandes mestres espirituais, muitas vezes, permanecem sem palavras e passam os seus dias em silêncio. Vivem na revelação do mistério. Vivem naquilo que deles mesmo procede para fazê-los entrar no mistério de Deus.

Há também o que poderíamos chamar de ascese do silêncio. Em seu Discursos Ascéticos, *Isaac, o Sírio, escreveu: "A ascese do silêncio, com o tempo, produz no coração um prazer que força o corpo a permanecer pacientemente na* hesychia. *E nos vêm lágrimas abundantes. De início no sofrimento, depois, no arrebatamento, o coração sente agora aquilo que ele discerne no fundo da contemplação maravilhosa. Ele se purifica e se torna como criança. E quando se põe a orar, correm-lhe as lágrimas".*

93 – A ascese do silêncio atingiu o seu grau mais perfeito na vida daqueles que provaram esse encontro com Deus pela contemplação do seu rosto. Trata-se de uma forma de nudez e pobreza. Esse é o único caminho para se ter acesso à verdadeira glória. Ao nos tornar pequenos como uma criança, a ascese do silêncio nos permite entrar no mistério de Deus.

No silêncio divino, já não há palavras, mas lágrimas, porque o homem é tocado nas profundezas de sua alma, nessa região do ser onde Deus se assenta num trono; seu silêncio é uma imensidão que exige uma ascese inicialmente dolorosa, que comporta um aspecto pascal, um aspecto de "sexta-feira santa". Correm as lágrimas pelo rosto. Mas, logo a seguir, experimentamos que a simplicidade da ascese produz a pureza, o êxtase e a alegria da contemplação.

94 – O despojamento do silêncio nos torna semelhantes a uma criança, pura mas frágil, inocente e indefesa. O silêncio nos molda como o ferreiro que trabalha um metal.

95 – O silêncio, esforço do homem, acompanha a esperança, virtude teologal. Na realidade, o poder divino da virtude teologal eleva e orienta a dimensão humana e ascética do silêncio. Aparece, então, uma segunda virtude moral, a força. Sua função é remover o obstáculo que impede a vontade de obedecer à razão. A força é ativa e ofensiva. Cumpre-nos cultivar essa virtude que afasta tudo o que nos impede de viver na dependência de Deus. O silêncio e a esperança são duas condições que permitem que a força encontre seu alimento.

A ascese do silêncio nos leva a melhor compreender e apreciar as luzes de diversas passagens bíblicas: "Não pode faltar o pecado na abundância de palavras" (Pr 10,19), "Quem vigia sua boca guarda sua vida; quem muito abre seus lábios se perde" (Pr 13, 3), "Quem se expande em palavras, prejudica-se a si mesmo" (Eclo 20, 8), "Eu vos digo: no Dia do Juízo, os homens prestarão contas de toda palavra vã que tiverem dito" (Mt 12,36), "Faze uma balança para pesar as tuas palavras, e para a tua boca, um freio bem ajustado. Tem cuidado para não pecar pela língua, para não caíres na presença dos inimigos que te espreitam, e para que não venha o teu pecado a ser incurável e mortal" (Eclo 28, 29-30).

96 – A ascese do silêncio é um remédio necessário: um remédio amargo e, não raro, doloroso, mas eficaz. Pelo silêncio, trocamos o mal pelo bem. O barulho, como um navio sem capitão no mar revolto, não tem rumo, mas o silêncio é a paz do paraíso num oceano infinito. O silêncio é também um grande leme que pode nos conduzir ao porto seguro. Escolher o silêncio é escolher o extraordinário. Quem ama o silêncio tem a possibilidade de conduzir sua vida com sabedoria e eficácia.

97 – Em *Silence cartusien* [Silêncio da Cartuxa], dom Augustin Guillerand escreve: "O sofrimento do silêncio pode ser a marca de Deus sobre uma alma". O silêncio é uma sensação doce e violenta de Deus. Ausência de palavra, despojamento, pobreza: eis a ascese do silêncio, aquela que nos conduz à pureza dos justos.

O cartuxo dom Jean-Baptiste Porion escreveu em Amour et silence *[Amor e silêncio]: "Se a língua emudece, se os sentidos se acalmam, se a imaginação, a memória, as criaturas se calam e permitem a solidão, senão em torno, ao menos no íntimo da alma, o coração fará pouco ruído. Silêncio dos afetos, das antipatias, silêncio dos desejos naquilo que eles têm de mais ardente, o silêncio do fervor no que tem de indiscreto; o silêncio do fervor no que tem de exagero; o silêncio até mesmo em suspirar. [...] O silêncio do amor no que tem de exaltado. O silêncio do amor, é o amor no silêncio. [...] É o silêncio diante de Deus – beleza, bondade, perfeição! Um silêncio que nada tem de forçado, não prejudica mais à ternura, à força desse amor; um silêncio de humildade que não é prejudicado pelo reconhecimento dos pecados, um silêncio de obediência que não é prejudicado pelo ruflar das asas do anjo, de que fala o profeta, a silêncio do Getsêmani que não é prejudicado pelo fiat, o silêncio dos serafins que não é prejudicado pelo Sanctus eterno". Como, então, definir o silêncio do amor?*

98 – O silêncio é a condição do amor, e ele conduz ao amor. O amor só se expressa plenamente quando renuncia à palavra, ao barulho, à excitação e à exaltação. Sua expressão mais elevada se realiza na morte silenciosa e de total entrega, pois não há maior prova de amor que dar a vida por quem amamos (Jo 15,13). O silêncio do amor é o termo e o ponto de chegada de quem concedeu ao silêncio o primeiro lugar em sua vida. Isso sobrevém como recompensa para quem conseguiu silenciar as antipatias, as paixões e as fúrias do seu coração.

99 – O amor que nada diz e nada pede leva a um amor maior, o amor silencioso de Deus. O silêncio do amor é o perfeito silêncio diante de Deus em quem se resume toda a bondade, toda a beleza e toda a perfeição.

100 – O amor silencioso só pode crescer na humildade. Existe um nexo fundamental entre humildade e amor silencioso. Essa aliança é estável e visível em Deus. O Pai, em quem cremos, é infinitamente humilde, silencioso, despojado de toda ambição de prestígio. Disse são Paulo aos Filipenses: "Tende os mesmos sentimentos que existem em Cristo Jesus. Sendo ele de condição divina, não se prevaleceu de sua igualdade com Deus, mas aniquilou-se a si mesmo, assumindo a condição de escravo e assemelhando-se aos homens. E, sendo exteriormente reconhecido como homem, humilhou-se ainda mais, tornando-se obediente até a morte, e morte de Cruz" (Fil 2, 5-8). Sobre a Cruz, Deus era "como que um cordeiro mudo diante de quem o tosquia, e ele não abriu a boca" (Is 53, 7). O amor é sempre humilde, silencioso, contemplativo e posto de joelhos diante do amado. Jesus ilustra essa realidade quando o vemos, na noite de Quinta-feira Santa, ajoelhando-se, lavando os pés de seus apóstolos. O lava-pés é uma revelação, uma revelação do que é Deus. Ele é amor: amor humilde, sacerdotal e sacrifical; e a humildade de Deus tem a própria profundidade de Deus.

101 – O silêncio do amor assemelha-se ao ruflar de asas dos anjos quando executam as ordens de Deus. Esse silêncio é um amor obediente votado ao próprio silêncio de Deus. O silêncio do amor corresponde ao encontro de dois silêncios, o silêncio humano e o silêncio divino, que caminham juntos. O Getsêmani e o Calvário de Cristo representam a mais bela união desses dois silêncios.

102 – No Eclesiastes, encontramos linhas extraordinárias: "Todas as coisas têm o seu tempo, todas elas passam debaixo do céu segundo o termo que a cada uma foi prescrito. Há tempo de nascer, e tempo de morrer. Há tempo de plantar, e tempo de arrancar o que se plantou. Há tempo de matar, e tempo de sarar. Há tempo de destruir, e tempo de edificar. Há tempo de chorar, e tempo de rir. Há tempo de se afligir, e tempo de dançar. Há tempo de espalhar pedras, e tempo de ajuntar. Há tempo de dar abraços, e tempo de se afastar deles. Há tempo de adquirir, e tempo de perder. Há tempo de guardar, e tempo de lançar fora. Há tempo de rasgar, e tempo de coser. Há tempo de calar, e tempo de falar. Há tempo de amor, e tempo de ódio. Há tempo de guerra, e tempo de paz" (3,1-8).

O silêncio do amor acaba vindo para quem soube superar todas essas etapas a fim de entregar-se somente ao silêncio de Deus.

Em uma carta dirigida a seu amigo Raul le Verd, reitor do Capítulo da catedral de Reims, são Bruno diz: "O que a solidão e o silêncio do deserto trazem de utilidade e de gozo divino aos que os amam, sabem-no apenas os que deles provaram". Qual é a verdadeira ligação entre a solidão e o silêncio do deserto?

103 – Minha sede de ver a Deus e ouvi-lo levou-me muitas vezes a experimentar a solidão e o silêncio do deserto. Quando era arcebispo de Conakry, frequentemente me isolava em um lugar deserto, banhado de solidão e silêncio. Havia, é verdade, vegetação em volta de mim e eu ouvia o gorjear dos pássaros. Mas procurava criar dentro de mim um deserto sem comida e sem água. Não havia nenhuma presença humana. Vivia em jejum, em oração, alimentado simplesmente pela Eucaristia e pela Palavra de Deus.

O deserto é o lugar da fome, da sede e do combate espiritual. É vital nos retirar para o deserto a fim de combater a ditadura de um mundo cheio de ídolos que se gaba da técnica e de bens materiais, um mundo dominado e manipulado pelos meios de comunicação, um mundo que foge de Deus refugiando-se no barulho. Devemos ajudar o mundo moderno a fazer a experiência do deserto, onde tomamos distância dos acontecimentos do dia a dia, e podemos fugir do barulho e da superficialidade. O deserto é o lugar do Absoluto, o lugar da liberdade. Não é por acaso que o deserto é o lugar onde o monoteísmo nasceu. O deserto é monoteísta; ele nos preserva da multiplicidade dos ídolos que os seres humanos fabricam para si. Nesse sentido, o deserto é o reino da graça. Longe das suas preocupações, o ser humano encontra seu criador e seu Deus.

104 – Grandes coisas começam no deserto, no silêncio, na pobreza e no abandono. Veja Moisés, Elias, João Batista e o próprio Jesus. É no deserto que Deus nos conduz e nos fala de coração para coração (cf. Os 2,16-25). O deserto não é apenas o lugar onde podemos viver a provação física da fome, da sede e da indigência total. É também a terra da tentação, onde se manifesta o poder de satanás. Muitas vezes, o diabo nos leva para lá a fim de fazer reluzir todos os esplendores do mundo e tentar convencer-nos de que foi um erro ter renunciado a tais coisas. Ao entrar no deserto, Jesus se expôs e se opôs firmemente à força sedutora de satanás, estendendo também aí os efeitos de seu batismo e de sua encarnação. Ele não se basta em descer às águas profundas do Jordão. Cristo desceu também até o fundo da miséria humana, à região dos amores arruinados, das relações destruídas, das mais depravadas ditaduras do sexo e das solidões de um mundo marcado pelo pecado. O deserto nos ensina a lutar contra o mal e todas as nossas más inclinações para recuperar a nossa dignidade de filhos de Deus. É impossível entrar no mistério de Deus sem entrar na solidão e no silêncio do nosso deserto interior.

105 – Todos os profetas foram ao deserto encontrar com Deus. A experiência de Deus é inseparável da experiência do deserto.

106 – São João Batista viveu trinta anos no deserto: "O menino crescia e se fortalecia em espírito. Ele viveu no deserto até o dia da sua manifestação a Israel" (Lc 1, 80). No lugar onde reinava o maior silêncio, João Batista construiu seu relacionamento com Deus. O deserto leva ao silêncio e o silêncio nos introduz na mais profunda intimidade de Deus.

É inevitável que o contemplativo que ouviu a Deus nessa noite tranquila do deserto interior e exterior aspire não apenas aos claustros mais recolhidos, mas às ermidas retiradas e austeras. Essas verdades fortes apoiam-se em experiências cujo valor não se pode negar. Mas é absolutamente necessário que alguém viva no deserto ou em um mosteiro para tornar-se contemplativo?

107 – Deus abre a todos, em pleno coração do mundo e na vida do dia a dia, caminhos para uma existência mais radical de contemplação e de santidade. Frei Marie-Eugène assim escreveu em *Quero ver a Deus*: "Há muitíssimas pessoas espirituais para as quais a vida de solidão é um sonho irrealizável. Um é casado, tem responsabilidades familiares e deveres de estado que impõem uma rotina diária altamente absorvente em meio à agitação do mundo. Outro tem vocação para o apostolado e se encontra envolvido em múltiplas obras que seu zelo criou ou ao menos lhe cabe manter. Outrora, talvez essas pessoas tenham hesitado entre a vida solitária e a que têm. Agora, é tarde demais. Além disso, escolheram em obediência à luz da sua vocação. Ei-los responsáveis por obrigações às quais efetivamente não podem renunciar e que Deus os obriga a cumprir fielmente. A atividade apostólica necessária à propagação do Reino de Deus e o cumprimento dos sagrados deveres familiares seriam incompatíveis com as exigências da contemplação e de uma vida espiritual mais

intensa? Essas almas que ficaram sedentas de Deus e que sentem os seus desejos tornarem-se mais ardentes em meio a atividades intensíssimas às quais dedicam os mais autênticos de seus esforços, estariam condenadas a nunca chegar à plenitude divina a que aspiram, porque Deus as afastou da solidão do deserto? Não podemos aceitar esse dilema. Pois a mesma sabedoria que a todos convida às fontes da água viva também lhes impõe essas funções exteriores. A sabedoria é una e harmoniosa em seus apelos e suas exigências. 'Sopro do poder de Deus', forte e suave, ela transpõe os obstáculos e, através das gerações, transfunde-se nas almas santas, e forma os amigos de Deus e os profetas" (cf. Sb 7, 25.27).

108 – Se a solidão do deserto fosse absolutamente necessária ao desenvolvimento da contemplação, seria preciso concluir que todos os que não lhe têm acesso ou não puderam suportar seriam incapazes de atingir a santidade, e que essa estaria reservada a poucos privilegiados. Os exemplos de santa Faustina Kowalska, são João Bosco, são Josemaría Escrivá de Balaguer, santa Teresa de Calcutá e são João Paulo II mostram que todos somos chamados à contemplação, à perfeição do amor e à perfeição da santidade. Afastando-se do alvoroço e do tumulto, cumpre a cada um pôr-se à disposição do Deus silencioso que nos espera no deserto profundo do nosso coração.

Em suas *Oeuvres spirituelles* [Obras espirituais], Padre Jérôme diz: "São benévolos os que, pela força de seu silêncio, fazem o papel de dique e quebra-mar, detendo todo tumulto vindo de fora ou de dentro. Graças a eles, o lago permanece sempre calmo; os barcos não rompem as suas amarras e não colidem entre si".

109 – A escolha do silêncio é um dom para a humanidade. Os homens e as mulheres que entram no silêncio doam-se em holocausto por seus irmãos. O mundo exterior é como um rio que transborda, fazendo-o

desmoronar e destruindo tudo à sua passagem. Para controlar essa força, é necessário construir diques. E o silêncio é essa poderosa barragem que controla as águas turbulentas do mundo, e nos protege do ruído e das distrações de todo tipo. O silêncio é uma barragem que restaura a dignidade humana. Os mosteiros e as grandes almas espirituais são barragens que protegem a humanidade das ameaças que pesam sobre ela. Quantos deveriam imitá-los para fazer do silêncio uma barragem eficaz!

110 – As pessoas que vivem no meio do barulho são semelhantes ao pó varrido pelo vento. São escravas de um tumulto que destrói sua relação com Deus. Ao contrário, os amantes do silêncio e da solidão caminham passo a passo em direção a Deus: assim como os domadores conseguem controlar os leões que rugem, eles sabem romper as espirais infernais do ruído.

111 – São Cipriano de Cartago, em sua Epístola a Donato, escreve: "Estava eu nas trevas da noite escura, jogado ao acaso sobre o mar agitado do mundo. Flutuava à deriva, ignorando minha vida, longe da verdade e da luz. Ao considerar meus costumes de então, parecia-me difícil e desagradável o que a misericórdia divina me prometia para conduzir-me à salvação. Como poderia alguém renascer para uma nova vida mediante o batismo das águas da salvação, ser regenerado, despojado do que tinha sido, sem mudar de corpo, sem mudar de alma e de vida? Como, pensava eu, tal conversão é possível? Eis o que me perguntei muitas vezes. Pois também fora capturado e detido pelos muitíssimos erros de minha vida, e já não esperava livrar-me deles, tão escravo me sentia de vícios arraigados em mim, tanto me desesperava do melhor, tão complacente era com meus males que se tinham tornado meus companheiros familiares" (I. 3-6.14). Devemos fazer uma escolha: Deus ou nada, o silêncio ou o barulho.

112 – Sem as amarras do silêncio, a vida não passa de um movimento deprimente, um barquinho insignificante que constantemente é sacudido pela violência das ondas. O silêncio é a parede externa que devemos construir para proteger nosso edifício interior.

113 – Na verdade, é Deus mesmo quem constrói esse dique e nos protege do tumulto, dos ataques externos e das tempestades do mundo. Essa é a garantia que nos dá o profeta Isaías: "Naquele dia será cantado este cântico na terra de Judá: Temos uma cidade forte; o Salvador é para ela o muro e o antemuro" (Is 26,1). Ao abrigo dessa muralha, vivemos no silêncio e no coração de Deus, e nossos olhos estão constantemente voltados para Ele porque queremos vê-lo.

Por que falar de "muro e antemuro"? Porque o homem, no início, estava destinado a viver no Paraíso. Mas, cedendo ao pecado, foi não apenas expulso do Paraíso, mas também foi posto para fora de si mesmo, e abandonado à exterioridade e à escuridão. Pela Encarnação, Deus veio abolir as consequências do pecado original e restaurar o destino e a vocação primitiva da humanidade. Ao se encarnar e assumir a nossa condição humana, Jesus reabriu-nos o caminho da interioridade. Assim, são Gregório Magno aplica à encarnação e à redenção as noções de interioridade e exterioridade. É Cristo que, vindo sobre a terra, devolve à humanidade decaída as alegrias da contemplação, da "*lux interna*". De alguma maneira, Cristo é a muralha que protege o edifício espiritual que é a Igreja. Mas é também a parede exterior que protege nosso edifício interior.

Diz são Gregório: "Deve-se notar que essa parede do edifício espiritual se chama 'parede exterior'. Com efeito, a parede que é construída para proteger um edifício, geralmente, não é posta do lado de dentro, mas de fora. Por que foi necessário dizer que ela está fora, uma vez que nunca se põe essa parede por dentro? Porque isso é indispensável se queremos que a parede posta do lado de fora defenda a que está dentro. Mas esse termo não está falando da própria encarnação do Senhor? Pois se Deus é para nós uma parede interior, Deus feito homem é a parede exterior. Eis por que um profeta lhe diz: 'Saíste para salvar teu povo, para salvar aos que ungiste' (Hab 3,13). E, de fato, esta parede, ou seja, o Senhor encarnado, não nos servirá de muro se não estiver de fora, pois não nos protegerá por dentro se não estiver por fora".

114 – Da mesma forma, em seu *Silence cartusien*, dom Augustin Guillerand tem estas magníficas palavras: "Para nós, os cartuxos, as palavras que não proferimos se tornam orações. Essa é a nossa força e não podemos fazer algo bom senão por esse grande veículo do silêncio. Apresentamos a Deus as pessoas com as quais não falamos". E continua: "É preciso que não tenhamos medo nem de nós nem dos outros. Temos de olhar a vida real face a face. É esse olhar profundo e prolongado que Deus nos concederá, pois Deus está no fundo de tudo. É esse querer (ou esse amor) que buscamos. É aí que Deus nos chama. Só chegamos aí depois de uma longa jornada que nos separa das criaturas e de nós mesmos. [...] O amor silencioso é a grande ciência e a grande luz aqui da terra". E conclui: "No silêncio, a tristeza consiste em olhar para si; a alegria, em olhar para Deus. Por que o silêncio? Porque é preciso sair de si mesmo, pensar em Deus, em vez de pensar apenas em si".

115 – O silêncio conduz inevitavelmente a Deus, desde que deixemos de olhar para nós mesmos. Pois mesmo na experiência do silêncio, há um problema: o narcisismo e o egoísmo.

116 – O silêncio contemplativo é o silêncio de adoração e escuta daquele que se mantém diante de Deus. Manter-se silenciosamente diante de Deus é orar. A oração supõe que alcancemos o silêncio a fim de ouvir e entender a Deus.

O silêncio exige uma disponibilidade absoluta diante da vontade de Deus. Devemos nos voltar inteiramente para Deus e para os irmãos. O silêncio é uma dádiva, uma caridade, em que os olhos de Deus tornam-se os nossos olhos, e o coração de Deus, um enxerto sobre o nosso coração. Não podemos continuar diante do fogo do silêncio divino sem nos abrasarmos.

Os amigos e amantes de Deus são por Ele iluminados. Quanto mais tempo ficam em silêncio, mais amam a Deus. Quanto mais vazios de si, mais repletos de Deus. Quanto mais conversam com Deus, face a face, mais os seus rostos irradiam a luz e o esplendor de Deus, como Moisés ao sair da Tenda do Encontro (Ex 34, 29-35).

117 – Há almas que reivindicam a solidão para encontrar-se consigo mesmas, e outras que a procuram para doar-se a Deus e aos irmãos.

118 – No silêncio, a alegria de Deus torna-se a nossa alegria. Estar silencioso diante de Deus é como ser semelhante a Deus.

119 – Dom Guillerand considerava com precisão: "A vida são uns minutos que passamos à espera do grande encontro definitivo na pátria celeste onde há apenas um único minuto... mas que é eterno. E nós poderíamos – esforçando-nos um pouco – começar a viver aqui por meio do silêncio e da solidão".

O silêncio e a solidão são uma pequena antecipação da eternidade na qual estaremos constantemente diante de Deus, iluminados por Ele, que é o grande silencioso, porque Ele é o grande amante.

120 – O silêncio e a solidão são coisas muito simples, assim como o próprio Deus é infinitamente simples. Em *Amour et silence*, dom Jean-Baptiste Porion escreveu: "É nosso Senhor em pessoa que nos convida: 'Sede simples como as pombas' (Mt 10,16). O ser

humano é um ser complicado, e, infelizmente, parece que se esforça para complicar ainda mais a sua relação com Deus. Deus, porém, é a simplicidade absoluta. Quanto mais somos complicados, mais nos distanciamos de Deus; porém, à medida que nos tornamos simples, poderemos aproximar-nos dele".

O silêncio é um Paraíso, mas o homem não o vê diretamente, pois é um ser cheio de contradições. Devemos ser como crianças diante de Deus. Mas, de tantas maneiras, queremos tornar difícil e obscura, ou mesmo inexistente, a nossa relação com Deus. Perdemos a simplicidade da infância. Eis por que o silêncio é tão difícil. E quanto mais o ser humano rejeita o silêncio mais ele quer ser o próprio Deus.

No silêncio, ele não pode se tornar uma falsa divindade, mas apenas ter um luminoso face a face com Deus.

Nas Confissões, *santo Agostinho nos confidencia sua experiência nesta magnífica passagem: "Tarde te amei, beleza tão antiga e tão nova, tarde te amei! Eis que estavas dentro de mim, e eu fora: fora de mim te procurava, e me atirava disforme sobre as belas formas que deste às coisas. Estavas comigo, e eu não estava contigo. Retinham-me longe de ti as coisas que nem existiriam se não estivessem em ti. Tu me chamaste, e teu grito rompeu minha surdez. Brilhaste, e teu esplendor afugentou minha cegueira. Exalaste teu perfume, respirei-o, e suspiro por ti. Conheci teu sabor, e agora tenho fome e sede de ti. Tocaste-me, e o desejo de tua paz me inflama"* (Conf. X, 27, 38: PL 32, 795). *Onde estão, enfim, as moradas da solidão e do silêncio?*

121 – As belas moradas da solidão e do silêncio, Jesus mesmo as indica aos homens. De início, é a intimidade de nosso quarto ao fecharmos a porta para estar sozinhos, no segredo de um colóquio íntimo com Deus. É também a penumbra de uma capela, lugar de solidão, de silêncio e de intimidade, onde nos aguarda a Presença de todas as

presenças, Jesus-Eucaristia. São também os santuários, os lugares santos e os mosteiros que nos permitem consagrar alguns dias ao Senhor. São, enfim, as casas de Deus que são as nossas igrejas, se os padres e fiéis forem zelosos em respeitar seu caráter sagrado a fim de que não se tornem museus, salas de espetáculo ou de concerto, mas continuem a ser lugares santos reservados à oração e apenas a Deus.

122 – Não hesitemos em privilegiar a oração silenciosa diária na solidão de nosso quarto. Em perfeita simbiose com os claustros dos mosteiros, é necessário viver um relacionamento íntimo com Deus no santuário de nosso quarto, e combater, pela oração e pelo silêncio, o bom combate da fé. Hoje neste mundo pagão entulhado de ídolos e que se gaba dos mais abomináveis pecados, o próprio Deus pede, pela boca do profeta Isaías, para entrar em nossos quartos e nos pôr ao abrigo de toda a contaminação e de toda a servidão do pecado, mas sobretudo para rezar intensamente por nossa conversão: "Vai, povo meu, entra nos teus quartos, fecha atrás de ti as portas. Esconde-te por alguns instantes até que a cólera passe, porque o Senhor vai sair de sua morada para punir os crimes dos habitantes da terra; porque a terra fará brotar o sangue que ela bebeu, e não ocultará mais os corpos dos assassinados, a menos que se coloquem sob minha proteção, que façam a paz comigo, que façam comigo a paz!" (Is 26, 20-21; 27, 5). Podemos nos tornar verdadeiros contemplativos, vivendo em paz com Deus se nossas casas tornarem-se templos de Deus.

123 – É tão vasta e árdua a distância a percorrer para irmos aos confins do nosso território interior que ela precisa de certas paradas de descanso em que o silêncio e a solidão sejam pilares intangíveis. A intimidade sagrada de uma capela, de um quarto ou do claustro de um mosteiro simboliza a pureza do Paraíso. Nesse lugar abençoado, a solidão e o silêncio alcançam uma forma de perfeição estética e espiritual.

124 – Se caminhamos em direção a Deus, há um momento em que a fala torna-se inútil e desinteressante, pois apenas a contemplação importa. Assim, mais do que qualquer outra realidade, a vida monástica permite contemplar Deus. O silêncio dos mosteiros oferece o mais belo cenário terreno aos que querem ascender até Aquele que os espera.

Dom Jean-Baptiste Porion considera com precisão em *Amour et silence*: "Toda a vida é misteriosa em seu princípio e sua ação. A vida contemplativa é a mais profunda forma de vida e também a mais verdadeira. Por isso, é também a mais secreta e a mais inexplicável. Ela é muito simples e também muito espiritual para que as palavras humanas possam expressá-la completamente. [...] Entrar para o mosteiro é converter-se, ou seja, afastar-se do mundo e voltar-se para Deus. Esse é o princípio da vida da cartuxa como o de toda a vida religiosa. Aqueles a quem o chamado divino conduz à solidão entenderam a palavra do Evangelho: *'Poenitentiam agite. Vade, vende quod habes'* [Fazei penitência, ide, vendei tudo o que possuis]. Então, antes de tudo, será preciso um esforço para se romper com a criatura, para romper as cadeias da nossa escravidão. Esses atos de despojamento e submissão nunca deixarão de ser necessários. Sempre teremos que lutar contra a nossa natureza decaída. *'Militia est vita hominis super terram'* [A vida humana sob a terra é um combate]".

125 – O claustro materializa a *fuga mundi*, a fuga do mundo para encontrar a solidão e o silêncio. Ela expressa o final dos tumultos, das luzes artificiais, das drogas tristes do ruído e da avidez de possuir mais e mais bens para se poder, enfim, olhar para o céu. Quem entra para o mosteiro busca o silêncio para encontrar com Deus, quer amar a Deus acima de tudo, como seu único bem e sua única riqueza. "Para poder amar muito a Deus no céu", disse santo Afonso Maria de Ligório em sua *Oitava meditação para a Novena de Natal*, "é preciso primeiro amá-lo muito sobre a terra. O grau de nosso amor por Deus ao fim de nossa vida

será a medida do nosso amor a Deus por toda a eternidade. Queremos adquirir a certeza de não mais nos separar do Soberano Bem nesta vida? Estreitemo-lo cada vez mais nos laços de nosso amor, dizendo com a esposa do Cântico dos Cânticos: 'Encontrei aquele a quem ama a minha alma; agarrei-me a ele, e não o larguei mais' (Ct 3, 4). De que modo a Esposa sagrada estreitou-se a seu amado? 'Com os braços da caridade estreitou-se a Deus', respondeu santo Ambrósio. Feliz, portanto, quem puder exclamar com são Paulino: 'Que os ricos possuam suas riquezas, que os reis possuam seus reinos: nossa glória, nossa riqueza e nosso reino é Cristo'. E com santo Inácio: 'Dai-me apenas vosso amor e vossa graça, e serei rico o bastante. Fazei-me que vos ame e que seja amado por vós; nada mais quero e nem há mais nada a se desejar'."

Em seu discurso ao *Collège des Bernardins*, em 12 de setembro de 2008, Bento XVI expressou, melhor do que qualquer outro papa, esse belo mistério da vida contemplativa: "Partimos da observação de que, com a derrocada dos velhos sistemas e certezas, a atitude de fundo dos monges era o *quaerere Deum*, ir em busca de Deus. Poderíamos dizer que esta é verdadeiramente a atitude filosófica: olhar para além das realidades penúltimas e ir à procura das realidades últimas, que são as verdadeiras".

126 – O monge põe-se decididamente sobre um caminho longo e ascendente, mas já em posse da direção a seguir: a palavra da Bíblia na qual ele escuta Deus. Assim, deve esforçar-se para entendê-Lo e chegar até Ele. Assim, o caminho dos monges, cujo progresso não se pode medir, realiza-se no coração da Palavra recebida e ruminada por meio da liturgia. Nessa busca de Deus, o monge está intensamente impressionado pelo silêncio de Cristo durante a Paixão, sendo Ele mesmo que o atrai.

Há realmente uma renúncia, um despojar-se em Deus, uma predisposição à escuta e à adoração silenciosa. É uma longa jornada em direção a Deus à luz da Palavra da Bíblia. O silêncio é sempre o inimigo das perspectivas fúteis, dos eventos mundanos e dos fogos de artifício.

127 – O mundo pode seguir o homem onde quer que vá se esconder, até mesmo na solidão e no silêncio do claustro. O orgulho e as paixões são tipos de hipocrisia que buscam retomar seus piores direitos sobre a alma. Então, o melhor antídoto é aconchegar-se no silêncio e no coração de Deus, com a Bíblia aberta sobre nossa cabeça como se fossem asas do Espírito Santo, único necessário para expulsar de nosso mundo interior tudo o que é inútil, supérfluo, mundano e até mesmo o nosso próprio eu.

128 – A tradição monástica chama de "grande silêncio" à atmosfera noturna de paz que deve reinar no espaço comunitário, bem como dentro de cada cela, e, em geral, vai de Completas até Prima, para que o monge fique a só consigo mesmo e com Deus. Cada pessoa, porém, deveria criar e construir um claustro interior, "um muro e um antemuro", um deserto particular para nele encontrar Deus na solidão e no silêncio.

129 – *Père* Jérôme, em seus *Écrits monastiques* [Escritos monásticos], nos fala de uma forma de evidência: "Ter assim o direito – e direito reconhecido, porque direito religioso – de refugiar-se em silêncio, que privilégio! Mas não é privilégio se não temos coragem de utilizá-lo". O silêncio é privilégio dos corajosos. Eles podem cair e perder a esperança; o incessável silêncio poderá reerguê-los, posto que encerra em si presença e origem divinas. O silêncio é uma conversão que jamais se perfaz com facilidade.

130 – Em *Silence cartusien,* Dom Guillerand também escreveu: "Quero me acostumar a olhar nas sombras onde a luz se abranda para chegar a mim sem me ferir, a ouvir o silêncio onde fala a voz que tudo

diz sem palavras, a amar a esse amor que se doa me iluminando e falando sob essa forma mais elevada que a mim mesmo e mais perto da luz e da verdade".

131 – O aspecto físico dos rostos de homens silenciosos é diferente do daqueles que estão desfigurados pelos sons dos prazeres e dos artifícios de um mundo sem Deus. Sua fisionomia, seus olhos e seu sorriso foram cinzelados pela força do silêncio. Os verdadeiros monges estão acostumados a enxergar nas sombras e podem sempre encontrar a luz que é Deus. Porque Deus está oculto, *Deus absconditus*, envolto em um véu que o silêncio consegue tão somente entrever. A sombra do silêncio permite ao homem fixar-se em Deus. O silêncio é mistério; e o maior mistério, Deus, permanece em silêncio. Gosto de lembrar as palavras do poeta Patrice de la Tour du Pin: "Em toda vida, o silêncio diz Deus".

132 – A vida monástica, a vida dos homens de solidão e de silêncio é uma ascensão às alturas, e não um descanso nas alturas. Os monges sobem sempre mais alto, pois Deus é sempre maior. Nesta terra, nunca conseguiremos alcançar a Deus. Mas a solidão e o silêncio são os melhores companheiros de nossa jornada terrestre em direção a Deus.

133 – Podemos buscar a Deus não apenas no claustro... Santo Agostinho foi bruscamente afastado de seu mosteiro para ser consagrado bispo de Hipona. Sobrecarregado por um ministério episcopal desgastante, esmagado pela multiplicidade de suas obrigações pastorais, por muitas vezes santo Agostinho considerava sua atividade episcopal uma *"sarcina episcopalis"*. Há um termo da linguagem militar que designa a bagagem do soldado, a "barda". O episcopado foi a "barda" especialmente pesada que o bispo de Hipona teve de carregar todos os dias sobre os ombros. Apesar de um ministério monopolizante, que não raro se confundia com

a administração de assuntos seculares, Agostinho encontrava o tempo de silêncio e de solidão para ler, estudar, meditar sobre as Escrituras, rezar longamente, escrever suas obras dogmáticas e assegurar a qualidade da catequese e do ensino. O exemplo de Agostinho se situa numa igreja particular, em nada abstrata ou ideal, a comunidade de Hipona cujos rostos e rugas, misérias e dilacerações ele conhece bem. Com ela, Agostinho reza, jejua, sofre e caminha para a conversão diária indispensável para viver plenamente por Deus, com Deus e em Deus. Ele traduz a experiência dessa comunidade comentando os salmos, onde o encontramos todo e inteiro: "O corpo inteiro de Cristo geme em suas provações e até o fim dos tempos e o final das provações, esse homem geme e clama por Deus, e cada um de nós clamamos em seu corpo".

Esse Deus que deseja, esse Deus presente em seus irmãos, esse Deus presente no mais íntimo de sua alma, é também aquele a quem aspira, para além de todas as investigações teológicas, a estreitar junto de si, na oração silenciosa. Dirigindo-se e tendendo para Ele com todo o seu ser, doravante Agostinho será consumido pelo amor. Quantas vezes não terá perscrutado o horizonte para ver se Deus vinha, pois queria repousar e regozijar em sua Presença. Agostinho descreveu a si mesmo como um homem sob a tenda de Deus "extasiado pela música interior e arrastado por sua suavidade", pela melodia divina que silencia os rumores da carne e do sangue e conduzem à Casa de Deus. Mas ele sabia que o êxtase dura apenas um instante e se ressente das misérias humanas do dia a dia. Gemeu em sua carne frágil. Doravante será sustentado por uma espera que é a razão mesma da sua jornada. "Canta e anda", repete ele, Deus está no fim da estrada e ele já sentia a força de sua mão...

O silêncio é o exílio da palavra? Ao longo da sua vida, algumas vezes o senhor percebeu que as palavras foram se tornando demasiadamente inoportunas, pesadas e ruidosas?

134 – É necessário que cultivemos o silêncio e o cerquemos por meio de um dique interior.

Em minhas orações e em minha vida interior, sempre senti a necessidade de um silêncio mais profundo e completo. Trata-se de uma espécie de modéstia que me leva a sequer pensar em mim mesmo, mas a voltar meu olhar, meu ser e minha alma para Deus. Os dias de solidão, de silêncio e de jejum absoluto foram um grande alento, uma graça incrível, uma lenta purificação e um encontro pessoal com o Deus que desejava me conduzir gradualmente em direção a uma vida interior mais densa, a fim de estabelecer com Ele uma relação de intimidade. Os dias de solidão, de silêncio e de jejum, alimentado apenas pela Palavra de Deus, permitem ao homem estabelecer sua vida sobre o essencial.

Assim, eu sabia que poderia adquirir vigor e frescor espiritual semelhante aos de uma árvore que, plantada junto às águas, estende suas raízes na direção da corrente. Essa árvore nada teme ao chegar o calor, sua folhagem continua verde; nas estações secas, nenhuma preocupação a atinge e ela nunca deixa de dar frutos (Jr 17, 7-8). O silêncio, o crescimento da minha vida interior são uma necessidade absoluta; as almas consagradas e os sacerdotes não devem jamais negligenciá-los.

135 – Em Gramática do assentimento, o beato John Henry Newman dirige amargas censuras aos sacerdotes quando escreve: "O silêncio mantém o calor interno do fervor religioso. Esse calor traduz a vida do Espírito Santo em nós. O silêncio permite manter e proteger vivo o fogo divino. [...] A vida do Espírito requer a vigilância sobre nós mesmos. Se queremos testemunhar a presença do Espírito de Deus no mundo, devemos manter esse fogo interior com muito cuidado. Não surpreende que muitos padres tenham se tornado invólucros sem alma, homens que falam muito e sabem partilhar muitas experiências de vida, mas em quem o fogo do Espírito de Deus está apagado, e assim não expressam

mais que ideias banais ou sentimentos comezinhos. Às vezes, parece que a abundância das nossas palavras nada mais é que a expressão de dúvida sobre a fé. E tudo se passa como se não estivéssemos realmente seguros de que o Espírito de Deus pode tocar o coração humano: pensamos que devemos suprir essa pretensa insuficiência com abundância de palavras, convencendo os outros de seu poder. Mas é precisamente essa descrença tagarela que extingue o fogo. [...] Para nós que exercemos o ministério, a maior tentação é o excesso de palavras, pois elas enfraquecem nossa fé e nos fazem mornos. O silêncio é uma disciplina sagrada, a sentinela do Espírito Santo".

São João é particularmente claro sobre esse assunto: "Se me amais, guardareis os meus mandamentos. E eu rogarei ao Pai, e ele vos dará outro Paráclito, para que fique eternamente convosco. É o Espírito da Verdade, que o mundo não pode receber, porque não o vê, nem o conhece, mas vós o conhecereis, porque permanecerá convosco e estará em vós. Não vos deixarei órfãos. Voltarei a vós" (Jo 14, 15-18).

Depois da Ascensão, Cristo não nos deixou órfãos. Assim como no início da criação, tal como uma brisa leve, "o Espírito de Deus pairava sobre a superfície das águas", assim também o Filho de Deus depositou a humanidade nas mãos do Espírito Santo, que derrama o amor do Pai e silenciosamente distribui sua luz e sua sabedoria. É por isso que é quase impossível ser guiado pelo Espírito Santo no barulho e na agitação do mundo.

De certo que Cristo está aflito de ver e ouvir padres e bispos, que devem garantir a integridade dos ensinamentos do Evangelho e da doutrina, multiplicarem palavras e escritos que esvaziam o rigor do Evangelho por força de certas declarações deliberadamente ambíguas e confusas. Para esses sacerdotes e prelados que dão a impressão de fazer o oposto do ensinamento tradicional da Igreja em matéria doutrinal e de moral, não é inoportuno recordar as severas palavras de Cristo: "Por isso, eu vos digo: todo pecado e toda blasfêmia serão perdoados aos homens, mas a blasfêmia contra o Espírito não lhes será perdoada. Tudo o que tiver falado contra o Filho do Homem será perdoado. Se, porém, falar contra o Espírito Santo, não alcançará perdão nem neste século nem no século vindouro"; "é culpado de uma culpa eterna", acrescentou Marcos (cf. Mt 12, 31-32; Lc12, 10; Mc 3, 29).

Temos, sem dúvida, o dever de buscar novos caminhos pastorais. Mas, em seu *Comentário ao Evangelho de João*, santo Tomás de Aquino nos adverte: "Portanto, se estás olhando por onde andar, leva Cristo, já que ele mesmo é o caminho: é o caminho, siga-o. E santo Agostinho comenta: 'Caminha seguindo esse Homem e chegarás a Deus'. Pois melhor é mancar no caminho certo que caminhar com grandes passos fora dele. Mesmo quem manca, embora avance pouco, vai aproximando do fim do caminho; mas quem anda fora do caminho, quanto mais determinadamente corre, mais se afasta do fim. Se queres saber para onde ir, uni-te a Cristo, porque ele é, em pessoa, a verdade a que queres chegar".

A censura de Newman a propósito dos padres que se apropriaram da Palavra de Deus, dos sacramentos e da liturgia mostra claramente que há um nexo muito íntimo entre o silêncio e a fidelidade ao Espírito Santo. Sem a ascese do silêncio, os pastores tornam-se homens sem interesse, prisioneiros de verborreias entediantes e patéticas. Sem a vida do Espírito Santo e sem o silêncio, a pregação não passa de tagarelice confusa, desprovida de consistência. A palavra do sacerdote deve moldar a sua alma e ser o sinal da Presença divina.

A reflexão de Newman aplica-se a todas as pessoas. Quanto mais próximos do Espírito Santo, mais silenciosos ficamos; quanto mais afastados, mais falantes.

Cada padre, cada bispo deveria ser capaz de dizer como santo Agostinho: *"Voce Ecclesiae loquor"* [Falo com a voz da Igreja] (*Serm.* 129, 3, 4: PL 38, 722). E, portanto, fala com a voz de Jesus Cristo; assim, com sutileza e eficácia, ele deveria assumir sobre si toda a responsabilidade de pastor e de guia. Cada padre, cada bispo não deve se esquecer de que no terrível dia do Julgamento ele mesmo deverá responder a Deus pelos pecados dos que ele não foi capaz de reformar por sua negligência.

Em certa carta, santo Agostinho escreve com severidade: "A glória do mundo passa, no dia do Juízo todas essas honras de nada servirão. Não pretendo esgotar a minha vida na vaidade das honras eclesiásticas. Penso sempre no dia em que deverei prestar contas do rebanho que me foi confiado pelo Príncipe dos pastores. Compreendei, pois, os meus temores, pois são grandes os meus temores" (*Epist.* 23, 2: PL 33, 96).

136 – A falta de respeito pelo silêncio é uma blasfêmia contra o Espírito Santo. Se o padre entrar nessa disciplina do silêncio, ele saberá se submeter ao Espírito Santo. Se os porta-vozes de Deus não deixam o Espírito Santo lhes falar, inevitavelmente transformarão a graça divina em simples e detestável habilidade humana.

137 – O padre deve ser um homem de silêncio, sempre à escuta de Deus. A verdadeira densidade pastoral e missionária só pode vir da oração silenciosa. Sem silêncio, o sacerdócio está arruinado. O sacerdote deve estar nas mãos do Espírito Santo. Se se afastar do Espírito, estará condenado a realizar um trabalho puramente humano.

138 – É verdade que o Espírito Santo continua a ser o "Deus desconhecido", conforme o título de um pequeno livro do padre Victor Dillard, um padre jesuíta morto em Dachau em 12 de janeiro de 1945. Em *Au Dieu inconnu* [Ao Deus desconhecido], ele abre sua reflexão com esta oração magnífica que é uma súplica e um clamor dirigido ao Espírito Santo para pedir-Lhe que desse a conhecer, compreender, tocar, e até mesmo revelar a sua face, pois é intenso o nosso desejo de

vê-lo: "Senhor, fazei-me ver. [...] Não sei que nome vos dar, como dizer: Espírito Santo, ó Espírito Santo. [...] Eu tento agarrar-vos e vos isolar no divino onde mergulho. Mas a mão estendida não me traz nada, e imperceptivelmente eu resvalo e me ponho de joelhos diante do Pai, ou me inclino sobre o meu Cristo interior e familiar. Meu corpo se detém. Os sentidos querem o seu quinhão de imagens para que a alma voe até vós. E vós lhe concedeis apenas estranhas figuras materiais, a pomba, as línguas de fogo, o sopro, nada que permita a terna intimidade de uma oração a dois, humana e familiar. E isso é assim porque estais muito perto de mim. Seria preciso recuar um pouco para olhar-vos, delimitar-vos e delimitar-me a mim também nesse face a face, satisfazer, enfim, minha necessidade de contornos precisos para compreender a nossa união".

A oração do padre Dillard reflete a dificuldade de representar para si a originalidade da Pessoa divina do Espírito Santo. No entanto, Ele é abundantemente invocado no coração da celebração eucarística para santificar o povo de Deus e todas as coisas, e realizar a transubstanciação, ou seja, a transformação da substância do pão e do vinho no corpo e no sangue de Jesus Cristo na Eucaristia.

139 – Cristo deu-nos o grande silêncio do Espírito Santo. Como poderia esquecê-lo? Se as pessoas se afastam do fogo devorador do silêncio do Espírito, sempre acabam na adoração de ídolos. É preciso manter o fogo silencioso de Pentecostes. Sem o silêncio do Espírito, somos invólucros vazios.

140 – O silêncio não é o exílio da palavra. Ele é o amor da única Palavra; em sentido inverso, a abundância de palavras é sinal de dúvida. A incredulidade está sempre de tagarelice.

141 – Muitas vezes, esquecemos que Cristo buscava o silêncio. Ele ia ao deserto, não para se exilar, mas encontrar a Deus. E no momento

crucial de sua vida, quando gritos estouram por todos os lados, lançando sobre ele todos os tipos de mentiras e calúnias, quando, enfim, o sumo sacerdote lhe pergunta: "Tu não respondes nada?"; Jesus preferiu o silêncio.

Hoje há uma verdadeira amnésia a ponto de não se saber mais que o silêncio é sagrado, pois é a morada de Deus. Como reencontrar o sentido do silêncio como manifestação de Deus? O drama do mundo moderno está nisto: o ser humano afasta-se de Deus porque já não acredita no valor do silêncio.

142 – Sem o silêncio, Deus desaparece no ruído. E esse ruído torna-se ainda mais obsessivo porque Deus está ausente. Se não redescobre o silêncio, o mundo está perdido. Então a terra se precipita no nada.

O silêncio da escuta, ele existe? Talvez haja um paradoxo ao se querer compreender o outro permanecendo em silêncio...

143 – Para ouvir, é preciso calar. Não pretendo falar apenas de certa forma de contrafação do silêncio físico que não interromperia o que os outros dizem, mas falo do silêncio interior, daquele direcionado não somente ao acolhimento da palavra do outro, mas também capaz de transbordar de amor humilde, rico de capacidade de atenção, de recepção amigável, de despojamento voluntário e persuadido da consciência da própria pobreza.

O silêncio da escuta é uma atenção, um dom de si ao outro e um sinal de elegância moral. Ele deve manifestar o reconhecimento da nossa humildade para que aceitemos receber dos outros uma dádiva que Deus nos dá. Porque o outro é sempre uma riqueza e um precioso dom divino para progredirmos em humildade, humanidade e nobreza.

Penso que o relacionamento humano mais defeituoso é precisamente aquele em que o silêncio atencioso está ausente.

144 – É preciso impor silêncio à marcha do pensamento, acalmar a agitação do coração, o tumulto das preocupações, e eliminar a distração artificial. Nada nos faz entender melhor a escuta que a correlação entre silêncio e escuta, atenção e doação. Assim, são João escreve em seu prólogo: "A luz brilha nas trevas e a escuridão não a recebeu" (Jo 1, 5). O silêncio da escuta nada mais é que uma relação silenciosa entre dois corações.

Como pode o coração acolher plenamente o outro sem o silêncio? O silêncio não pode ser explicado pela inteligência, mas pela alma.

145 – Por analogia, ouvimos melhor a música quando tudo está em silêncio em torno de nós e em nós, da maneira mais perfeita, de olhos fechados. Não posso traduzir melhor esse silêncio da escuta que evocando a beleza do órgão quando ele enche a igreja de seu som. Nós o ouvimos, mas não vemos o organista lá em cima, no coro, onde os órgãos costumam estar; o som chega de uma escuridão materna, sob as abóbadas imóveis e na penumbra, e envolve-nos como um manto.

A plenitude do silêncio de escuta se alcança de fato quando, na leitura, a palavra se faz presente silenciosamente sem nada perder de sua vitalidade, que é o encontro de uma palavra sem som e um destinatário totalmente voltado para dentro de si mesmo em uma solidão perfeita de acolhimento.

Que dizer do silêncio da memória? Não aquele da doença, quando alguém perde suas lembranças e referências.

146 – A memória é uma palavra impregnada do Espírito Santo. É um santuário, um solo lavrado onde se lança a semente da palavra, onde ela cria raízes e ressurge silenciosamente com uma nova vida mais abundante e portadora de esperança.

Morta no silêncio da escuta, a palavra floresce novamente sob o sol do Espírito que a desperta para a vida. Assimilada e fecundada pela meditação, ela surge então como um novo ser carregado de muitos frutos: se o grão de trigo não morre, ele não dá fruto. A morte da semente é a vida da planta. E a planta, único ser em toda a natureza que é ao mesmo tempo silencioso e vivo, se oferece a nós como a imagem mais perfeita do que acontece nos momentos posteriores à escuta silenciosa.

A tradição meditativa da *lectio divina*, que atravessa o cristianismo de Orígenes aos nossos dias, faz também com que à *lectio* se siga a *meditatio*, e à *meditativo*, a *oratio*. Essencialmente direcionada ao colóquio com Deus, a *lectio divina* reflete perfeitamente a riqueza do silêncio.

147 – O silêncio da memória é a paz da alma e do coração. O silêncio da memória é um ser humano livre e correto.

Em seu Diário de um pároco de aldeia, *Georges Bernanos escreve: "Guardar o silêncio, que expressão estranha! É o silêncio que nos guarda". Como entender essa forma de irracionalidade em relação ao silêncio?*

148 – *Père* Jérôme tentou responder a essa pergunta. Em seus Écrits monastiques, ele escreveu: "O silêncio é um mistério; ou, mais precisamente, a atitude das pessoas em relação ao silêncio põe um problema quase misterioso. Todas as pessoas sensatas admiram o silêncio; todas estão persuadidas da sua utilidade, mas quase nunca querem ir mais adiante". A seguir, acrescenta o monge trapista: "Praticar a caridade: assumir, suportar sobre si mesmo e não deixar que esses 'ruídos' se espalhem de modo que isso perturbe os outros. E isso simplesmente porque a agitação afasta de Deus".

O barulho nos cerca e nos assalta. O barulho de nossas cidades sempre acordadas, o barulho dos carros, dos aviões, das máquinas de dentro e de fora de casas. Além desse ruído imposto a nós, há os sons que nós mesmos produzimos ou os que escolhemos. Eis a trilha sonora do nosso cotidiano mais comum. Mas todo esse ruído, sem que percebamos, tem muitas vezes uma função que não ousamos admitir porque ele esconde e abafa outro tipo de som, o barulho que ocupa e invade a nossa interioridade. Como não se maravilhar com os esforços que constantemente dispensamos para encobrir os silêncios de Deus?

149 – O barulho é a violação da alma; o barulho é ruína "silenciosa" da interioridade. O ser humano tem sempre a tendência de permanecer fora de si mesmo. Por isso, precisamos retornar continuamente à nossa cidadela interior.

150 – Esse ruído, nós o descobrimos de maneira dolorosa quando resolvemos rezar. Não raro, um grande barulho invade então o nosso templo interior. Pois o mundo moderno multiplicou os ruídos tóxicos que são outros tantos inimigos virulentos da paz do coração. Num mundo secularizado, materialista e hedonista, onde as guerras, as bombas e o espocar das submetralhadoras, as violências e a barbárie são moeda corrente, onde as agressões contra a dignidade da pessoa humana, contra a família e a vida alcançam a essência mesma dos seres humanos, respeitar o silêncio tornou-se a última das preocupações da humanidade. E, no entanto, Deus se oculta no silêncio.

151 – Em uma conferência dedicada ao silêncio interior, o irmão carmelita Philippe de Jésus-Marie disse com grande precisão: "Intuímos que, originalmente, nossa alma é um espaço de silêncio, um lugar intacto, um santuário onde Deus quer habitar em paz conosco. Mas quando chegamos ao limiar desse templo íntimo, mediante um movimento de recolhimento, descobrimos uma estranha cacofonia que faz desse tempo

de oração a caixa de ressonância na qual repercutem todos os aspectos de nossas vidas, na qual se manifestam todos os nossos medos e ansiedades, nossos mais variados desejos e emoções. A questão fundamental, então, não é principalmente a do ruído exterior, mas a de silenciar os nossos pensamentos". Infelizmente, a experiência descrita por irmão Philippe de Jésus-Marie é atualmente uma realidade generalizada, especialmente no mundo ocidental, e mesmo além.

Um dia, para além do som invasivo que perversamente enreda tantas vidas, será importante ouvir novamente "o som de uma brisa suave", a voz de Deus, que irá nos repetir: "Que fazes aqui, Elias?" (1Rs 19,12-13).

152 – Santa Teresa d'Ávila descreve com particular precisão essa experiência universal: "Tenho a impressão de ter na cabeça rios caudalosos, cujas águas se precipitam. Ouço muitos passarinhos e silvos – não nos ouvidos, mas na parte superior da cabeça, onde dizem estar a parte da alma" (*Castelo interior*, Quartas moradas, Capítulo I,10)

153 – O irmão Philippe de Jesus-Marie escreve ainda: "É necessário, portanto, durante o tempo de oração renunciar absolutamente a tomar esses trens ou barcos que passam. Para isso, é capital não nos identificarmos com esses pensamentos, mas, ao contrário, tomar consciência que eles nos chegam, que eles não são nós, que eles apenas se projetam sobre o pano de fundo de nosso silêncio interior. É lá que encontramos Deus. [...] Tudo o que ele nos pede diante de Si é que permaneçamos em silêncio que é o mais belo de todos os louvores que podemos Lhe dirigir".

Mas nós subimos nesses "trens ou barcos que passam". Muitas vezes, entramos nas capelas e igrejas com trens e barcos, e nem sempre temos consciência do barulho que arrastamos conosco quando estamos na casa de Deus.

154 – Sei que é muito difícil nos livrarmos dos múltiplos problemas que podem assaltar e perturbar o nosso silêncio. Como pedir a uma mãe, cujo filho está gravemente doente, que mantenha a distância os pensamentos dolorosos que a assaltam constantemente? Como pedir a um homem que acaba de perder sua esposa, afligida por uma longa doença, que deixe de lado o véu de tristeza que lhe machuca o coração, para que, assim, encontre certo tipo de silêncio?

Mas se as grandes dificuldades do dia a dia estão aí mesmo, Deus, no entanto, continua presente em cada um de nós. Ele é um Deus paciente, fiel e misericordioso, que espera indefinidamente. A parte mais difícil é, provavelmente, a de entrarmos em nós mesmos, fazer silêncio, voltarmo-nos para o Pai, arrepender-nos e dizer: "Quantos empregados há na casa de meu pai que têm pão em abundância... e eu, aqui, estou a morrer de fome! Levantar-me-ei e irei a meu pai, e dir-lhe-ei: 'Meu pai, pequei contra o céu e contra ti; já não sou digno de ser chamado teu filho. Trata-me como a um dos teus empregados'. Levantou-se, pois, e foi ter com seu pai" (Lc 15,17-20). Caminhar para o céu supõe encontrar nossa interioridade silenciosa onde Deus reside e nos espera, perscrutando o horizonte.

155 – Em uma conferência sobre *Le son du silence au saint désert*, o carmelita Jean-Gabriel do Menino Jesus diz com razão: "Lendo a vida dos santos do deserto, seremos tentados a pensar que a vida no deserto é preenchida por doces colóquios com Deus, sem nenhuma preocupação além desse 'santo ócio', tal como João da Cruz chamava a contemplação amorosa em seu *Cântico espiritual*. [...] Na maioria das vezes, no entanto, o eremita enfrenta a escuridão de sua alma pecadora. Silêncio e solidão são, portanto, o lugar de combate espiritual contra três inimigos: o mundo, o demônio e o homem velho (a 'carne', no sentido paulino), o qual é o mais persistente dos três, se aceitamos a opinião de João da Cruz".

Devemos cuidadosamente proteger o silêncio de qualquer perturbação. O ruído do nosso "eu", que nunca deixa de exigir seus direitos, mergulhando-nos em excessiva preocupação por nós mesmos. O ruído da nossa memória, que nos leva ao passado, o passado das lembranças ou das faltas. O ruído das tentações ou da acídia, o espírito da gula, luxúria, avareza, cólera, tristeza, vaidade, orgulho e, em suma, tudo o que constitui o campo de batalha da guerra espiritual que o ser humano deve enfrentar diariamente. O silêncio é o antídoto supremo para silenciar todos esses ruídos parasitas que devem ser consumidos na chama suave do Espírito Santo.

156 – Há uma forma de glória do silêncio. Santo Inácio de Loyola não hesitou escrever em seus *Exercícios espirituais*: "Quanto mais a nossa alma se acha só e separada, mais ela se torna capaz de se aproximar de seu Criador e Senhor para alcançá-lo".

157 – O silêncio nunca exibe pompas ou grandezas. O silêncio é simplesmente a imagem de Deus. Por ser o simples reflexo do amor divino, o silêncio nunca nos cega como os clamores chamativos e vistosos.

158 – Em seu livro *Pour un examen de conscience, recommandé aux contemporains* [Para um exame de consciência, recomendado aos contemporâneos], o filósofo Soren Kierkegaard resumiu esse problema de modo explícito e dramático: "Ah, se pudéssemos entender que toda essa situação atual do cristianismo é uma doença, e, se eu fosse médico, quando alguém me perguntasse: 'segundo sua opinião, qual é o remédio?', então a minha resposta seria: 'o remédio de primeiríssima necessidade chama-se silêncio'. Silêncio, silêncio, dai-nos uma vez mais o silêncio. Já não se ouve a Palavra de Deus. Pois se for preciso gritá-la no meio da confusão e do alarido, ela já não é mais a Palavra de Deus. Então: silêncio!

Mas tudo é tumulto. Assim como uma bebida alcoólica que excita, assim também, atualmente, o evento mais banal, o grito mais idiota, agita os sentidos e põe a multidão em movimento, o público, o tumulto. Esse ser transtornado chamado 'homem' passa noites a inventar uma torrente de novas maneiras de aumentar o barulho e aumentar o mais rapidamente, e o quanto lhe é possível, o tumulto e a estupidez. Sim, estamos diante de uma inversão total: agora que os meios de comunicação atingem o ápice da velocidade numa extensão ilimitada, encontramo-nos, paradoxalmente, no ponto mais baixo de insignificância das comunicações. Tão grande é a ansiedade atual para gritar qualquer coisa sobre os telhados, tão grande o mundo da tagarelice! Oh, por favor: silêncio"!

159 – A maior dificuldade do ser humano é buscar a Deus no silêncio. A luz silenciosa não é uma palavra humana, mas uma luz humilde e pobre.

2
Deus não fala, mas sua voz é bem conhecida

"Oh! Feliz e felicíssima a alma que merece ser atraída a Deus e por Deus, de modo que, pela unidade do Espírito em Deus, ela ama a Deus apenas e não ao bem particular, e a si mesma ama apenas em Deus. [...] 'Quero que, assim como Tu e eu somos um, eles sejam um em nós' (Jo 17,11)! Eis o fim, a consumação, a perfeição, a paz, a alegria do Senhor, a alegria no Espírito Santo, eis o Silêncio no céu. (Ap 8,1)."

Guilherme de Saint-Thierry,
Lettre aux frères du Mont-Dieu [Carta aos irmãos de Mont-Dieu]

NICOLAS DIAT: Em O Sinal de Jonas, *Thomas Merton considera, com precisão, que "o problema da linguagem é o problema do pecado. O problema do silêncio também é o problema do amor. Como pode um ser humano realmente saber se deve escrever ou não, falar ou não, se suas palavras e seu silêncio são bons ou maus, se engendram vida ou morte, caso ele não leve em conta as duas divisões das línguas: a de Babel, quando a humanidade se dividiu em suas línguas por causa do orgulho, e a do fogo de Pentecostes, quando o Espírito Santo concedeu aos que só sabiam um dialeto a capacidade de falar todas as línguas da terra, a todos reunindo na unidade 'para que todos sejam um, assim como tu, Pai, estás em mim e eu em ti, para que também eles estejam em nós' (cf. Jo 17, 21-22). Pela ação do Espírito Santo, os discípulos tornaram-se como sois que brilhavam por toda a Jerusalém (cf. Jr 20, 9). E Deus manifestou-se através deles. Deus, que habita silenciosamente em nós, é a única razão que nos autoriza falar, e que justifica inclusive uma palavra densa, divina, a partir do momento em que ela nasce do silêncio e se torna a seguir a alma no silêncio".*

Como, então, compreender o mistério do silêncio de Deus, de tão difícil aceitação ao longo de todas as épocas?

CARDEAL ROBERT SARAH:

160 – Muitos dos nossos contemporâneos não conseguem aceitar o silêncio de Deus. Não admitem que é possível haver comunicação por outros meios que palavras, gestos ou ações concretas e visíveis. Ora, Deus fala por seu silêncio. O silêncio de Deus é uma palavra. Seu Verbo é a solidão.

A solidão de Deus não é uma ausência, é o seu próprio ser, sua silenciosa transcendência.

161 – Thomas Merton crê que "o silêncio de Deus, no entanto, deveria ensinar-nos quando é preciso falar e quando é preciso calar. Mas a ideia desse silêncio é-nos insuportável porque temermos perder a confiança e o respeito dos outros".

Estamos ansiosos para dar uma resposta a tantas dificuldades, aos sofrimentos e desastres que se abatem sobre a humanidade. Esquecemo-nos de que a fonte de nossos males vem da ilusão de que somos algo além de pó. Quem se faz de deus não aceita mais o fato de ser mortal. O salmo nos diz que Deus sabe "de que somos feitos; lembra-se de que somos pó. Quanto ao homem, os seus dias são como a erva, como a flor do campo assim floresce. Passando por ela o vento, logo se vai, e o seu lugar já não será conhecido" (Sl 102,14-16).

Deveríamos reconhecer que Deus é nossa alegria e nele o nosso pó pode tornar-se esplendor. O Amor de Cristo transforma em alegria a imensa dor da humanidade; o segredo da felicidade é ver todos os nossos sofrimentos à luz da vitória de Cristo sobre a morte. Todo o sofrimento contribui de uma forma ou outra para a nossa felicidade.

162 – A própria criação é uma Palavra silenciosa de Deus. A beleza sem palavra da natureza proclama diante de nossos olhos as múltiplas riquezas de um Pai que não cessa de estar presente entre nós. A palavra divina não é audível aos ouvidos muito humanos; contudo, ela é a mais profunda de todas as palavras. O sol, a lua e as estrelas são absolutamente silenciosos aos nossos ouvidos, mas são palavra e mensagem essenciais à nossa existência terrena. Há uma linguagem das estrelas que não podemos conhecer nem compreender, mas que Deus ouve perfeitamente.

O *Cântico dos três jovens na fornalha, Hino do universo*, que cantamos todos os domingos no Ofício da manhã, foi extraído do livro de Daniel (Dn 3), e atesta que o sol e a lua, as noites e os dias, os astros, as montanhas e as colinas, as nascentes e as fontes, os oceanos e os rios, os animais do mar e os pássaros no céu bendizem o Senhor e cantam seus louvores: "Quem é de Deus ouve as palavras de Deus".

Por que os homens não conseguem ouvir a voz de Deus quando Ele fala por meio da criação? Na verdade, pensamos que somos os únicos capazes de falar com Ele e ouvi-lo! Julien Green, em *Partir avant le jour* [Partir antes do amanhecer], escreve: "Deus fala com extrema doçura a seus filhos, e o que Ele tem a dizer, muitas vezes, o diz sem palavras. A criação fornece-lhe o vocabulário: são as folhas, as nuvens, a água corrente, uma réstia de luz. Essa é a linguagem secreta que não se aprende nos livros e que as crianças conhecem bem. [...] Podemos comparar as crianças a uma grande multidão que recebeu um segredo incomunicável que pouco a pouco é esquecido, pois foi tomado por nações supostamente civilizadas. [...] De minha parte, eu sabia o que sabem as crianças e todos os raciocínios do mundo não poderiam me arrancar completamente esse algo inexprimível. As palavras não podem descrevê-lo. Ele se esconde no limiar da linguagem e permanece mudo nesta terra".

163 – Tenho certeza de que Deus dá a cada pessoa de fé um coração capaz de ouvir a linguagem da criação. Segundo as palavras de Ben Sirac, o sábio, Deus Pai "plantou" seu olho em nossos corações, de modo que o crente olha para Deus, para seu próximo e para toda a criação com os olhos divinos. Deus selou meu coração em seu coração e habita em meu coração. Doravante, há uma forma de conivência entre o ser humano e Deus, porque ambos têm o mesmo coração e os mesmos olhos: o que Deus vê e ouve, pode também ver e ouvir, e bem, aquele que tem fé. Ouso afirmar tal amor.

164 – Cristo aproximou-se da encosta do Monte das Oliveiras quando, com alegria, toda a multidão dos discípulos se pôs a louvar a Deus em alta voz pelos milagres que tinham visto. Diziam eles: "Bendito o que vem, o Rei, em nome do Senhor! Paz no céu e glória no mais alto dos céus"! Porém, alguns fariseus na multidão disseram-lhe: "Mestre, repreende os teus discípulos". A resposta de Cristo aos fariseus é particularmente eloquente, porque confirma que a criação também é capaz de cantar louvores a Deus. Ele lhes responde: "Eu vos digo que, se eles se calarem, as pedras gritarão" (Lc 19, 40). Como acabamos de ver, a Bíblia

conclama a criação ao louvor de Deus. Rios, pássaros, répteis, o sol e a lua louvam o Senhor. A linguagem de Deus, como a da natureza, não é imediatamente perceptível à nossa inteligência, mas é dotada de um grande poder que deseja se comunicar aos seres humanos. Entendo por linguagem todas as expressões humanas que nos ligam uns aos outros. Mas não renuncio inteiramente à linguagem silenciosa da beleza, da montanha, do mar, das pedras, do trovão, do fogo e de todas as criaturas que manifestam a Deus e cantam seus louvores.

165 – O silêncio de Deus se compreende pela fé, meditando na comunhão que pode existir entre Ele e nós.

O silêncio divino é uma revelação misteriosa. Deus não é indiferente ao mal. Num primeiro momento, podemos acreditar que Deus deixa o mal destruir os seres humanos. Mas se Deus permanece silencioso, nem por isso sofre menos conosco por conta do mal que dilacera e desfigura o mundo. Se procurarmos estar com Deus em silêncio, compreenderemos sua presença e seu amor.

166 – O silêncio de Deus também pode ser uma censura. Muitas vezes, fingimos não entender essa linguagem, entretanto, se houver um tremor de terra, ou uma grande catástrofe natural, associadas a incomensuráveis tragédias humanas, culpamos Deus de se calar. O silêncio de Deus interroga a humanidade acerca de sua capacidade de entrar no mistério da vida e da esperança, de entrar no coração mesmo do sofrimento e das dificuldades. Quanto mais nos recusamos a compreender esse silêncio mais nos afastamos de Deus. Estou convencido de que o problema do ateísmo contemporâneo reside, de início, numa má interpretação do silêncio de Deus diante das catástrofes e dos sofrimentos humanos. Quem vê no silêncio divino uma forma de abandono, indiferença ou impotência de Deus, dificilmente poderá entrar em seu

inefável e inacessível mistério. Quanto mais se rejeita o silêncio de Deus, mais se rebela contra Ele.

167 – O silêncio de Deus é intangível e inacessível. Mas quem tem vida de oração sabe que Deus ouve da mesma maneira que Ele ouviu as últimas palavras de Cristo na Cruz. A humanidade fala e Deus responde com seu silêncio.

168 – Como entender os longos anos da Shoah e o abominável cortejo dos campos de extermínio, como Auschwitz-Birkenau, onde pereceram tantos judeus inocentes? Como compreender o silêncio de Deus? Por que Deus escolheu não intervir então, quando se massacrava seu povo? Hans Jonas, filósofo judeu alemão, tentou responder a essa dolorosa pergunta em seu livro *Le concept de Dieu après Auschwitz* [O conceito de Deus após Auschwitz]: "O que Auschwitz acrescentou ao que sempre se pode saber sobre a terrível, a horrível quantidade de danos que os seres humanos são capazes de cometer, e desde sempre têm cometido, com outros humanos?" Hans Jonas, naturalmente, põe Deus em causa: "Deus deixou-os agir. Quem é esse Deus que pode deixá-los agir?" O Deus Todo-Poderoso não interveio para impedir o massacre bárbaro de seu povo. E por que ele deixou isso acontecer? Hans Jonas diz: "Para que o mundo pudesse existir por si mesmo, Deus de alguma forma renunciou ao seu 'próprio ser'". E o que isso quer dizer? "Para dar lugar ao mundo, o infinito tinha que se contrair em si mesmo e deixar crescer assim, fora de si, o vazio, o nada, no seio do qual ele pode criar o mundo. Sem a sua retirada em si mesmo, nada poderia existir fora de Deus". Podemos antecipar a sua conclusão: "Ao decidir essa retirada em Si mesmo para que o homem pudesse existir, Deus tornou-se, por esse mesmo fato, um Deus que sofre, porque ele terá de sofrer por parte do homem e ser decepcionado por ele. Deus também é um Deus atento,

porque confiou o mundo a outros agentes além de si mesmo, confiou-o a agentes livres. Em suma, é um Deus em perigo, um Deus que corre risco. Mas então, esse Deus não é um Deus Todo-Poderoso. Para que a bondade de Deus seja compatível com a existência do mal, ele não deve ser Todo-Poderoso. Mais exatamente, é preciso que Deus tenha renunciado ao seu Poder. No simples fato de admitir a liberdade humana encontra-se uma renúncia ao Poder".

169 – Mas se Deus não é poderoso, então ele não é Deus. Ele é o Todo-Poderoso, mas, ao mesmo tempo, quer permitir que o ser humano seja verdadeiramente livre. Pois a onipotência de Deus é a onipotência do amor; e a onipotência do amor é a morte. O infinito de Deus não é um infinito no espaço, um oceano sem fundo nem limites; é um amor que não tem limites. A criação é um ato de amor infinito. Para Hans Jonas, o ato de criação é uma espécie de "autolimitação" de Deus. A esse preço, seu silêncio e sua permissão poderiam receber um começo de explicação. O sofrimento humano torna-se misteriosamente um sofrimento para Deus. Na natureza divina, o sofrimento não é sinônimo de imperfeição.

Esse problema me faz lembrar a carta de uma mãe intrigada pela ideia da vulnerabilidade divina: "Quando meus filhos eram pequenos, quando eu pensava por eles, decidia por eles, tudo era fácil: apenas minha liberdade estava em causa. Mas, quando chegou o momento, quando percebi que meu papel era o de acostumá-los a escolhas progressivas, senti a inquietude se instalar em mim. Ao deixar meus filhos tomarem decisões, e, portanto, os riscos, eu mesma assumia o risco de ver surgirem outras liberdades além da minha. Se, muito frequentemente, continuei a escolher em nome de meus filhos, isso era, na verdade, para poupá-los de sofrer por causa de uma opção de que, talvez, fossem se arrepender, mas ao menos isso era para evitar o risco de experimentar o desgosto de um desacordo entre a escolha deles e a que eu gostaria de vê-los fazer.

Falta de amor de minha parte, portanto, uma vez que ao agir assim eu essencialmente me colocava no abrigo de um possível sofrimento, foi o que provei quando os meus filhos tomaram um caminho diferente daquele que me parecia o melhor para eles. Então, consegui vislumbrar que Deus 'Pai' poderia sofrer. Nós somos seus filhos. Ele nos quer livres para que construamos a nós mesmos, e o infinito do seu amor impossibilita qualquer restrição de sua parte. Amor perfeito, sem o mínimo de cálculo, mas que supõe, de início, a aceitação de um sofrimento inerente a essa liberdade total que ele quer para nós".

Crer em um Deus silencioso que "sofre", é fazer o mistério do silêncio de Deus ainda mais misterioso e mais reluzente também; significa descartar uma falsa clareza para substituí-la pelas "trevas luminosas". Não me esqueço das palavras do salmo: "Se eu dissesse: ao menos as trevas me ocultarão, e a noite, como se fora luz, há de me envolver. As próprias trevas não são escuras para vós, a noite vos é transparente como o dia e a escuridão, clara como a luz" (Sl 139,11-12). Esse salmo pode fortalecer alguém assediado pelos mais obscuros de seus demônios e que se sente tentado a se rebelar contra Deus.

O silêncio de Deus é um convite para nos ocultarmos no silêncio para aprofundar o grande mistério do ser humano em suas alegrias e tristezas, seu sofrimento e sua morte.

Como responder às pessoas que, um tanto confusas, dizem que "Deus não está interessado em mim. Ele sempre fica em silêncio!"?

170 – Não é fácil de encontrar uma linguagem adequada para falar de maneira respeitosa e fecunda àqueles que se sentem abandonados por Deus. Temos de nos armar de uma fraterna compaixão e de uma prudente pedagogia, e nos deixar levar por meio da oração, obra do Espírito que abre o coração à Palavra de Deus. Com amizade e delicadeza, é preciso

sugerir que essas pessoas aceitem o mistério do silêncio divino, propondo-lhes um ato de abandono e de fé na dimensão salvífica do sofrimento. Se alguém está fixado em certezas materialistas e racionalistas, então irá preferir a ideia desse hipotético abandono de Deus. O amor envolve, por essência, um salto no desconhecido. A modernidade se compraz em ver no silêncio de Deus a prova fácil da sua inexistência: se o mal e o sofrimento existem, então não é possível que Deus exista.

171 – Sempre me recordo da voz soluçante de uma criança muçulmana de sete anos que, em lágrimas, lamentava: "Alá existe? Por que permitiu que meu pai fosse morto? Por que não fez nada para impedir esse crime?". Em seu misterioso silêncio, Deus se manifesta na lágrima vertida pela criança que sofre, e não na ordem mundial que justificaria essa lágrima. Deus tem sua maneira silenciosa de ficar perto de nós em nossas provações.

172 – As manifestações externas nem sempre são as melhores provas dessa proximidade. Por vezes, nossos amigos mais próximos estão longe de nós, o que não os impede de nos amar com mais força. Um pai não está necessariamente ao lado de seus filhos em todas as ocasiões de suas vidas, mas nem por isso ele está menos preocupado com eles.

173 – Deus é um Pai que pode parecer distante. Mas esse Pai interessa-se por nós como se estivesse o mais perto possível de nosso coração. Às vezes, Deus nos ergue até o topo da Cruz, deixando-nos crescer na provação a fim de experimentar nosso progresso e nossa intimidade com Ele. Devemos assumir o sofrimento como uma parte da nossa humanidade. A contemplação da Cruz nos ajuda. Em certa carta, Teilhard de Chardin escrevia: "Se entendermos plenamente o sentido da Cruz, não correremos o risco de pensar que a vida é triste e feia. Apenas nos

tornaremos mais atentos à sua incompreensível gravidade". Ao prefaciar o livro em que se consignam as anotações pessoais de sua irmã, cuja vida se passou em meio a terríveis enfermidades, o jesuíta escreve: "Marguerite, minha irmã, nos dias em que, votado às forças positivas do Universo, eu corria os continentes e os mares, apaixonadamente ocupado a olhar todas as cores da terra, tu, imóvel, num leito, tu te metamorfoseavas silenciosamente em luz, no mais fundo de ti mesma, as piores sombras deste mundo. À luz do Criador, dize-me, qual de nós teve a melhor parte?".

O olhar da Cruz faz nascer em nós uma oração semelhante à de Jesus: "Pai, em tuas mãos entrego o meu espírito".

174 – Consigo entender que alguém que nunca reze seja incapaz de compreender a palavra silenciosa de Deus. No entanto, quando amamos, percebemos sempre o menor gesto do ser que amamos. Dá-se o mesmo na oração. Se estamos acostumados a rezar com frequência, podemos compreender o sentido dos silêncios de Deus. Há sinais que apenas duas pessoas apaixonadas podem entender. Só quem é de oração é capaz de entender os sinais silenciosos de afeto que Deus lhe envia.

175 – Deus é um amigo discreto que partilha alegrias, tristezas e lágrimas sem nada esperar em troca. É preciso acreditar nessa amizade.

O Apocalipse de são João fala de maneira particularmente poética do "silêncio no céu". Qual é o sentido dessas linhas que suscitam tantas interpretações?

176 – No céu, não existem palavras. Lá em cima, os bem-aventurados comunicam-se sem palavras. Há um grande silêncio de contemplação, de comunhão e de amor.

177 – Na pátria celeste, todas as almas estão unidas a Deus. Seu alimento é vê-lo. As almas são totalmente tomadas por seu amor a Deus em um arrebatamento absoluto. Há um grande silêncio porque as almas não precisam de palavras para estar unidas a Deus. A angústia, as paixões, os medos, as dores, os ciúmes, os ódios e os anseios desaparecem. Existe apenas um único colóquio de coração a coração com Deus. O abraço das almas e de Deus é eterno. O céu é o coração de Deus, e esse coração é eternamente silencioso. Deus é a ternura perfeita que não precisa de palavra alguma para se difundir. O paraíso é como uma enorme sarça ardente que jamais se consome, assim como o amor que nela arde e se difunde com vigor. Lá em cima, o amor resplandece de uma chama inocente, de um puro desejo de amar infinitamente e de mergulhar na íntima profundeza da Trindade.

178 – Bento XVI fala com surpreendente clareza sobre a importância do amor de Deus. Desde as primeiras linhas de sua encíclica *Deus caritas est*, ele escreve: "Cremos no amor de Deus – desse modo pode o cristão exprimir a opção fundamental da sua vida. Ao início do ser cristão, não há uma decisão ética ou uma grande ideia, mas o encontro com um acontecimento, com uma Pessoa que dá à vida um novo horizonte e, dessa forma, o rumo decisivo. No seu Evangelho, João tinha expressado esse acontecimento com as palavras seguintes: 'Deus amou de tal modo o mundo que lhe deu o seu Filho único para que todo o que nEle crer [...] tenha a vida eterna' (3,16). Com a centralidade do amor, a fé cristã acolheu o núcleo da fé de Israel e, ao mesmo tempo, deu a esse núcleo uma nova profundidade e amplitude. O crente israelita, de fato, reza todos os dias com as palavras do livro do Deuteronômio, nas quais sabe que está contido o centro da sua existência: 'Escuta, ó Israel! O Senhor, nosso Deus, é o único Senhor! Amarás ao Senhor, teu Deus, com todo o teu coração, com toda a tua alma e com todas as tuas forças' (6, 4-5).

Jesus uniu – fazendo deles um único preceito – o mandamento do amor a Deus com o do amor ao próximo, contido no livro do Levítico: 'Amarás o teu próximo como a ti mesmo' (19,18; cf. Mc 12, 29-31). Dado que Deus foi o primeiro a amar-nos (cf. 1Jo 4,10), agora o amor já não é apenas um 'mandamento', mas é a resposta ao dom do amor com que Deus vem ao nosso encontro".

179 – No Apocalipse de são João, há descrições misteriosas. O silêncio do céu é um silêncio de amor, de oração, de oblação e de adoração. Assim, "Quando o Cordeiro abriu o sétimo selo, fez-se silêncio no céu cerca de meia hora. [...] Adiantou-se outro anjo e pôs-se junto ao altar, com um turíbulo de ouro na mão. Foram-lhe dados muitos perfumes, para que os oferecesse com as orações de todos os santos [...]. A fumaça dos perfumes subiu da mão do anjo com as orações dos santos, diante de Deus" (Ap 8,1.3-4).

180 – É particularmente bela a oração de santo Agostinho pelos mortos: "Se conhecesses o dom de Deus e o que é o céu. Se pudesses ouvir o canto dos Anjos e me ver entre eles. Se pudesses ver se descortinando diante de teus olhos os horizontes e os campos eternos, e os novos caminhos por onde eu ando! Se por um momento pudesses contemplar como eu a Beleza diante da qual todas as belezas fenecem. Então? Tu me vias, tu me amavas no país das sombras e não podes me amar na terra das realidades imutáveis! Crê em mim, quando a morte vier romper teus laços como ela rompeu os meus, e, quando um dia, que só Deus sabe e dispõe, tua alma vier para o céu, onde a minha agora te precede, nesse dia tu reencontrarás a minha afeição, mas purificada. Deus não permita que, entrando em uma vida mais feliz, seja eu infiel às lembranças e às verdadeiras alegrias da minha outra vida e tenha me tornado menos amoroso. Tu me reencontrarás, portanto, transfigurado em êxtase e na

felicidade, já não aguardarás a morte, mas avançarás sempre mais por novos caminhos de Luz e de Vida. Enxuga tuas lágrimas e não chores mais, se me amas".

181 – Falar de um "silêncio no céu" é realmente uma aventura ousada. Em certas viagens, é sábio e prudente deixar-se guiar pela experiência de quem conhece o ambiente geográfico e suas realidades. Que extraordinária aventura querer refletir sobre o silêncio do céu! É preciso que todos seguremos a mesma corda para ingressar no caminho desse mistério. Sozinhos, podemos apenas balbuciar...

182 – Os Santos Padres da Igreja refletiram muito sobre essas questões. Eles sabiam que o silêncio expressa a suprema liberdade do ser humano com Deus. São Gregório Magno tem palavras de uma rara profundidade sobre o silêncio. Na *Regra pastoral*, ele escreve: "Pressionado como se fosse água, o espírito humano se concentra para elevar-se, como um jato d´água, em direção ao céu, subindo o quanto pode até o lugar de onde veio [...] ao se dispersar, o chafariz se desfaz, e então se espalha sem propósito! E assim a cidadela do espírito, sem as paredes do silêncio, abre-se aos golpes do inimigo" (*Regulae pastoralis* III, Pars, c.14: PL 77, 73).

183 – Penso muitas vezes em meu predecessor na Sé de Conakry, Dom Raymond-Marie Tchidimbo. Ele ficou preso por quase nove anos em um lugar sórdido. Estava proibido de falar com quem quer que fosse. Nesse silêncio, aparentemente tão terrível, uma espécie de agressão gélida e escura, ele teve de se voltar a Deus para sobreviver. O silêncio imposto por seus atormentadores tornou-se sua única expressão de amor, sua única oferta a Deus, sua única escada para subir ao céu e conversar com Deus, face a face, como alguém que fala a seu amigo. Misteriosamente, seu calabouço lhe permitiu entender um pouco o grande silêncio do

céu. Durante longos meses, esperava ser brutalmente assassinado, ser eletrocutado ou espancado. Foi-lhe dado compreender que o mistério do mal, o mistério do sofrimento e do silêncio estão intimamente ligados. Graças a um encontro íntimo com Deus no silêncio, ele enfrentou com serenidade suas provações diárias. Sabia que sua vida não acabaria em uma prisão miserável. Sabia que sua prisão era como um campo arado: ele semeava diariamente sua vida como alguém que semeia grãos, plenamente consciente de que aqueles que semeiam em lágrimas ceifarão com alegria. Sabia que estava nos umbrais da verdadeira vida. Para além da angústia, para além de tantas humilhações físicas e morais, o silêncio deu-lhe força, coragem, humildade e abnegação.

184 – Paradoxalmente, o silêncio do condenado à morte traz consigo todas as esperanças. Os réprobos já percebem na terra quão grande é o silêncio do céu. O túnel do silêncio das abominações o conduz à expectativa do silêncio em Deus. Porque, para os piores criminosos, a única saída é empurrar a porta do verdadeiro silêncio e pousar suas mãos nas mãos silenciosas de Deus: "Eis o fim, eis a consumação, a perfeição, a paz, a alegria de Senhor, a alegria no Espírito Santo, eis o silêncio no céu". O silêncio da oração é um silêncio eucarístico, um silêncio de adoração, um silêncio em Deus.

185 – Na homilia da missa de *Corpus Christi*, em 7 de junho de 2012, disse Bento XVI: "Estarmos todos em silêncio prolongado diante do Senhor presente no seu Sacramento é uma das experiências mais autênticas do nosso ser Igreja, que é acompanhado de maneira complementar pela celebração da Eucaristia, ouvindo a Palavra de Deus, cantando, aproximando-nos juntos da mesa do Pão da Vida. Comunhão e contemplação não se podem separar, pois caminham juntas. Para me comunicar verdadeiramente com outra pessoa devo conhecê-la, saber estar

em silêncio ao seu lado, ouvi-la e fitá-la com amor. O amor autêntico e a amizade verdadeira vivem sempre dessa reciprocidade de olhares, de silêncios intensos, eloquentes e repletos de respeito e de veneração, de tal maneira que o encontro seja vivido profundamente, de modo pessoal e não superficial". Essa é a verdadeira antecipação do silêncio de Deus que todos nós devemos conhecer.

186 – Talvez bastasse olhar com simplicidade e admiração o rosto dos monges mais velhos, cinzelado e abrasado pelo silêncio de Deus, para nos aproximarmos um pouco mais de tão belo mistério. Os monges, embora humanamente fragilizados e relegados pelos filhos do mundo, encontram-se espiritualmente radiantes e marcados pela beleza de Cristo.

187 – Madre Teresa tinha o rosto marcado pelos silêncios de Deus, mas trazia o amor consigo e o respirava. Por conta de permanecer longas horas diante da chama ardente do Santíssimo Sacramento, seu rosto ficara bronzeado, transformado pelo face a face diário com o Senhor.

188 – O aspecto estético do silêncio não emerge do humano; ele é divino. O silêncio de Deus é uma iluminação simples e sublime, pequena e grande.

Vista da terra, a eternidade pode parecer longa e silenciosa...

189 – O silêncio da eternidade é a consequência do amor infinito de Deus. No céu, estaremos com Jesus, sob a posse absoluta de Deus e sob a influência do Espírito Santo. Ninguém será capaz de dizer uma só palavra. A própria oração se tornará impossível. Tornar-se-á contem-

plação, olhar de amor e adoração. O Espírito Santo abrasa as almas que partem para o céu onde serão completamente entregues ao Espírito.

190 – Neste mundo, é importante estar à escuta dos silêncios do Espírito Santo. São Paulo escreve com segurança: "o Espírito vem em auxílio à nossa fraqueza; porque não sabemos o que devemos pedir, nem orar como convém, mas o Espírito mesmo intercede por nós com gemidos inefáveis" (Rm 8, 26).

191 – No céu, as almas estão unidas aos anjos e aos santos por meio do Espírito. Portanto, já não há palavras. Há um silêncio interminável, recolhido e concentrado no amor de Deus. A liturgia da eternidade é silenciosa; as almas já não têm nada a fazer senão se associar ao coro dos anjos. Elas apenas contemplam, e contemplar, mesmo aqui na terra, já é estar em silêncio. No céu, o silêncio torna-se uma plenitude de silêncio na visão de Deus. O silêncio da eternidade é um silêncio de assombro e admiração "na minha própria carne, verei Deus. Eu mesmo o contemplarei, meus olhos o verão, e não os olhos de outro" (Jó 19, 26-27). Na verdade, o silêncio da eternidade está diretamente relacionado com a plenitude de Deus: é um silêncio trinitário.

192 – A Igreja sabe quão difícil é para o ser humano compreender o silêncio da eternidade. Aqui, na terra, há poucas coisas que podem nos fazer compreender a imensidão do amor divino. Durante a Eucaristia, a consagração e a elevação são uma pequena antecipação de silêncio eterno. Se esse silêncio estiver dotado de verdadeira qualidade, podemos vislumbrar o silêncio do céu.

A adoração do Santíssimo Sacramento é um momento em que a qualidade do silêncio interior pode nos permitir entrar um pouco no silêncio de Deus. A adoração é uma gotinha de eternidade.

O silêncio da eternidade é um silêncio de amor.

Uma oração de Kierkegaard pode ajudar a nossa compreensão do silêncio de Deus: "Nunca nos deixe esquecer que tu falas também quando te calas; dá-nos esta confiança, quando estamos à espera da tua vinda: que te calas por amor como falas por amor. Assim, se te calas ou falas, és sempre o mesmo Pai, o mesmo coração paternal. Que tu nos guies por tua voz ou nos eleves por teu silêncio". Da mesma forma, os silêncios de Cristo podem ser difíceis de entender...

193 – Jesus veio a esta terra em uma noite tranquila e silenciosa, enquanto a humanidade dormia. Só os pastores estavam acordados (Lc 2, 8). Seu nascimento é cercado de solidão e silêncio. Por trinta anos, ninguém o ouviu. Cristo vive em Nazaré numa grande simplicidade, recolhido no silêncio e na humilde oficina de José, o carpinteiro (Mt 13, 55). Certamente ele já vivia da oração, do jejum e do recolhimento interior. A vida oculta de Jesus se deixa encontrar na sombra silenciosa de Deus. O Filho de Maria vive constantemente na visão beatífica em profunda comunhão e unido inseparavelmente ao Pai.

194 – O silêncio de Jesus é o mesmo silêncio de Deus Pai. Jesus disse a Filipe: "Quem me vê, vê o Pai. Como podes dizer, 'mostra-nos o Pai'? Não crês que eu estou no Pai e que o Pai está em mim?" (Jo 14, 9-10). Jamais deixemos de repetir essa passagem de são João. Ela quer dizer que a unidade de Deus e do homem em Jesus manifesta, temporalmente, a unidade eterna do Pai e do Filho no Espírito Santo. O silêncio do Pai é o silêncio do Filho, a voz do Filho é a voz do Pai. Ouvir Jesus é ouvir o Pai.

195 – Em Nazaré, Deus estava constante e silenciosamente com Deus. Deus falava com Deus em silêncio. Ao nos indagarmos sobre esse silêncio, entramos no insondável e silencioso mistério da Trindade.

196 – A vida pública de Cristo se enraizava e se conduzia pela oração silenciosa de sua vida oculta. O silêncio de Cristo, Deus presente em um corpo humano, está oculto no silêncio de Deus. Sua palavra terrena é habitada pela palavra silenciosa de Deus.

Toda a vida de Jesus está envolta de silêncio e de mistério. Se alguém quiser imitar Cristo, basta observar os seus silêncios.

O silêncio da manjedoura, o silêncio de Nazaré, o silêncio da Cruz, o silêncio do túmulo selado são o mesmo silêncio. Os silêncios de Jesus são silêncios de pobreza, humildade, abnegação e humilhação; é o abismo insondável de sua *kenosis*, de seu despojamento (Fl 2, 7).

197 – Na hora de seu supremo sacrifício, o silêncio de Jesus é extremamente pungente. Ele falou apenas uma vez, respondendo a Pilatos que lhe perguntara: "Tu és rei? O que fizeste?". Jesus respondeu: "Meu reino não é deste mundo." Em seu Reino, ele incluiu Abraão, Isaac, Jacó, João Batista, todos os santos do céu, mas também a comunidade dos seus discípulos que formam a Igreja. Seus discípulos estão no mundo, mas não são do mundo. Por três vezes, Jesus repete a Pilatos que o seu Reino não é deste mundo (Jo 18, 36), pois Jesus compreendia que Pilatos desejava conhecer a verdade e defendê-la. Pilatos está convencido da inocência de Jesus, mas ele se deixa pressionar pelos gritos de ódio e pelas acusações que faziam. Ao saber que Jesus era da Galileia, decidiu confiá-lo a Herodes Antipas, tetrarca daquela província. Os sumos sacerdotes e os escribas estão presentes e carteiam alto para obter a sentença condenatória por parte de Herodes. Sem nenhum fundamento, Jesus é acusado de todos os males. Dentre as queixas, há a afirmação, tida por sacrílega, de que Jesus pretende destruir o Templo e que ele se diz Filho de Deus. Para incitar Herodes contra Jesus, eles vociferam alegando que Cristo e João Batista puseram-se de comum acordo para difamá-lo em razão de sua união adúltera com Herodíades, mulher de seu irmão Filipe.

De fato, Herodes tomara por esposa a mulher de Felipe. Para piorar a situação, eles evocam o fato de que Jesus elogiou João Batista, defendendo-o em um discurso público (Mc 11, 9-11). Além disso, Jesus não manifestara respeito algum para com o tetrarca e até mesmo o insultara, chamando-o de "raposa" (Lc 13, 32). Os sumos sacerdotes e os escribas estão lá; eles acusam colérica e obstinadamente Jesus (Lc 23, 10). Herodes e seus cortesãos o tratam com desprezo e riem dele (Lc 23, 11). "Mas Jesus nada respondeu" (Lc 23,9). Ele não quis responder a Herodes, pois o via como homem vicioso, dissoluto, cruel e que tinha horror à verdade, a tal ponto que mandara decapitar João Batista, que era a voz de Jesus Cristo, e proclamava a verdade. Como o Senhor não ficaria em silêncio diante daquele que tirara a vida de sua voz?

Herodes envia novamente Jesus a Pilatos, o qual convoca de novo os sumos sacerdotes, os chefes e o povo, e lhes diz: "Apresentastes-me este homem como agitador do povo, mas, interrogando-o eu diante de vós, não o achei culpado de nenhum dos crimes de que o acusais. Nem tampouco Herodes, pois o mandou embora. Portanto, ele nada fez que mereça a morte. Por isso, soltá-lo-ei depois de castigá-lo" (Lc 23,14-16). Diante dessas falsas acusações dos príncipes dos sacerdotes e dos anciãos, Jesus nada responde, pois elas não passavam de clamores, confusão, ciúme e ódio descontrolados (Mt 27,14). Ao permanecer em silêncio, Jesus quer mostrar o desprezo que tem pela mentira, ele, a verdade, a luz e o único caminho que conduz à vida. Sua causa não precisa ser defendida. Não se defende a verdade nem a luz: seu esplendor é sua própria defesa. Isso levou santo Ambrósio a dizer: "O Senhor foi acusado e se cala, e com razão Ele se cala, pois não precisa de defesa. Os que querem ser defendidos são os que temem ser derrotados. Ao se calar, o Senhor não reconhece a acusação mediante o seu silêncio, mas a despreza por não tê-la refutado" (cf. Agostinho, *Serm.* 152: PL 39, 2040).

Pilatos, desconcertado com o silêncio e a serenidade de Jesus, lhe diz: "Não ouves as acusações dessas pessoas?". Jesus permanece imperturbável, tão calmo e tranquilo que se pode pensar que ele não ouve os gritos da multidão, embriagada de ódio. Lembremo-nos, porém, do que está escrito: "Eu, porém, sou como um surdo: não ouço; sou como um mudo que não abre os lábios. Fiz-me como um homem que não ouve, e que não tem na boca réplicas a dar. Porque é em vós, Senhor, que eu espero; vós me atendereis, Senhor, ó meu Deus" (Sl 37,14-17).

Pilatos acrescenta: "Não respondes? Vês tudo de que eles te acusam" (Mc 15, 4). E o Senhor nada responde, de modo que o governador ficou ainda mais espantado (Mt 27, 14). Ele não entendia a causa de um silêncio tão extraordinário. Ele estava diante do silêncio de Deus, em meio aos gritos dos homens, bêbados de ódio irracional! Os sacerdotes deviam ao menos se lembrar do que foi escrito pelo profeta Isaías: "Foi maltratado e resignou-se; não abriu a boca, como um cordeiro que se conduz ao matadouro, e uma ovelha muda nas mãos do tosquiador, ele não abria a boca. Por um iníquo julgamento foi arrebatado. Quem pensou em defender sua causa, quando foi suprimido da terra dos vivos, morto pelo pecado de meu povo? Foi-lhe dada sepultura ao lado dos ímpios e ao morrer achava-se entre malfeitores, se bem que não haja cometido injustiça alguma, e em sua boca nunca tenha havido mentira" (Is 53, 7).

Acabamos de viver com Jesus diante de Pilatos, de Herodes e da agitação dos sumos sacerdotes, dos anciãos e da multidão. Esses eventos podem parecer assombrosos e escandalosos, mas encerram doutrina e ensinamento para nosso proveito: na escola de Jesus, o coração, o entendimento e a vontade estão amplamente abertos; deixemos que Deus nos introduza em seu silêncio e aprendamos diligentemente a amar e viver esse mesmo silêncio.

198 – Hoje, o silêncio dos mártires cristãos massacrados pelos inimigos de Cristo imita e prolonga o silêncio do Filho de Deus. Os

mártires dos primeiros séculos, como os de nossa triste época, mostram a mesma dignidade tranquila. O silêncio torna-se a única palavra, o único testemunho, a última vontade. O sangue dos mártires é semente, grito e oração silenciosa que se elevam a Deus.

Cristo inaugurou seu ministério público retirando-se para o deserto durante quarenta dias...

199 – Já evoquei o retiro de Jesus em seu deserto espiritual e místico, e o que ele fez nos primeiros trinta anos de vida em Nazaré.

É importante nos determos um pouco para falar da sua permanência no deserto da Judeia, quarenta dias e quarenta noites, antes de iniciar sua vida pública, para, por assim dizer, acumular reservas de silêncio em vista da imensa missão que o conduziu até o dom de sua própria vida. Os Evangelhos explicam como Jesus ia muitas vezes ao deserto, procurando a solidão, a calma e o silêncio noturno. Nessas ocasiões, ele sentia a mão de Deus que apontava para essas regiões onde ele vive, deixa-se ver e dialoga com o ser humano como um amigo que fala a seu amigo. Quem realmente tem Deus em seu coração e em seu corpo está ávido de silêncio. Devemos retirar-nos do mundo, das multidões e de todas as atividades, mesmo as de caridade, para ficar longos momentos na intimidade de Deus.

200 – Cristo sabe que Deus jamais se encontra nos ruídos tormentosos do mundo. Ele não ignora as terríveis dificuldades que não faltarão em seu caminho. Para enfrentar a Cruz, que está longe, o silêncio e a solidão são necessários. No Getsêmani, quando o fim já está próximo, e os apóstolos dormem incapazes de compreender em profundidade o drama que então se desenrola, Jesus permanece em silêncio por uma última noite, em oração. Nos últimos momentos, o silêncio noturno é a

companhia de Cristo. À semelhança de Jesus, os fiéis devem se acostumar a rezar à noite. À noite, Deus realiza suas obras. À noite, tudo se move, se transforma e cresce pela força de Deus.

201 – Para a humanidade, o recolhimento silencioso de Cristo é uma grande lição. Da manjedoura à Cruz, o silêncio está constantemente presente, pois o problema do silêncio é um problema de amor. O amor não se exprime por palavras. Ele se encarna e se torna um e o mesmo ser com quem ama a verdade. Sua força é tal que ele nos impele à doação até a morte, até o dom humilde, puro e silencioso de nossas vidas.

Se queremos prolongar a obra de Cristo no mundo, devemos amar o silêncio, a solidão e a oração.

A morte de Jesus é, portanto, um grande silêncio?

202 – Por três dias, a vitória das trevas sobre a luz mergulha a terra em espesso silêncio e terrível angústia. O Messias morreu e o silêncio de sua desaparição parece ser a última palavra. O próprio Deus parecia silencioso. Seu Filho sentia-se só, abandonado à aniquilação da Cruz, o momento mais terrível de sua vida terrena. À beira da morte, Jesus perdia suas forças e seu sangue. Não sendo mais que um moribundo, extenuado, ele gritou alto.

Deixava o mundo e seu Pai não manifestara a menor palavra de conforto. Certamente, a Virgem Maria, sua mãe, e João estavam ao pé da Cruz. Mas essa doce presença não o impediu de gritar com todas as forças que lhe restavam: "Meu Deus, meu Deus, por que me abandonaste?" (Mt 27, 46). Jesus sofre a aparente ausência de Deus, mas a confiança que ele sempre teve em seu Pai não desaparece. Frações de segundo depois desse grito de dor, Jesus ora pela última vez ao Todo-Poderoso pedindo por seus algozes: "Pai, perdoa-lhes; porque não sabem o que fazem". E ele expira dizendo: "Pai, em tuas mãos entrego meu espírito" (Lc 23, 34.46).

203 – Neste mundo, o único silêncio que é preciso procurar é o que pertence a Deus. Pois só o silêncio de Deus é vitorioso. O pesado silêncio da morte de Cristo teve curta duração e gerou a vida.

204 – O silêncio da morte de Jesus nos transforma, purifica e pacifica. Ele nos permite estar em comunhão com os sofrimentos e a morte de Cristo, para ingressar totalmente na vida divina. É o silêncio da transfiguração, pois "se o grão de trigo, caído na terra, não morrer, fica só; se morrer produz muito fruto. Quem ama a sua vida, perdê-la--á; mas quem odeia a sua vida neste mundo, conservá-la-á para a vida eterna" (Jo 12, 24-25).

205 – São João enfatiza a solidão e o isolamento moral de Cristo antes de sua Paixão. Ele está só desde o início, porque Ele é Deus. Está só porque ninguém pode compreendê-lo. São João diz que muitos discípulos o abandonaram porque suas revelações sobre a Eucaristia e as exigências do Evangelho os superava.
    Hoje, certos padres tratam a Eucaristia com total desprezo. Eles veem a missa como um banquete tagarela no qual os cristãos fiéis ao ensinamento de Jesus, os divorciados recasados, os homens e as mulheres em situação de adultério, os turistas não batizados, que participam das celebrações eucarísticas das grandes multidões anônimas, podem aceder, sem distinção, ao corpo e ao sangue de Cristo. A Igreja deve considerar com urgência a real conveniência eclesial e pastoral dessas enormes celebrações compostas por milhares e milhares de participantes. Há um grande perigo de transformar a Eucaristia, "o grande mistério da fé", em uma quermesse vulgar na qual se profanam o corpo e o precioso sangue de Cristo. Os sacerdotes que

distribuem as sagradas espécies a todos, sem saber a quem estão dando o Corpo de Jesus, sem discernir entre cristãos e não cristãos, promovem a profanação do santo sacrifício eucarístico. Os que têm autoridade na Igreja tornam-se culpados, por uma forma de cumplicidade voluntária, ao permitirem o sacrilégio e a profanação do corpo de Cristo nessas gigantescas e ridículas autocelebrações, nas quais tão poucos sabem que se "anuncia a morte do Senhor até que ele venha" (1Cor 11, 26).

Os sacerdotes infiéis à "memória" de Jesus insistem mais sobre o aspecto festivo e a dimensão fraterna da missa que o do sacrifício de Cristo sobre a Cruz. A importância das disposições interiores e a necessidade de nos reconciliarmos com Deus, aceitando que ele nos purifique pelo sacramento da confissão, já não estão mais em moda hoje em dia. Cada vez mais, escamoteamos a advertência de são Paulo aos Coríntios: "Todas as vezes que comerdes deste pão e beberdes deste cálice, anunciais a morte do Senhor até que Ele venha. Portanto, quem comer o pão ou beber o cálice do Senhor indignamente terá que responder pelo corpo e sangue do Senhor. Que cada um examine a si mesmo, e assim coma deste pão e beba do cálice; porque o que come e bebe, come e bebe um julgamento, se não discernir o corpo. É por isso que há entre vós muitos fracos e doentes" (cf. 1Cor 11, 27-30).

Como nos recolher em silêncio e adoração, como Maria aos pés da Cruz, perante o Deus que morre por nossos pecados em cada uma das nossas Eucaristias? Como podemos ficar em silêncio e em ação de graças perante o Deus Todo-Poderoso que sofre a Paixão por causa de nossas rebeliões, nossas indiferenças e nossas infidelidades?

Muito frequentemente, vivemos na superfície de nós mesmos para compreender o que celebramos. A falta de fé na Eucaristia, presença real de Cristo, pode levar ao sacrilégio. Jesus é isolado pelo crescente ódio dos fariseus, que formam contra ele uma coalizão cada vez mais forte, obrigando o público a afastar-se dele. Hoje, são os cristãos que se coalizam para afastar Jesus e sua doutrina daqueles que sinceramente buscam a verdade. Jesus está cada vez mais sozinho entre homens que o odeiam ou não sabem como amá-lo, pois são incapazes de conhecê-lo realmente. Mas existirá sempre um pequeno rebanho que quer conhecê-lo e amá-lo.

As pessoas devem, por necessidade absoluta, redescobrir a Páscoa que celebramos em cada uma das nossas Eucaristias. A graça da Páscoa é um profundo silêncio, uma imensa paz e um gosto puro na alma. É o gosto do céu, longe de todas as exaltações desordenadas. A visão da Páscoa não consiste em uma embriaguez do espírito, mas numa descoberta silenciosa de Deus. Toda missa deve reproduzir o ambiente do Gólgota e da manhã de Páscoa! Se orações pudessem ser lúcidas, se Cristo ressuscitado pudesse resplandecer em mim em sua simplicidade Pascal...

A Páscoa marca o triunfo da vida sobre a morte, a vitória do silêncio de Cristo sobre o grande fracasso do ódio e da mentira. Cristo entra no silêncio eterno. Agora, a Igreja deve continuar a missão de Jesus por meio do sofrimento e da morte vividos em silêncio, em oração, em súplica e com grande fidelidade.

206 – Num mundo onde os gritos e as comoções de todos os tipos expandem sempre mais o seu domínio, teremos sempre a necessidade de contemplar e de aprender a entrar no silêncio de Cristo.

A recusa do silêncio é uma negação do Amor e da vida que vêm de Jesus.

207 – Em 2 maio de 2010, por ocasião da exposição do Santo Sudário, o papa Bento XVI visitou a catedral de Turim para aí venerar a relíquia. Ele pronunciou uma meditação extraordinária intitulada "O mistério do Sábado Santo", na qual associou o mistério do Sábado Santo ao mistério do silêncio: "Pode se dizer que o Santo Sudário é o Ícone deste mistério, o Ícone do Sábado Santo. De fato, é um lençol sepulcral, que

envolveu o corpo de um homem crucificado totalmente correspondente a quanto os Evangelhos nos dizem de Jesus, o qual, crucificado por volta do meio-dia, expirou aproximadamente às três da tarde. Ao anoitecer, porque era *Parasceve*, isto é, a vigília do sábado solene de Páscoa, José de Arimatéia, um rico e competente membro do Sinédrio, pediu corajosamente a Pôncio Pilatos para poder sepultar Jesus no seu sepulcro novo, que tinha sido escavado na rocha a pouca distância do Gólgota. Ao obter a autorização, comprou um lençol e, deposto o corpo de Jesus da Cruz, envolveu-o com o lençol e colocou-o naquele túmulo (cf. Mc 15, 42-46). Assim refere o Evangelho de Marcos, e com ele concordam os outros evangelistas. A partir daquele momento, Jesus permaneceu no sepulcro até o alvorecer do dia seguinte que era sábado, e o Sudário de Turim oferece-nos a imagem de como era o seu corpo estendido no túmulo durante aquele tempo, que foi breve cronologicamente (cerca de um dia e meio), mas imenso, infinito no seu valor e significado. O Sábado Santo é o dia do escondimento de Deus, como se lê numa antiga homilia: "O que aconteceu? Hoje sobre a terra há um grande silêncio, grande silêncio e solidão. Grande silêncio porque o Rei dorme... Deus morreu na carne e desceu para abalar o reino dos infernos" (*Homilia sobre o Sábado Santo,* PG 43, 439). No *Credo*, professamos que Jesus Cristo "padeceu sob Pôncio Pilatos, foi crucificado, morto e sepultado, desceu à mansão dos mortos; ressuscitou ao terceiro dia". Queridos irmãos, no nosso tempo, especialmente depois de ter atravessado o século passado, a humanidade tornou-se particularmente sensível ao mistério do Sábado Santo. Esconder-se de Deus faz parte da espiritualidade do homem contemporâneo, de maneira existencial, quase inconsciente, como um vazio no coração que se foi alargando cada vez mais. No final do século XIX, Nietzsche escreveu: "Deus está morto! E quem o matou fomos nós!". Essa célebre expressão, observando bem, é tomada quase ao pé da letra da tradição cristã, frequentemente a repetimos na *Via-Sacra*, talvez sem nos darmos conta plenamente do que dizemos. Depois de duas guerras mundiais, os *lager* e os *gulag*, Hiroshima e Nagasaki, a nossa época tornou-se um Sábado Santo em medida cada vez maior: a escuridão desse dia interpela todos os que se questionam sobre a vida, de modo particular interpela a nós, crentes. Também somos responsáveis por essa escuridão. E, no entanto, a morte do Filho de Deus, de Jesus de Nazaré, tem um aspecto oposto, totalmente positivo, fonte de consolação e de esperança. Isto faz-me pensar no fato de que o Santo Sudário se comporta como um documento "fotográfico", dotado de um "positivo" e de um "negativo". Com efeito, é exatamente assim: o mistério mais obscuro da fé, ao mesmo tempo, é o sinal mais luminoso de uma esperança que não tem limite. O Sábado Santo é a "terra de ninguém" entre a morte e a ressurreição, mas nesta "terra de ninguém" entrou o Um, o Único, que a atravessou com os sinais da sua Paixão pelo homem: "*Passio Christi. Passio hominis*". O Sudário fala-nos precisamente desse momento, está a testemunhar aquele intervalo único e irrepetível na história da humanidade e do universo, no qual Deus, em Jesus Cristo, partilhou não só o nosso morrer, mas inclusive o nosso permanecer na morte. A solidariedade mais radical. Naquele "tempo-além-do-tempo", Jesus Cristo "desceu à mansão dos mortos". O que significa esta expressão? Quer dizer que Deus, feito homem, chegou até ao ponto de entrar na solidão extrema e absoluta do homem, onde não chega raio de amor algum, onde reina o abandono total sem palavra de conforto alguma: "mansão dos mortos". Jesus Cristo, permanecendo na morte, ultrapassou a porta dessa solidão última para nos guiar também a ultrapassá-la com Ele. Todos sentimos algumas vezes uma sensação assustadora de abandono, e o que mais assusta é precisamente isto, como quando somos crianças, temos medo de estar sozinhos no escuro e só a presença de uma pessoa que nos ama pode nos dar segurança. Aconteceu exatamente isto no Sábado Santo: no reino da morte ressoou a voz de Deus. Sucedeu o impensável: ou seja, que o Amor penetrou "na mansão dos mortos": também no escuro extremo da solidão humana mais absoluta podemos escutar uma voz que nos chama e encontrar alguém que nos pega pela mão e nos conduz para fora. O ser humano vive porque é amado e pode amar; e se até no espaço da morte penetrou o amor, então também lá chegou a vida. Na hora da extrema solidão nunca estaremos sozinhos: "*Passio Christi. Passio hominis*". Este é o mistério do Sábado Santo! Exatamente do escuro da morte do Filho de Deus brilhou a luz de uma esperança nova: a luz da Ressurreição. E eis que, parece-me, olhando para esse Santo Lençol com os olhos da fé se perceba algo dessa luz. Com efeito, o Sudário foi imerso naquela escuridão profunda, mas ao mesmo tempo é luminoso; e eu penso que se milhões e milhões de pessoas vêm venerá-lo – sem contar quantos o contemplam através das imagens – é porque nele não veem só a escuridão, mas também a luz; não tanto a derrota da vida e do amor, mas ao contrário, a vitória, a vitória da vida sobre a morte, do amor sobre o ódio; veem a morte de Jesus mas entreveem a sua Ressurreição; agora a vida pulsa no seio da morte, porque lá habita o amor. Este é o poder do Sudário: do rosto deste "Homem do sofrimento", que traz em si a paixão do homem de todos os tempos e lugares, também as nossas paixões, os nossos sofrimentos, as nossas dificuldades, os nossos pecados – "*Passio Christi. Passio hominis*" – promana uma solene majestade, um senhorio paradoxal. Este rosto, estas mãos e estes pés, este lado, todo este corpo fala, ele próprio é uma palavra que podemos escutar no silêncio. De que modo fala o Sudário? Fala com o sangue, e o sangue é a vida! O Sudário é um Ícone escrito com o sangue; sangue de um homem flagelado, coroado de espinhos, crucificado e ferido no lado direito. A imagem impressa no Sudário é a de um morto, mas o sangue fala da sua vida. Cada traço de sangue fala de amor e de vida. Especialmente a mancha abundante próxima do lado, feita de sangue e água derramados abundantemente de uma grande ferida causada por um golpe de lança romana, aquele sangue e aquela água falam de vida. É como uma fonte que murmura no silêncio, e podemos ouvi-la, podemos escutá-la, no silêncio do Sábado Santo".

208 – Paradoxalmente, nos Evangelhos, Cristo raramente pede a seus discípulos que guardem silêncio, exceto depois da profissão de fé de Pedro (Mt 16, 20) e na Transfiguração (Mt 17,1-13). Por outro lado, ele os levou ao deserto para iniciá-los na prática do silêncio e da conversação com Deus. Além disso, ele ordenou às tempestades, aos ventos e aos demônios que se calassem. Jesus reduz ao silêncio tudo o que produz o mal, o vício e a morte.

209 – Em certa oração pela família, Paulo VI diz: "Nazaré é a escola onde começamos a compreender a vida de Jesus: a escola do Evangelho. Em primeiro lugar, é uma lição de silêncio. Que renasça em nós a estima pelo silêncio, essa admirável e indispensável condição do espírito; em que somos assaltados por tantos clamores, confusão e gritaria em nossa vida barulhenta e hipersensibilizada. Ó silêncio de Nazaré, ensina-nos o recolhimento, a interioridade, a disposição de ouvir, as boas inspirações e as palavras dos verdadeiros mestres; ensina-nos a necessidade e o valor da preparação, do estudo, da meditação, da vida pessoal e interior, da oração em segredo que só Deus vê".

210 – Por que tanto barulho em nossas liturgias, se a oração de Cristo era silenciosa? A palavra do Filho de Deus vem do coração, e o coração é silencioso. Por que não sabemos falar com um coração silencioso? O coração de Jesus não fala. Ele irradia amor, pois sua linguagem vem das profundezas divinas.

Podemos falar em silêncios do Espírito Santo? Em Deus ou nada, *o senhor explica que o Espírito Santo é, muitas vezes, o grande incompreendido.*

211 – O Espírito Santo não tem rosto nem palavra. É silencioso por sua natureza divina. O Espírito age no silêncio desde toda a eternidade. Deus fala, Cristo fala, mas o Espírito Santo se exprime sempre por meio dos profetas, santos e homens de Deus.

O Espírito Santo nunca faz ruído. Ele conduz à verdade sendo sempre o grande intermediário. Silenciosamente, conduz a humanidade em direção a Cristo, repetindo o seu ensino. A única vez que o Espírito Santo se manifestou com ruído foi em Pentecostes, para despertar a humanidade adormecida, e tirá-la de seu torpor e de seu pecado: "Chegando o dia de Pentecostes, estavam todos reunidos no mesmo lugar. De repente, veio do céu um ruído, como se soprasse um vento impetuoso, e encheu toda a casa onde estavam sentados. Apareceu-lhes então uma espécie de línguas de fogo que se repartiram e pousaram sobre cada um deles. Ficaram todos cheios do Espírito Santo e começaram a falar em línguas, conforme o Espírito Santo lhes concedia que falassem" (At 2,1-6).

212 – O Espírito habita em nosso interior e nos regenera sem ruídos manifestos. O Espírito é uma força silenciosa. Livre como o vento, o Espírito sopra de maneira imprevisível. Se não desprezamos o seu fogo, ele abrasa o mundo.

213 – Em *Contra as heresias,* santo Irineu escreveu: "O Espírito Santo habita no coração dos crentes, e no coração da Igreja. Nela foi depositada a comunhão com Cristo, ou seja, o Espírito Santo". O Espírito é a comunhão (*Adv. Hær.* 3, 24,1: PG 7, 966).

Hoje, o mundo não está suficientemente atento ao Espírito Santo, e, sem atenção ao Espírito, os homens dividem-se; dispersam-se, odeiam-se e se desconhecem como em Babel. Nascem assim as guerras e pululam as seitas. Sem o Espírito, a descrença avança; com o Espírito, Deus se aproxima.

Estou triste de ver como abusamos do Espírito Santo. Em sua fantasia e desafiando a vontade divina que nos quer um, quantos são os que, por conta própria, criam suas próprias igrejas, suas próprias teologias e suas próprias crenças, que não passam de comezinhas opiniões subjetivas! O Espírito Santo não tem opiniões. Ele apenas repete o que Cristo nos ensinou para conduzir-nos à verdade plena.

Digo com preocupação: a ausência do Espírito Santo na Igreja causa todas as divisões. Onde está a Igreja, ali está o Espírito de Deus. Onde está o Espírito, ali está a Igreja.

O Espírito Santo é o vínculo de comunhão entre o Pai e o Filho. É o sopro de vida que não podemos compreender. É invisível, mas totalmente presente.

214 – Quando somos dóceis ao Espírito Santo, temos a certeza de caminhar em direção à verdade, porque estamos inteiramente entregues às suas inspirações. No primeiro concílio de Jerusalém, graças ao grande silêncio do Espírito, à oração e ao jejum, Os Apóstolos tiveram a coragem de sustentar a verdade de Deus e não a dos homens (At 15). Todos os conselhos se deram sob a proteção do Espírito. Durante o conclave, o Espírito indica aos cardeais a escolha de Deus; eles devem se submeter à sua vontade, e não a estratégias políticas humanas. Se contrariamos o Espírito Santo fazendo miseráveis continhas humanas, reuniões secretas e conciliábulos midiáticos, corremos na direção da tragédia e fazemo-nos os coveiros da missão divina da Igreja.

215 – Por ser a negação da verdade, a recusa ao Espírito é blasfêmia e pecado mortal. Sem o Espírito, a Igreja fica ameaçada de se tornar uma nova torre de Babel. Linguagens diferentes e desviantes submergem o Testamento do Filho de Deus. Ideólogos, pretensiosos e cínicos, ameaçam a verdade de Jesus. A confusão, o relativismo e o caos surgem nesse horizonte funesto.

Por que Maria está tão silenciosa nos Evangelhos?

216 – Toda a vida da mãe de Jesus é banhada de silêncio. Entre os evangelistas, apenas Lucas e João falaram realmente da Santíssima Virgem. São Lucas relata assim as palavras de Maria quando da Anunciação: "No sexto mês, o anjo Gabriel foi enviado por Deus a uma cidade da Galileia, chamada Nazaré, a uma virgem desposada com um homem que se chamava José, da casa de Davi, e o nome da virgem era Maria. Entrando, o anjo disse-lhe: 'Ave, cheia de graça, o Senhor é contigo'. Perturbou-se ela com estas palavras e pôs-se a pensar no que significaria semelhante saudação. O anjo disse-lhe: 'Não temas, Maria, pois encontraste graça diante de Deus. Eis que conceberás e darás à luz um filho, e lhe porás o nome de Jesus. Ele será grande e chamar-se-á Filho do Altíssimo, e o Senhor Deus lhe dará o trono de seu pai Davi; e reinará eternamente na casa de Jacó, e o seu reino não terá fim. Maria perguntou ao anjo: 'Como se fará isso, pois não conheço homem?'. Respondeu-lhe o anjo: 'O Espírito Santo descerá sobre ti, e a força do Altíssimo te envolverá com a sua sombra. Por isso o ente santo que nascer de ti será chamado Filho de Deus. Também Isabel, tua parenta, até ela concebeu um filho na sua velhice; e já está no sexto mês aquela que é tida por estéril, porque a Deus nenhuma coisa é impossível'. Então disse Maria: 'Eis aqui a serva do Senhor. Faça-se em mim segundo a tua palavra'. E o anjo a deixou" (Lc 1, 26-38).

Em *L'humble presénce* [A humilde presença], Maurice Zundel diz que "só o silêncio revela as profundezas da vida". As grandes obras de Deus são fruto do silêncio. Só Deus é testemunha e com Ele, os quem têm uma visão sobrenatural das coisas, os que fazem silêncio e vivem da presença da Verbo silencioso, como a Virgem Maria. Para Zundel, Maria se fez discípula do Verbo: "Ela escuta, adere, doa-se, ela se perde em seus abismos. Em todas as fibras do seu ser ressoam este apelo: 'Deixa-me ouvir a tua voz' (Ct 2,14). Maria dá ouvido ao Verbo silencioso. Sua carne pode então tornar-se o regaço da Eterna Palavra [...]. Nela, todo ser humano vê-se chamado ao mesmo destino: tornar-se uma morada de Deus, do Verbo silencioso. Pois se é verdade que Deus criou a natureza humana apenas para receber uma Mãe de quem viesse a nascer, todos somos chamados, pelo acolhimento silencioso do Verbo, a nos tornar o Templo do Verbo, a 'Basílica do silêncio'".

217 – De fato, Maria é tão silenciosa que os evangelistas pouco falam da Mãe de Deus. Ela está inteiramente absorvida pela contemplação, pela adoração e pela oração. Ela se oculta em seu Filho, ela só existe para seu Filho. Ela desaparece em seu Filho.

218 – São Lucas evoca novamente as palavras de Maria quando perdeu o menino Jesus, e o reencontrou no Templo entre os doutores da lei: "Seus pais iam todos os anos a Jerusalém para a festa da Páscoa. Tendo ele atingido doze anos, subiram a Jerusalém, segundo o costume da festa. Acabados os dias da festa, quando voltavam, ficou o menino Jesus em Jerusalém, sem que os seus pais o percebessem. Pensando que ele estivesse com os seus companheiros de comitiva, andaram caminho de um dia e o buscaram entre os parentes e conhecidos. Mas não o encontrando, voltaram a Jerusalém, à procura dele. Três dias depois o acharam no templo, sentado no meio dos doutores, ouvindo-os e interrogando-os. Todos os que o ouviam estavam maravilhados da sabedoria de suas respostas. Quando eles o viram, ficaram admirados. E sua mãe disse-lhe: 'Meu filho, que nos fizeste?!' Eis que teu pai e eu andávamos à tua procura, cheios de aflição. Respondeu-lhes ele: 'Por que me procuráveis? Não sabíeis que devo ocupar-me das coisas de meu Pai?' Eles, porém, não compreenderam o que ele lhes dissera. Em seguida, desceu com eles a Nazaré e lhes era submisso. Sua mãe guardava todas essas coisas no seu

coração. E Jesus crescia em estatura, em sabedoria e graça, diante de Deus e dos homens" (Lc 2, 41-52).

São João nos conta a intervenção de Maria no episódio das Bodas de Caná: "Três dias depois, celebravam-se bodas em Caná da Galileia, e achava-se ali a mãe de Jesus. Também foram convidados Jesus e os seus discípulos. Como viesse a faltar vinho, a mãe de Jesus disse-lhe: 'Eles já não têm vinho'. Respondeu-lhe Jesus: 'Mulher, isso compete a nós? Minha hora ainda não chegou'. Disse, então, sua mãe aos serventes: 'Fazei o que ele vos disser'. Ora, achavam-se ali seis talhas de pedra para as purificações dos judeus, que continham cada qual duas ou três medidas. Jesus ordena-lhes: 'Enchei as talhas de água'. Eles encheram-nas até em cima. 'Tirai agora', disse-lhes Jesus, 'e levai ao chefe dos serventes'. E levaram. Logo que o chefe dos serventes provou da água tornada vinho, não sabendo de onde era (se bem que o soubessem os serventes, pois tinham tirado a água), chamou o noivo e disse-lhe: 'É costume servir primeiro o vinho bom e, depois, quando os convidados já estão quase embriagados, servir o menos bom. Mas tu guardaste o vinho melhor até agora'. Este foi o primeiro milagre de Jesus; realizou-o em Caná da Galileia. Manifestou a sua glória, e os seus discípulos creram nele. Depois disso, desceu para Cafarnaum, com sua mãe, seus irmãos e seus discípulos; e ali só demoraram poucos dias" (Jo 2,1-12).

Nos Evangelhos de Marcos e Mateus, não há nenhuma menção às palavras de Maria.

No plano de Deus, a Virgem Maria está inseparavelmente ligada ao Verbo. O Verbo é Deus, e o Verbo é silencioso. Ela está completamente sob a influência do Espírito Santo, que não fala. A atitude de Maria é a da escuta, e ela está inteiramente voltada para a palavra do Filho. Ela é aquiescência e obediência.

Maria não fala. Quer apenas submeter-se a Deus, como uma criança confiante. Seu *fiat* é total e alegre. Ela aceita receber a vontade de Deus mediante Jesus.

A mãe de Jesus está imersa no assombro e no silêncio da alegria, aos pés da Criança do Natal; está imersa na dor e na angústia quando Herodes ameaça o Menino Deus e também aos pés da Cruz. Ela passa sua vida imersa no silêncio do consentimento que se resume nesta frase excepcional: "Eis a serva do Senhor, faça-se em mim segundo a tua palavra" (Lc 1, 38).

219 – Nos Evangelhos, não sabemos de que modo se manifesta a dor de Maria aos pés da Cruz. A arte representou a Mãe de Deus no *Stabat Mater Dolorosa*, mas os evangelistas mantiveram-se em silêncio sobre seu estado de alma. No entanto, Maria está associada de maneira interior e total ao mistério da redenção pela Cruz.

O *fiat* de Maria é um silêncio a que a Mãe de Cristo permanecerá eternamente fiel. Sem alarido, Maria oferece sua vida e a de seu Filho ao Pai Eterno. Sem alarido, ela disse o *fiat* antecipado à morte de Jesus. Como mãe, vê a terrível agonia de Jesus, cujo corpo está coberto de feridas e contusões. Ela está de pé, fortemente unida à Cruz; o sangue de seu Filho cobre o seu rosto e seus braços. Assim como Jesus, e a ele seguindo, Maria pode dizer: "Minha vida, ninguém a toma, sou eu quem a dá" (Jo 10,18). A Virgem foi crucificada e morreu misticamente com o Seu Filho.

Após a morte de Cristo, Maria sustenta os apóstolos com sua oração; ela lhes insta a receberem a força e a luz do Espírito. Por sua presença efetiva, orante e discreta, ela engendra a Igreja e encoraja os companheiros de seu Filho. Dispersos os Apóstolos, ela reconstrói a comunidade dos discípulos e edifica a Igreja no silêncio e na oração. Depois do Cenáculo, a Igreja auri seu sopro missionário na oração e no acolhimento do Espírito.

À luz de Pentecostes, Maria é a primeira a compreender o mistério da Igreja. Como Cristo nasceu na pobreza, no silêncio da noite e pelo poder do Espírito, assim a Igreja não pode nascer nas glórias e na barulheira mundana. A Noiva de Cristo procede do Espírito Santo que irrompe no Cenáculo, onde a comunidade estava em oração com Maria.

O *fiat* de Maria culmina com o surgimento da primeira Igreja pelo poder do Espírito.

220 – Durante a audiência geral de 22 de novembro de 1995, João Paulo II declarava: "O exemplo de Maria permite que a Igreja aprecie melhor o valor do silêncio. O silêncio da Virgem não é apenas moderação ao falar, mas, sobretudo, capacidade sapiencial de recordar e de abarcar com o olhar de fé o mistério do Verbo feito homem e os acontecimentos de sua existência terrena. É esse silêncio de acolhimento da Palavra, essa capacidade de meditar no mistério de Cristo, que Maria transmite ao povo que crê. Em um mundo cheio de ruídos e de mensagens de todo o tipo, seu testemunho permite apreciar um silêncio espiritualmente rico e promove o espírito contemplativo".

221 – "Ouça esse ruído delicado e ininterrupto e quem é o silêncio. Ouça o que ouvimos quando nada se faz ouvir", escreveu Paul Valéry em *Tel quel*. Eis a divisa da Virgem Maria. Eis a divisa da mulher forte. Eis a divisa da mulher silenciosa.

222 – Pierre de Bérulle escreveu com razão em suas *Oeuvres de piété* [Obras de piedade]: "O silêncio da Virgem não é o silêncio de um gago ou o da impotência. É um silêncio de luz e de enlevo; quando louva a Deus, é um silêncio mais eloquente que a própria eloquência. É um desafio poderoso e divino na ordem da graça".

Em meu país, ao se terminar o Rosário diário, costumamos homenagear Maria com o seguinte canto: "Que a tua doce presença nos ilumine para sempre, ó Virgem do silêncio. Dá-nos a tua grande paz". Voltando ao Evangelho de João, vemos que, depois da morte de Jesus,

Maria viveu na casa de São João, como Jesus dispusera ao morrer na Cruz. Podemos imaginar que ela vivia em silêncio e numa profunda paz. Ela meditava frequentemente na paixão de Jesus, ápice maravilhoso da missão de ambos. Com o passar do tempo, tornou-se mais silenciosa, recolhida e contemplativa. Orava e jejuava. Aceitava com alegria tantos sacrifícios, prolongando a paixão de seu Filho para a salvação do mundo. Sua oração era um perpétuo silêncio em Deus.

3
O silêncio, o mistério e o sagrado

"Devemos aprender a não dar a Deus algum nome, iludidos de que assim nós o louvaremos e exaltaremos como convém, pois Deus 'está acima dos nomes': Ele é inefável."

Mestre Eckhart, *Sermões*

NICOLAS DIAT: Que relação o senhor estabelece entre o silêncio e o sagrado?

CARDEAL ROBERT SARAH:

223 – A noção de sagrado é particularmente atacada no Ocidente. Nos países que se querem laicizados, livres da religião e de Deus, já não há ligação com o sagrado. Certa mentalidade secularizada tenta se promover. Teólogos dizem que Cristo, pela Encarnação, teria posto fim à distinção entre sagrado e profano. Para outros, Deus se faz tão perto de nós que a categoria de sagrado estaria ultrapassada. Assim, na Igreja, certas pessoas nem sempre conseguem superar uma prática pastoral inteiramente horizontal, centrada no social e na política. Há

nessas declarações ou comportamentos muito de ingenuidade e, talvez, um verdadeiro orgulho.

224 – Em junho de 2012, em sua homilia na festa de *Corpus Christi*, Bento XVI afirmou solenemente: "Cristo não aboliu o sagrado, mas o levou a seu termo ao inaugurar um novo culto, que, sem dúvida, é plenamente espiritual, mas que, no entanto, enquanto estivermos a caminho, no tempo, ainda se serve de sinais e de ritos [...] Graças a Cristo, a sacralidade é mais verdadeira, mais intensa e, como acontece no caso dos mandamentos, também mais exigente!".

Essa questão é importante, pois diz respeito ao nosso relacionamento com Deus. Ante a sua grandeza, majestade e beleza, como não ser tomado por um temor jubiloso e sagrado? Se não tremermos ante a transcendência divina é porque estamos deteriorados em nossa natureza humana. Fico impressionado com a leviandade, a insubsistência e a vaidade de tanta retórica que pretende esvaziar o sagrado. Os teólogos que se autoproclamam iluminados deveriam entrar na escola do povo de Deus. Os simples fiéis sabem que as realidades sagradas estão entre os tesouros mais preciosos. Espontaneamente, eles percebem que não podemos entrar em comunhão com Deus a não ser por meio de uma atitude interior e exterior impregnadas de sagrado. As pessoas estão certas; seria arrogante pretender ter acesso a Deus sem se desfazer de uma atitude profana e de um paganismo irreligioso e hedonista.

225 – Na África, o sagrado é uma evidência para o povo cristão, mas também para os crentes de outras religiões. O desprezo pelo sagrado, que é visto como uma atitude infantil e supersticiosa por tantos ocidentais, é o sinal de uma autossuficiência de criança mimada. Não hesito dizer que os homens da Igreja que querem se manter longe do sagrado estão ferindo a humanidade, privando-a da comunhão de amor com Deus.

Deus quer nos comunicar sua amizade, sua intimidade, mas só pode fazê-lo se nós nos abrimos para ele em uma atitude justa e verdadeira. Diante do Totalmente Outro, o ser humano deve reconhecer sua pequenez, sua miséria e seu nada. Lembremo-nos desta palavra de Jesus a santa Catarina de Sena: "Eu sou o que é; tu és aquela que não é".

226 – Sem humildade radical, que se expressa em gestos de adoração e em ritos sagrados, não há amizade possível com Deus.

O silêncio manifesta esse nexo de maneira evidente. O verdadeiro silêncio cristão, para tornar-se silêncio de comunhão, deve ser antes de tudo um silêncio sagrado.

227 – Diante da Divina Majestade, faltam-nos as palavras. Quem ousaria tomar a palavra diante do Todo-Poderoso? Quando Deus revela sua glória a Isaías, o profeta exclama: "Santo! Santo! Santo!". Ele emprega a palavra hebraica *qadosh*, que significa santo e sagrado ao mesmo tempo. Em seguida, ele exclama: "Estou perdido!", o que poderia ser traduzido por: "Estou reduzido ao silêncio!" (Is 6, 5).

228 – Os seres humanos de todas as culturas e religiões sabem que: diante de Deus, estamos perdidos, e diante de sua grandeza, nossas palavras não têm sentido algum. Elas não estão à altura do Infinito. Na África, após os cantos e as danças, o sacrifício à divindade está cercado por um impressionante silêncio sagrado.

É verdade que o silêncio sagrado dos cristãos vai mais longe. Tal silêncio não é uma espécie de tabu imposto por Deus para preservar ciumentamente o seu poder. Pelo contrário, o verdadeiro Deus prescreve o silêncio sagrado de adoração para melhor se comunicar a nós. "Silêncio diante do Senhor Deus!", exclama o profeta (Sf 1, 7), mas Isaías é preciso: "Fazei silêncio para me escutar" (cf. Is 41,1).

229 – Em sua carta apostólica *Orientale lumen*, de 1995, João Paulo II recordava: "Todos, crentes e não-crentes, precisam aprender um silêncio que permita ao Outro falar, quando e como quiser, e a nós compreender essa palavra. [...] Nessa humilde aceitação do limite da criatura perante a transcendência infinita de um Deus que não cessa de revelar-Se como o Deus-Amor, Pai do Senhor nosso Jesus Cristo, no júbilo do Espírito Santo, vejo expressa a atitude da oração [...]. Devemos confessar que todos precisamos desse silêncio carregado de presença adorada".

230 – Recusar o silêncio cheio de confiante temor e adoração é negar a Deus o direito de nos atrair por seu amor e sua presença. O silêncio sagrado permite que nos coloquemos alegremente à disposição de Deus; permite que saiamos da atitude arrogante que afirma que Deus está à disposição dos caprichos de seus filhos. Que criatura pode se vangloriar de possuir o Criador? Além disso, o silêncio sagrado propicia que deixemos o mundo profano e o tumulto incessante de nossas imensas metrópoles para que nos entreguemos ao domínio de Deus. O silêncio sagrado é realmente onde podemos conhecer a Deus, porque vamos a Ele com a justa atitude de quem estremece e mantém-se a distância, mas que também espera confiante.

231 – O silêncio sagrado é, portanto, a única reação verdadeiramente humana e cristã à irrupção de Deus em nossas vidas. Parece que Deus mesmo nos ensina que ele espera de nossa parte esse culto de adoração silenciosa e sagrada. "O Senhor é terrível e soberanamente grande. Seu poder é maravilhoso. Glorificai o Senhor quanto puderdes, que ele ficará sempre acima, porque é admirável a sua grandeza. Bendizei o Senhor, exaltai-o com todas as vossas forças, pois ele está acima de todo louvor. Enaltecendo-o, reuni todas as vossas forças; não desanimeis; jamais chegareis (ao fim). Quem poderá contar o que dele viu?", pergunta Ben

Sirac, o Sábio (Sr 43, 30-31). Quando Deus aparece, só o louvor deve brotar de nosso coração. Em contrapartida, toda forma de exibição que dê a impressão de um espetáculo deve desaparecer. Por que manifestar a vaidade de uma ação profana e uma palavra mundana diante de sua infinita grandeza? "O Senhor reside em sua santa morada; silêncio diante dele, ó terra inteira!" (Hab 2, 20). Nesse momento único, o Senhor pode tomar a iniciativa de unir-se a nós. Pois Deus gosta de tomar a iniciativa. Nosso silêncio sagrado torna-se silêncio de contentamento, intimidade e comunhão: "A sabedoria só se deixa tocar no silêncio" (Ecl 9,17).

232 – O silêncio ensina-nos uma grande regra da vida espiritual: a familiaridade não favorece a intimidade, ao contrário, a distância certa é a condição da comunhão. É mediante a adoração que a humanidade caminha para o amor. O silêncio sagrado, repleto da presença adorada, nos abre ao silêncio místico, cheio de intimidade amorosa. Sob o jugo culpabilizante da razão secular, esquecemos que o sagrado e o culto são as únicas portas de entrada para a vida espiritual

233 – O silêncio sagrado é uma lei cardeal de todas as celebrações litúrgicas. Em 1978, em um artigo na *Communio*, o teólogo Hans Urs von Balthasar escreveu: "Não há liturgia criada pelo ser humano que seja digna do objeto de sua homenagem, digna de Deus, diante de cujo trono se prostram, de face velada, os coros celestes que depositam coroas e ornamentos para lhe oferecer a adoração. Querendo render Àquele que criou todas as coisas, segundo a sua vontade, a devida honra, devemos, em princípio, dobrar os joelhos como comunidade e pecadores. *Domine non sum dignus!* Se essa comunidade, reunida para o louvor e o culto, ingenuamente tivesse no coração outra coisa que a adoração e o dom de si – o progresso pessoal, por exemplo, ou qualquer projeto que pusesse o indivíduo em pé de igualdade com o Senhor que ele supõe adorar –,

isso seria um erro. Eis um assunto que não se pode abordar sem temor e tremor".

234 – Como não evocar aqui a liturgia da Sexta-feira Santa, quando o celebrante entra na igreja? Ele se prostra no chão diante do altar e permanece em silêncio um bom tempo. Esse gesto silencioso é eloquente. O ser humano reconhece seu nada e, literalmente, não tem nada a dizer diante do mistério sagrado da Cruz. Humildemente, só lhe cabe prostrar-se e adorar. Mas essa adoração não nos oprime; ao contrário, ela nos abre a uma atitude de abandono e confiança.

235 – Desde a reforma de Paulo VI, e contrariando a vontade desse grande papa, por vezes se percebe na liturgia um ar de familiaridade inoportuna e ruidosa. Sob o pretexto de tornar fácil e acessível o acesso a Deus, alguns quiseram que tudo fosse imediatamente compreensível na liturgia. Pode parecer louvável essa intenção igualitária. Mas, ao reduzir o mistério sagrado às nossas boas intenções, impedimos que os fiéis se aproximem do verdadeiro Deus. Sob pretexto de catequese, os sacerdotes se permitem fazer intermináveis comentários tediosos e sem elevação. Esses pastores têm medo que o silêncio diante do Todo-Poderoso desoriente os fiéis. Entretanto, na *Orientale lumen*, João Paulo II nos põe de sobreaviso: "Os cristãos do Oriente dirigem-se a Deus como Pai, Filho, Espírito Santo. Pessoas vivas, ternamente presentes, às quais dirigem uma doxologia litúrgica solene e humilde, majestosa e simples. Eles, porém, percebem que nos aproximamos dessa presença especialmente deixando-nos educar para um silêncio de adoração, porque, no ápice do conhecimento e da experiência de Deus, está sua transcendência absoluta".

236 – Como pretender nos aproximar "dAquele que está além de tudo" adotando uma atitude negligente e descuidada? Já em seu tempo,

são João Crisóstomo exortava, em uma bela homilia chamada *Sobre o cemitério e a Cruz*, que os fiéis fossem cuidadosos com a procissão da comunhão. Pedia-lhes que só se aproximassem imbuídos de "temor, veneração e reverência" e se admirava dizendo: "Os anjos guardaram o túmulo de Jesus com temor e recolhimento. Tu que estás indo à mesa onde se imola o Cordeiro vivo, e não a um túmulo vazio, te aproximas em desordem, com alarido, gracejando cada um com quem está ao lado?" (*In Homiliam de Coemeterio et de Cruce*: PG 49, 397). Hoje, o que diria Crisóstomo de nossas filas de comunhão? Quantos padres se dirigem ao altar do sacrifício tagarelando, conversando ou cumprimentando os presentes em vez de se imbuir de um silêncio repleto de reverência...

237 – Como é possível desconsiderar o sofrimento de Cristo, carregando sua Cruz e caminhando com dificuldade sob o peso de nossos pecados em direção ao sacrifício, logo no início de nossas celebrações eucarísticas? Há tantos padres que andam triunfantemente e sobem ao altar, acenando à esquerda e à direita, para parecerem simpáticos. Notem o triste espetáculo de certas celebrações eucarísticas... Por que tão leviandade e mundanismo na celebração do Santo Sacrifício? Por que tanta profanação e superficialidade diante da extraordinária graça sacerdotal que nos torna capazes de fazer surgir, substancialmente, o corpo e o sangue de Cristo, mediante a invocação do Espírito? Por que alguns se sentem autorizados a improvisar ou inventar orações eucarísticas que escamoteiam as palavras divinas em um derramamento de pequeno fervor humano? Seriam as palavras de Cristo insuficientes e por isso seria preciso multiplicar palavras meramente humanas? Será preciso lançar mão de fantasias e de criatividades subjetivas até mesmo nesse único e essencial sacrifício? "Em vossas orações, não multipliqueis as palavras, como fazem os pagãos que julgam que serão ouvidos à força de palavras", adverte-nos Jesus (Mt 6, 7). Muitos cristãos fervorosos, tocados pela Paixão e

morte de Cristo na Cruz já não tem mais força para chorar ou lançar um doloroso grito dirigido aos padres e aos bispos que se apresentam como animadores de espetáculo e erigem-se em protagonistas principais da Eucaristia. Esses fiéis ainda nos dizem: "Não queremos nos reunir em torno de um homem! Queremos ver Jesus! Mostrai-o ao silêncio e à humildade da vossa oração!".

O silêncio sagrado é um bem dos fiéis, e o clero não deve privá-los dele.

238 – Em 2011, durante a Jornada Mundial da Juventude em Madri, o papa Bento XVI iria dirigir-se aos jovens do mundo inteiro durante a grande vigília. Na hora de falar, formou-se uma tempestade e desabou um temporal. O papa esperou com os jovens que a tempestade se acalmasse. Quando, finalmente, o tempo tornou-se mais favorável, o cerimoniário trouxe o discurso que o santo Padre tinha preparado. Mas o papa preferiu usar o tempo restante para o essencial. Em vez de falar, convidou os jovens a entrar com ele no silêncio da adoração. Ajoelhando-se diante do Santíssimo Sacramento, Bento XVI pregava mediante seu silêncio. Havia mais de um milhão de jovens atrás dele, encharcados até os ossos e na lama. No entanto, sobre essa enorme multidão reinou um impressionante silêncio sagrado, literalmente "carregado de presença adorada".

Eis uma lembrança inesquecível, uma imagem da Igreja unida no grande silêncio em torno de seu Senhor.

De outro ângulo, qual é o nexo entre silêncio e mistério?

239 – Muitas vezes, as palavras trazem consigo a ilusão da transparência, uma vez que nos permitem compreender tudo, controlar tudo, ordenar tudo. A modernidade é falante, pois é orgulhosa. Será que a nossa incessante tagarelice nos torna orgulhosos?

Nunca se falou tanto de Deus, de teologia, de oração e até mesmo de mística. Mas a nossa linguagem humana reduz a um nível muito pobre tudo o que tenta dizer sobre Deus. As palavras violam as coisas que as excedem. Ora, o mistério é, por definição, o que está além da razão humana. Em sua *Teologia mística*, o pseudo-Dionísio Areopagita escrevia que, confrontados com a realidade que está além de tudo, que está diante do próprio mistério, somos levados às "trevas mais luminosas do silêncio [...] que enche de esplendores ainda mais belos que a beleza as inteligências que sabem fechar seus olhos" (*Mystica theologia* 1,1: PG 3, 998).

240 – Há uma verdadeira advertência para nossa civilização. Se a nossa inteligência não sabe mais fechar os olhos, se não sabemos mais nos calar, então seremos privados do mistério, de sua luz que está além das trevas, de sua beleza que está além de toda a beleza. Sem o mistério, somos reduzidos à banalidade das coisas terrenas.

241 – Não raro me pergunto se a tristeza das sociedades urbanas ocidentais, cumuladas de tanta depressão, suicídio e sofrimentos morais, não resulta da perda do sentido do mistério. Ao perder a capacidade de silêncio diante do mistério, as pessoas suprimem as fontes da alegria. Na verdade, elas se acham a sós no mundo, sem nada que as transcenda e sustente. Não conheço nada mais assustador! Como entender de outra forma o pensamento de Blaise Pascal nos *Pensées*: "Olhando o universo mudo e o homem sem luz, abandonado a si mesmo e como que perdido naquele canto do universo, sem saber quem o colocou lá, o que veio fazer, e o que se tornará ao morrer, sou tomado pelo medo como alguém que fosse dormir numa ilha deserta e terrível, e que iria acordar sem saber onde está e sem ter meios dela sair".

Sem o silêncio, somos privados do mistério, reduzidos ao medo, à tristeza e à solidão. É hora de encontrar de novo esse silêncio! O mistério de Deus, da sua incompreensibilidade, é fonte de alegria para todos os cristãos. Todos os dias nos alegramos ao contemplar um Deus insondável cujo mistério jamais se esgotará. A eternidade do céu será a alegria, sempre renovada, de entrar mais profundamente no mistério divino sem jamais esgotá-lo. Só o silêncio pode traduzir essa alegria: "Estamos calados porque as palavras que nossas almas querem viver não podem ser expressas em palavras terrenas", dizia um cartuxo, cujo nome jamais saberemos, em *Silence cartusien*.

242 – Para preservar o mistério, é preciso protegê-lo da banalidade profana. O silêncio cumpre admiravelmente esse papel. Um tesouro deve ser posto fora do alcance; o que é precioso continua sempre velado. Nosso próprio corpo é coberto por uma veste, não por ser vergonhoso ou impuro, mas porque é sagrado e misterioso. Na liturgia, o cálice está coberto por um véu, o cibório e o sacrário estão cobertos com um véu quando neles está a Presença real. O silêncio é o véu sonoro que protege o mistério. Não abaixamos a voz espontaneamente para dizer as palavras mais importantes, as frases de amor? Outrora, na liturgia latina, as palavras misteriosas do Cânon e da consagração, pronunciadas *submissa voce* [em voz baixa], ficavam envoltas em um véu de silêncio.

243 – Em sua carta apostólica *Orientale lumen*, João Paulo II tem magníficas palavras: "O mistério oculta-se continuamente, cobre-se de silêncio, para evitar que no lugar de Deus se ponha um ídolo".

Há grande risco de os cristãos se tornarem idólatras se perderem o sentido do silêncio. Nossas palavras nos intoxicam, nos encerram no limite das criaturas. Encantados pelos discursos humanos, e neles aprisionados, corremos o risco de construir um culto que tenha a nossa estatura, um deus feito à nossa imagem. As palavras carregam consigo a tentação do bezerro de ouro! Apenas o silêncio conduz para além das palavras, ao mistério, ao culto em espírito e em verdade. O silêncio é uma mistagogia que nos faz entrar no mistério sem o conspurcar. Entendo o que Teresa de Lisieux escrevia a Celine, numa carta datada de 14 de outubro de 1890: "A virgindade é um silêncio profundo". Devemos reencontrar essa reserva, esse pudor, esse sentido virginal, essa delicadeza silenciosa para nos aproximarmos dos santos mistérios da liturgia e dos grandes mistérios da teologia.

Aprendamos a guardar o silêncio no cerne mesmo do sofrimento. Hoje, muitos gritam com os lobos para defender uma visão de liturgia da qual querem ser os únicos depositários; esses ideólogos imolam estrepitosamente sobre o altar de seus ídolos os que eles consideram retrógrados. Deus queira que seus ídolos aceitem o bom odor dos seus sacrifícios...

Parece que o silêncio encobre de véu os mistérios, não para ocultá-los, mas para revelá-los. Os mistérios só podem ser ditos no silêncio. Por isso, na liturgia, a linguagem dos mistérios é silenciosa.

No entanto, Deus fala, mas sua Palavra é também um mistério...

244 – Em seu belo livro *Un chant nouveau pour le Seigneur* [Um canto novo para o Senhor], o cardeal Joseph Ratzinger recordava: "Mesmo que a palavra de Deus seja traduzida em linguagem humana, subsiste um excedente inefável e indescritível que nos convida ao silêncio". Deus se revela, mas as nossas palavras não conseguem traduzir sua vastidão, profundidade e mistério. Ele permanece sempre além das nossas palavras. E Deus seria pequeno se O compreendêssemos!

Entendo que os teólogos estudem o mistério e traduzam em palavras os resultados de suas investigações. Mas tais palavras serão suportáveis somente se estiverem enraizadas no silêncio e conduzirem ao silêncio. Caso contrário, tornam-se palavreado fútil. A teologia deve encontrar uma linguagem contemplativa. Ao ingressar na escola das ciências profanas, os exegetas e os teólogos arriscaram passar longe do mistério da Palavra de Deus. "Poderíamos dizer muitas coisas e não chegaríamos ao fim, eis o resumo das palavras: 'Ele é tudo'.", diz a Escritura (Si 43, 27).

245 – Para falar de Deus, primeiro é preciso calar. Refiro-me também aos pregadores. A homilia não é uma soma de conhecimentos teológicos ou de interpretações exegéticas. Os sacerdotes, marcados pelo caráter sacerdotal, de alguma forma são instrumentos misteriosos do Verbo de Deus. A homilia é, portanto, estritamente reservada aos homens que foram investidos da ordem sagrada do presbiterato e do diaconato; ela não pode ser delegada aos leigos, mesmo aos mais competentes. Não se trata essencialmente de competência acadêmica ou profissional, mas "porque os lábios do sacerdote guardam a ciência e é de sua boca que se espera a doutrina" (Mal 2, 7; Tt 1, 7-9; 1Tm 3-13), como diz a Escritura. A palavra, em uma homilia, não é uma lição, mas é o eco das palavras do Mestre nos caminhos da Galileia. Assim, os sacerdotes devem preparar as homilias no silêncio da oração e da contemplação.

246 – Em uma entrevista sobre a liturgia, o cardeal Ratzinger não temeu dizer: "Não entendemos o lugar do silêncio, arriscamos também passar à margem da Palavra de Deus. É preciso então entrar nessa profundidade do silêncio em que o mistério maior que todas as palavras humanas se comunica. Essa abordagem é essencial. [...] Deus é sobretudo o grande silêncio. Temos de sair da multiplicação de palavras para reencontrar a Palavra. Se não houver silêncio graças ao qual entramos em sua profundidade, as próprias palavras tornam-se incompreensíveis. E a liturgia, presença do grande mistério de Deus, deve estar também no lugar onde temos a possibilidade de entrar na profundidade de nossas almas".
Diante da profundidade do mistério de Deus, escreve santo Agostinho nas *Confissões*, experimentamos "os limites das palavras". Então,

rejubilemo-nos sem palavra. Não podemos nomear ao Deus inefável: "Ora, se não podes nomeá-lo, que te resta senão que te rejubiles a fim de que teu coração se alegre sem palavras e que a vastidão da tua alegria não conheça os limites das sílabas?", perguntava o santo Doutor.

247 – Dessa alegre experiência do mistério nasceu o canto sacro. O canto das liturgias cristãs deveria afastar-se de certo tipo de música para tentar recuperar a grandeza contemplativa do canto dos monges do Oriente ou do Ocidente.

O canto gregoriano não é contrário ao silêncio. Ele procede do silêncio e a ele nos leva. Diria que ele é como que tecido de silêncio. Que experiência comovente cantar o *Salve Regina* com os monges da Grande Cartuxa, na penumbra do entardecer, ao final das Vésperas! As últimas sílabas morrem uma a uma em um silêncio filial, abrigando a nossa confiança na Virgem Maria. Essa experiência é essencial para compreender a reflexão de Joseph Ratzinger em seu livro *Un chant nouveau pour le Signeur*: "O silêncio permite que o inefável se transforme em canção, e pede auxílio às vozes do cosmos, para que o não dito torne-se audível. Isto significa que a música da Igreja, nascida da palavra e do silêncio percebido nessa própria palavra, pressupõe uma escuta sempre nova aberta à plenitude do logos".

Sob Paulo VI, em 1969, a reforma litúrgica causou uma perda de silêncio na liturgia?

248 – Como observou o cardeal Godfried Danneels em uma conferência de título provocante, *Uma atitude de serviço e não de manipulação*, "a liturgia ocidental, como é praticada, tem como principal defeito ser muito falante". Creio que devemos propor a pergunta em sua raiz. Não se trata apenas de adicionar artificialmente um pouco mais de silêncio nas liturgias da Igreja.

Bem entendido, a liturgia prevê momentos de silêncio que devem ser respeitados antes de cada oração, antes do *Confiteor*, após a leitura da Palavra de Deus e depois da comunhão. Esses tempos são as respirações da alma. O ofertório também pode ser um momento de silêncio.

249 – Muitos jovens padres expressam pesar porque gostariam que o Cânon fosse rezado no maior silêncio. A unidade de toda a assembleia, comungando com as palavras ditas em um sussurro sagrado, seria um esplêndido sinal de uma Igreja contemplativa, reunida em torno do sacrifício do seu Salvador. Em *O espírito da liturgia*, o cardeal Ratzinger escreveu: "Quem fez a experiência de uma comunidade unida na oração silenciosa do Cânon sabe que se trata de um silêncio verdadeiro. Aqui, o silêncio é tanto um brado, penetrante, lançado em direção a Deus, quanto comunhão de oração repleta do Espírito. Rezar dessa maneira o Cânon perfaz um ato comum dos fiéis e do sacerdote, ato que permanece estreitamente dependente do ministério do sacerdote no altar. Nessa oração comum diante do Pai, atraídos por Cristo e guiados pelo Espírito Santo, estão todos unidos no sacrifício verdadeiro – o amor que reconcilia e une Deus e o mundo". No entanto, a intenção da reforma litúrgica foi louvável: os Padres conciliares queriam recuperar a função original da Oração Eucarística como grande oração pública diante de Deus. Mas constatamos também que é forte a tentação de se buscar variedade, introduzindo improvisações no Cânon. A liturgia corre agora o risco de banalizar as palavras da Oração Eucarística. Então, penso que o cardeal Ratzinger tinha razão ao escrever que "durante o Cânon, o silêncio é necessário para que não se perca a Palavra". Àquela altura, ele propôs soluções práticas, afirmando com vigor que a recitação em alta voz da Oração Eucarística por inteiro não era a única maneira de obter a participação de todos. Devemos trabalhar para uma solução mais equilibrada e aberta à possibilidade de espaços de silêncio nesse domínio.

250 – O silêncio é uma atitude da alma. Ele não pode ser decretado, sob pena de parecer exagerado, vazio e artificial. Nas liturgias da Igreja, o silêncio não pode ser apenas uma pausa entre dois atos litúrgicos, mas ele próprio deve ser plenamente um rito, que envolve tudo. O silêncio é o material em que se esculpem as nossas liturgias. Nelas, nada deve romper a atmosfera silenciosa que é o seu clima natural.

Ora, as celebrações tornam-se cansativas porque se desenrolam numa tagarelice barulhenta. A liturgia está doente. O sintoma mais marcante dessa doença é, talvez, a onipresença do microfone que se tornou tão essencial que nos perguntamos como os sacerdotes podiam celebrar antes de sua invenção... Às vezes, tenho a impressão de que os celebrantes temem de tal maneira a oração silenciosa e pessoal dos fiéis que eles passam a falar do início ao fim da cerimônia para não perderem o controle. Creio que tais atitudes revelam uma profunda incompreensão da intenção do Concílio Vaticano II. Mais do que nunca, em matéria litúrgica, precisamos guiar-nos pelos ensinamentos da *Sacrosanctum Concilium*. Cinquenta anos depois de sua promulgação, nós não a exploramos em profundidade. É hora de nos deixar ensinar pelo Concílio em vez de usá-lo para justificar nosso afã de criatividade.

251 – A ambição da *Sacrosanctum Concilium* era promover a participação de todos no mistério que está presente na sagrada liturgia. Para entender essa intenção, é imperioso lembrar que o silêncio sagrado é um dos meios proposto pelo Concílio de implementar essa participação. Na verdade, trata-se de ingressar na participação de um mistério sagrado que nos supera infinitamente: o mistério da morte de Jesus por amor ao Pai e por nós. Os cristãos têm a ardente obrigação de se abrirem para um ato tão misterioso, o qual jamais será realizado por eles mesmos: o sacrifício de Cristo. Na reflexão dos Padres conciliares, a liturgia é ação divina, uma *Actio Christi*. Diante dessa ação, somos tomados por um

silêncio de admiração e de reverência. A qualidade de nosso silêncio mede a qualidade da nossa participação ativa.

252 – Em 1985, em seu célebre *A fé em crise*, com Vittorio Messori, o cardeal Ratzinger sublinhava: "Perdemos o *proprium* da liturgia, o qual não decorre daquilo que fazemos, mas justamente daquilo que todos juntos não podemos fazer".

253 – O silêncio levanta a questão sobre a essência da liturgia. Ora, a liturgia é mística. Com razão, os orientais chamam-na "divina liturgia" e "santos mistérios". Quando nos aproximamos da liturgia com um coração barulhento, ela parecerá superficial e humana. O silêncio litúrgico é uma disposição radical e essencial; é uma conversão do coração. Converter-se, etimologicamente, é retornar, voltar-se para Deus. Não há verdadeiro silêncio em liturgia se não estamos, em nosso coração, voltados para o Senhor. O verdadeiro silêncio é o silêncio de nossas paixões, o coração purificado das pulsões carnais, lavado de nossos ódios e rancores, orientado para a santidade de Deus. Quanto mais resplandecente a castidade do padre, mais ele se torna, por sua união com Cristo, "Hóstia pura, Hóstia santa, Hóstia imaculada" e conduz o povo de Deus a adotar o comportamento do "homem novo, criado à imagem de Deus, em verdadeira justiça e santidade" (Ef 4, 24).

254 – Não basta simplesmente prescrever mais silêncio. Para que todos entendam que a liturgia faz com que nos voltemos interiormente em direção ao Senhor, seria benéfico que durante as celebrações, todos juntos, sacerdotes e fiéis, estivéssemos fisicamente voltados ao Oriente simbolizado pela abside. Essa maneira de posicionar-se continua absolutamente legítima. Ela está em conformidade com a letra e o espírito do Concílio. Não faltam testemunhos dos primeiros séculos da Igreja.

"Quando estamos de pé para orar, voltamo-nos para o Oriente" (*Serm. Dom. in Monte* II, 5,18: PL 34,1277), diz santo Agostinho, fazendo eco a uma tradição que remonta, segundo são Basílio, aos próprios Apóstolos. As Igrejas que foram projetadas para a oração das primeiras comunidades cristãs, as constituições apostólicas preconizam, já no século IV, que estejam voltadas para o Oriente (Leste). E quando o altar está voltado para o Ocidente (Oeste), como a basílica de são Pedro, o oficiante deve virar para o leste e olhar de frente as pessoas. "A preocupação dos Padres conciliares não era tanto celebrar de costas ou de frente para o povo [...], mas voltados para o Oriente (Leste)", observa judiciosamente Xavier Accart em seu maravilhoso livro, Comprendre *et vivre la liturgie* [Compreender e viver a liturgia]. Essa orientação física da oração é apenas o sinal de uma orientação interior. Orígenes assinala em suas *Parábolas evangélicas* que: "Do Oriente te vem o favor concedido por Deus; porque é lá que está o homem 'cujo nome é Oriente' (Zc 6,1), estabelecido 'mediador entre Deus e os homens' (1Tm 2, 5). Portanto, é para ti o convite de que sempre 'olhes para o Oriente' (Bar 4,16), de onde se levanta o 'Sol da Justiça' (Mc 3, 20), de onde nasce para ti a luz e assim nunca 'caminhes nas trevas'" (Jo 12, 3). Não é justamente isso o que o sacerdote faz ao convidar o povo de Deus a segui-lo logo no início da grande oração eucarística, dizendo: "Corações ao alto", e o povo responde: "O nosso coração está em Deus"?

Como prefeito da Congregação para o culto divino e a disciplina dos sacramentos, gostaria, mais uma vez, de lembrar que a celebração *versus orientem* é autorizada pelas rubricas do Missal porque ela é de tradição apostólica. Não há necessidade de permissão especial para celebrar dessa maneira, com povo e sacerdote voltados para o Senhor. Se, do ponto de vista prático, não for possível celebrar *ad orientem*, é preciso, necessariamente, que uma Cruz seja posta sobre o altar, bem à vista, como ponto de referência para todos. Cristo na Cruz é o Oriente cristão.

255 – A celebração voltada para o Oriente favorece o silêncio. Na verdade, o celebrante fica menos tentado a monopolizar a palavra. Diante do Senhor, ele é menos tentado a se tornar um professor que dá uma lição no decorrer da missa, reduzindo o altar a uma tribuna cujo eixo não seria mais a Cruz, mas o microfone. Pelo contrário, voltado para o Oriente e para Cruz, o celebrante se conscientiza de que ele é, como muitas vezes lembra o papa Francisco, um pastor que caminha à frente das ovelhas. O padre lembra que ele é um instrumento nas mãos de Cristo-Sacerdote, e que ele deve ficar em silêncio para deixar que a Palavra se manifeste uma vez que suas palavras humanas são irrelevantes diante do único Verbo Eterno. Estou convencido de que nós, sacerdotes, não empregamos o mesmo tom de voz quando celebramos voltados para o Oriente. Quão tentados estamos para fazer um espetáculo e passarmos por atores, como disse o papa Francisco!

Assim procedendo, toda a assembleia é como que mergulhada, seguindo o sacerdote, no mistério silencioso da Cruz. Tal forma de celebrar deveria ser implementada regularmente nas paróquias.

Essa renovação de perspectiva em relação ao mistério nos permitiria uma abordagem silenciosa e contemplativa da doutrina e da teologia, as quais não são o resultado de um elaborado trabalho de uma comunidade fechada sobre si mesma em um círculo, mas a do acolhimento, no silêncio, da palavra de Deus que nos precede e surpreende. Como recorda o papa, na bula de indicção do Jubileu da Misericórdia, "é preciso reencontrar o valor do silêncio para meditar a palavra que nos é dirigida".

256 – A celebração voltada para o Oriente, ao romper com o face a face [entre celebrante e povo], com o "apenas entre nós" e com o clima de "portas fechadas", nos ajudaria a não transformar a liturgia em autocelebração de uma comunidade. Pelo contrário, ao fazer que nos voltemos para o Senhor, a liturgia nos permite voltar ao mundo com novo impulso e verdadeira força missionária, para levar até ele não a nossa pobre experiência vazia e ruidosa, mas a única Palavra, ouvida no silêncio.

257 – Recuso-me a ocupar o nosso tempo, opondo uma liturgia a outra, ou o rito de são Pio V ao do beato Paulo VI. Mas trata-se de entrar no grande silêncio da liturgia; é preciso saber se deixar enriquecer por todas as formas litúrgicas latinas ou orientais que privilegiam o silêncio. Sem esse espírito contemplativo, a liturgia continuará a ser uma ocasião de enfretamentos ideológicos em vez de ser o lugar da nossa unidade e de comunhão no Senhor. É hora de entrar nesse silêncio litúrgico, voltado para o Senhor, que o Concílio quis restaurar. O que vou dizer agora não está em conflito com a minha submissão e obediência à autoridade suprema da Igreja. Quero profunda e humildemente servir a Deus, à Igreja e ao Santo Padre com devoção, sinceridade e apego filial. Mas eis aqui a minha esperança: se Deus quiser, quando Ele quiser e como quiser, será feita a reforma da reforma na liturgia. Apesar do ranger de dentes, isso vai acontecer, pois disso depende o futuro da Igreja. Corromper a liturgia significa arruinar o nosso relacionamento com Deus e a expressão concreta da nossa fé cristã. A Palavra de Deus e o ensinamento doutrinal da Igreja ainda são ouvidos, mas as almas que desejam voltar para Deus, oferecendo-lhe o verdadeiro sacrifício de louvor e adoração, já não são atraídas pelas liturgias excessivamente horizontais, antropocêntricas e festivas, que, muitas vezes, se assemelham a eventos culturais barulhentos e vulgares. Os meios de comunicação invadiram completamente e transformaram em espetáculo o Santo Sacrifício da missa, memorial da morte de Jesus sobre a Cruz para a salvação de nossas almas. O sentido do mistério desapareceu por conta de modificações e adaptações permanentes, decididas de forma autônoma e individual, feitas para seduzir as nossas mentalidades modernas e profanadoras, marcadas pelo pecado, pelo secularismo, pelo relativismo e pela negação de Deus. Em muitos países ocidentais, vemos os pobres deixando a Igreja católica porque ela foi tomada de assalto por pessoas mal-intencionadas que se passam por intelectuais e que desprezam os pequenos e pobres. Isto é o que o Santo Padre deve denunciar

em alto e bom tom. Pois uma Igreja sem pobres não é mais a Igreja, mas um mero "clube". Hoje, no Ocidente, quantos templos vazios, fechados, destruídos ou transformados em estruturas profanas em detrimento da sua sacralidade e destinação original? No entanto, conheço quão numerosos são os sacerdotes e fiéis que vivem com extraordinário zelo a sua fé e lutam diariamente para preservar e enriquecer as casas de Deus.

Devemos redescobrir urgentemente a beleza, a sacralidade e a origem divina da liturgia, sendo vigorosamente fiéis ao ensinamento do *Catecismo da Igreja Católica*. Em uma conversa com *père* Emonet, o cardeal Charles Journet afirmou tragicamente: "A liturgia e a catequese são as duas partes da mesma tenaz pelas quais o demônio quer se apoderar da Igreja para jogá-la ao chão, aniquilá-la e destruí-la definitivamente. Hoje, ainda, o Grande Dragão está à espreita diante da Mulher, a Igreja, pronto para devorar o seu Filho". Sim! O diabo quer nos opor uns aos outros, no coração mesmo do Sacramento da unidade e da comunhão fraterna. Com a sua cauda, Satanás dá grandes golpes em toda a terra para tentar destruí-la. Mas Jesus nos tranquiliza, dizendo a Pedro: "Simão, Simão, eis que Satanás vos reclamou para vos peneirar como o trigo; mas eu roguei por ti, para que a tua confiança não desfaleça; e tu, por tua vez, confirma os teus irmãos" (Lc 22, 31-32).

O silêncio também é citado extensivamente nas normas litúrgicas desejadas por muitos papas...

258 – A oração é uma conversa, um diálogo com o Deus Trino: em certos momentos falamos a Deus, e em outros silenciamos para ouvi-lo.

259 – Certamente os ritos orientais não prescrevem tempos de silêncio durante a Divina Liturgia. Na verdade, quando o sacerdote não está cantando – isto é, quando ele reza em silêncio, especialmente durante

a anáfora, a oração eucarística, com exceção das palavras da consagração, que são cantadas em voz alta –, pode-se notar que são o diácono, os coros, ou os fiéis que cantam continuamente. No entanto, eles estão intensamente conscientes da dimensão apofática da oração, expressa por todos os tipos de adjetivos e advérbios que qualificam o Soberano Senhor do universo e Salvador de nossas almas. Por exemplo, o "prefácio" do rito bizantino diz: "Vós sois o Deus inefável, incompreensível, invencível e indescritível..." No essencial, a Divina Liturgia é de alguma maneira um mergulho no "Mistério"; ela é celebrada atrás da iconostase, e o sacerdote, que se mantém junto ao altar do Sacrifício, faz diversas orações em silêncio. A iconostase é, para os orientais, o véu do mistério. Entre os latinos, o silêncio é uma espécie de iconostase sonora.

260 – No Ocidente, em todos os seus ritos – romano, romano-lionês, cartuxo, dominicano, ambrosiano –, a oração silenciosa do sacerdote não é repetida pelo canto do coro ou dos fiéis de maneira ininterrupta. Desde sempre, a missa latina compreende tempos de completo silêncio. Até a reforma do beato papa Paulo VI, esse silêncio ocorria especialmente durante o Cânon, que era pronunciado pelo celebrante silenciosamente, *in secreto*, exceto nos casos raros de concelebração sacramental. É verdade que em certos lugares se quis preencher os minutos desse silêncio, que, na realidade, era apenas aparente, com o som do órgão, ou os cantos polifônicos, mas essa prática não correspondia ao espírito dos ritos.

261 – O Concílio Vaticano II previu a manutenção de um tempo de silêncio durante o sacrifício eucarístico. Assim, a constituição *Sacrosanctum Concilium* (III, 30) decidiu que "para fomentar a participação ativa promovam-se as aclamações dos fiéis, as respostas, a salmodia, as antífonas, os cânticos, bem como as ações, os gestos e atitudes corporais. Não se deve deixar de observar, a seu tempo, um silêncio sagrado". A

Instrução Geral do Missal Romano do beato papa Paulo VI, reeditada, em 2002, por João Paulo II, definiu os muitos lugares da missa onde é preciso observar tal silêncio.

Em primeiro lugar, encontramos um convite geral ao "silêncio sagrado que é parte da celebração. A natureza desse silêncio depende do momento em que ele é observado no decurso da celebração. Assim, no ato penitencial e a seguir ao convite à oração, o silêncio destina-se ao recolhimento interior; a seguir às leituras ou à homilia, é para uma breve meditação sobre o que se ouviu; depois da Comunhão, favorece a oração interior de louvor e ação de graças. Antes da própria celebração é louvável observar o silêncio na igreja, na sacristia e nos lugares que lhes ficam mais próximos, para que todos se preparem para celebrar devota e dignamente os ritos sagrados" (II, 45). É triste, quase sacrílego, ouvir certas vezes padres e bispos falarem sem parar na sacristia, e mesmo durante a procissão de entrada, em vez de se recolherem e de contemplar silenciosamente o mistério da morte de Cristo na Cruz, que estão prestes a celebrar e que lhes deveria inspirar estupor e tremor.

262 – No Missal de Paulo VI (1969), o silêncio é inicialmente prescrito para a preparação penitencial: "Depois de uma breve pausa em silêncio, toda a comunidade se confessa". A seguir, antes da Coleta, "o sacerdote convida o povo a orar; e todos, juntamente com o mesmo sacerdote, se recolhem uns momentos em silêncio, para tomarem consciência de que estão na presença de Deus e formularem interiormente as suas intenções". Da mesma forma, a Liturgia da Palavra "deve ser celebrada de modo a favorecer a meditação. Deve, por isso, evitar-se completamente qualquer forma de pressa que impeça o recolhimento. Haja nela também breves momentos de silêncio, adaptados à assembleia reunida, nos quais, com a ajuda do Espírito Santo, a palavra de Deus possa ser interiorizada e se prepare a resposta pela oração. Pode ser oportuno

observar esses momentos de silêncio, por exemplo, no início da própria liturgia da palavra, depois da primeira e da segunda leitura e, por fim, após a homilia". Essas indicações aplicam-se também à homilia, que deve ser acolhida e assimilada em um clima de oração. Por fim, tais conselhos tornam-se uma verdadeira prescrição dirigida aos fiéis quando da Oração Eucarística, na qual o "povo se associa ao sacerdote na fé e no silêncio".

Reencontramos a oportunidade de permanecer em silêncio após a santa comunhão, ou ao nos preparar para ouvir a oração da "pós-comunhão". Na missa celebrada sem o povo, aconselha-se ao celebrante um momento de silêncio: "Quando a purificação do cálice tiver terminado, é conveniente que o sacerdote observe um tempo de silêncio".

263 – O silêncio não é, portanto, ausente na forma ordinária do rito romano, ao menos se seguimos suas prescrições, e se os sacerdotes se inspiram em suas recomendações. Infelizmente, muitas vezes nos esquecemos de que o Concílio inclui também na *actuosa participatio* o silêncio, o que favorece a participação verdadeiramente profunda e pessoal, e nos permite ouvir interiormente a palavra do Senhor. Mas desse silêncio não resta mais vestígio algum em certos ritos. Com exceção da homilia, é preciso banir todo discurso ou apresentação de pessoas durante a celebração da santa missa.

264 – Em nossos dias, tenho a impressão de que a religião católica passou da adoração a Deus ao mero exibicionismo do padre, dos ministros e fiéis. A piedade foi abolida, inclusive a própria palavra piedade, que foi liquidada por liturgistas que a qualificam de carolice, embora eles próprios tenham imposto ao povo o seu experimentalismo litúrgico, desprezando as diversas formas espontâneas de devoção e de adoração. Eles conseguiram impor os aplausos, inclusive durante os sepultamentos, em vez do luto, o qual normalmente se expressa pelas lágrimas: Cristo

não chorou quando Lázaro morreu? Quando aplausos irromperam na liturgia, é um claro sinal de que a Igreja perdeu a essência do sagrado.

Qual seria o seu maior desejo no que diz respeito ao lugar do silêncio na liturgia?

265 – Conclamo a uma verdadeira conversão! Esforcemo-nos, de todo o coração, para nos tornar, em cada uma de nossas celebrações eucarísticas, uma "Hóstia pura, Hóstia santa, Hóstia imaculada"! Não tenhamos medo do silêncio litúrgico. Como gostaria que pastores e fiéis entrassem com alegria nesse silêncio cheio de reverência sagrada e amor ao Deus inefável. Como gostaria que as igrejas fossem casas onde reina o silêncio que anuncia e revela a presença adorada de Deus. Como gostaria que os cristãos, na liturgia, pudessem experimentar a força do silêncio!

Devemos nos esforçar para compreender as motivações teológicas da disciplina litúrgica relativas ao silêncio. Dois autores me parecem particularmente qualificados para nos ajudar nesse assunto, convencendo-nos de que, sem o silêncio, a liturgia perde uma parte essencial e necessária.

Menciono, em primeiro lugar, mons. Guido Marini, mestre de cerimônias pontifícias. Em *La Liturgie: gloire de Dieu, sanctification de l'homme* [Liturgia, a glória de Deus, a santificação do homem], ele fala do silêncio nos seguintes termos: "Uma liturgia, bem celebrada em suas diversas partes, realiza uma feliz alternância de silêncio e palavra, na qual o silêncio anima a discurso e permite que a voz ressoe com extraordinária profundidade, guardando cada expressão oral num adequado clima de recolhimento. [...] O silêncio exigido não deve [...] ser considerado como uma pausa entre um momento da celebração e o próximo. Deve, antes, ser considerado como um verdadeiro momento complementar da palavra, da oração vocal, do canto, dos gestos dentro ritual".

O cardeal Joseph Ratzinger já anotava em *O espírito da liturgia:* "O grande mistério que supera toda a palavra nos convida ao silêncio. E o silêncio, é claro, pertence também à liturgia. Precisamos que o silêncio seja pleno, que não seja simplesmente a ausência de palavras e ação. O que esperamos da liturgia é que ela nos ofereça esse silêncio substancial, positivo, em que possamos encontrar a nós mesmos. Um silêncio que não é mera pausa dos milhares de pensamentos e desejos que nos assaltam, mas uma meditação que nos traz paz interior e nos permite respirar e descobrir o essencial". É, portanto, um silêncio em que nós simplesmente olhamos para Deus, em que deixamos que Ele nos olhe e nos envolva no mistério de sua majestade e de seu amor.

266 – Perdemos o sentido mais profundo do ofertório. No entanto, é nesse momento, como sugere o próprio termo, que todo o povo cristão se oferece, em Cristo, e não apenas junto a Cristo, no sacrifício que se realizará na consagração. O Concílio Vaticano II sublinhou admiravelmente esse aspecto ao insistir que o sacerdócio batismal dos leigos consiste essencialmente em nos oferecer, com Cristo, em sacrifício ao Pai. Esse ensinamento do Concílio era magnificamente expresso pelas antigas orações do ofertório. Já disse que seria bom que pudéssemos livremente voltar a usá-las para entrar silenciosamente na oferta de Cristo. No século VII, o pseudo-Germano relata que a procissão do ofertório abria-se com esta advertência: "Que todos observem um silêncio espiritual e vigilante às portas de suas almas. Que ao traçarem o sinal da Cruz sobre os seus rostos, guardem-se do tumulto das palavras e dos vícios. [...] Guardem seus lábios de todas as palavras vulgares a fim de que os seus corações estejam voltados apenas para Cristo".

Se o ofertório é visto apenas como uma preparação dos dons, como um gesto prático e prosaico, então será grande a tentação de adicionar e de inventar ritos para preencher o que parece vazio. Tenho de lamentar as procissões das ofertas, longas e barulhentas, acompanhadas por danças intermináveis que são feitas em certos países africanos. Os fiéis trazem todos os tipos de produto e de objeto que não têm nada a ver com o sacrifício eucarístico. Essas procissões dão a impressão de exibições folclóricas, que desnaturam o sacrifício cruento de Cristo na Cruz e nos afastam do mistério eucarístico, que deve ser celebrado com sobriedade e recolhimento, pois estamos imersos, também nós, em sua morte e oferta ao Pai. Os bispos do meu continente deveriam tomar medidas para que a celebração da missa não se tornasse uma autocelebração cultural. A morte de Deus por amor está além de toda a cultura. Ela submerge toda a cultura.

Por isso, convém insistir no o silêncio dos leigos durante a oração eucarística, como diz mons. Guido Marini: "Esse silêncio não é sinônimo de passividade ou falta de participação. Ele tem por finalidade fazer com que os fiéis entrem [...] no ato de amor pelo qual Jesus se oferece ao Pai sobre a Cruz para a salvação do mundo. Esse silêncio, verdadeiramente sagrado, é o momento litúrgico em que temos de dizer sim, com toda a força do nosso ser, à ação de Cristo, para que se torne também o nosso agir na vida cotidiana".

O cardeal Ratzinger, por sua vez, nos diz que as "orações silenciosas do sacerdote o preparam precisamente para se compenetrar de modo pessoal da sua tarefa e para se doar ao Senhor na totalidade de seu 'eu'". Para todos, o "silêncio após a recepção da Eucaristia é [...] o momento privilegiado do diálogo interior com o Senhor que vem se dar a nós, momento de comunhão íntima com Ele, que nos faz entrar nessa reciprocidade de amor sem a qual a recepção exterior do sacramento seria apenas um gesto puramente ritual, e, portanto, estéril". Após os fiéis comungarem, o coro devia parar de cantar para que cada um possa ter o tempo de um diálogo íntimo com o Senhor que acaba de entrar no templo de nossos corpos.

Como é maravilhoso acolher no fundo de nosso coração o Senhor do Universo: "Não sabeis que sois o templo de Deus, e que o Espírito de Deus habita em vós? Se alguém destruir o templo de Deus, Deus o destruirá. Porque o templo de Deus é sagrado – e isto sois vós". (1Cor 3,16-17). De fato, Deus espera realmente a santidade de nossas vidas, a virtude do silêncio, a humildade e a simplicidade.

Nesta altura de nossa reflexão, podemos falar do silêncio como um valor ascético cristão?

267 – Em sentido negativo, o silêncio é a ausência de ruído. Ele pode ser exterior ou interior. O silêncio exterior diz respeito ao silêncio das palavras e das ações, ou seja, a ausência de ruídos de portas, de veículos, de britadeiras, de aviões, do funcionamento ruidoso de câmeras fotográficas, muitas das quais com *flashes*, e também essa terrível floresta de celulares, que se erguem, com o comprimento dos braços, durante nossas liturgias eucarísticas... O silêncio virtuoso, ou místico, deve, evidentemente, se distinguir do silêncio de desaprovação, de recusa em dirigir a palavra, o silêncio da omissão por covardia, egoísmo ou dureza de coração.

268 – O silêncio exterior é uma ascese de domínio no uso da palavra. Antes de tudo, pode ser bom lembrar o que é a ascese, pois essa palavra que está longe de ser erguida ao topo da nossa sociedade de consumo, sendo preciso admitir que ela assusta aos nossos contemporâneos, e muitíssimas vezes, aos próprios cristãos que estão sob influência do espírito mundano.

A ascese é um caminho que nos ajuda a remover de nossas vidas tudo o que pesa, isto é, o que entrava a nossa vida espiritual, e se constitui um obstáculo à oração. Sim, é exatamente na oração que Deus nos comunica sua vida e manifesta sua presença em nossa alma irrigando-a de torrentes de amor trinitário. A oração é essencialmente silêncio. A tagarelice, essa tendência a exteriorizar e expressar todos os tesouros da alma, é extremamente prejudicial à vida espiritual. Levado para fora por sua necessidade de contar tudo, o falador mantém-se longe de Deus, superficial e incapaz de qualquer atividade profunda.

Os livros sapienciais do Antigo Testamento transbordam de censuras destinadas contra os pecados da língua, especialmente a difamação e a calúnia (Pr 10, 8.11.13). Os livros proféticos, por sua vez, evocam o silêncio como expressão do temor reverencial para com Deus; tudo isso era uma preparação para a teofania de Deus, isto é, a revelação da Sua presença em nosso mundo (Lm 3, 26; Hab 2, 20; Is 41,1; Zc 2,17). O Novo Testamento não fica atrás. De fato, encontramos a carta de Tiago, que, obviamente, continua a ser um texto clássico sobre o domínio da língua. No entanto, sabemos que o próprio Jesus nos advertiu contra as más palavras, que são a expressão de um coração depravado (Mt 15,19), e mesmo contra palavras ociosas, das quais seremos chamados a prestar contas (Mt 12,19).

Na realidade, o verdadeiro silêncio de qualidade pertence aos que querem ceder o seu lugar aos outros, e especialmente o Totalmente Outro, que é Deus. No entanto, o ruído exterior caracteriza o indivíduo que quer ocupar uma posição importante, que quer se pavonear e exibir, ou simplesmente preencher seu vazio interior, como vemos acontecer em muitos lugares públicos onde reinam o ruído e o orgulho ensurdecedores.

269 – O silêncio interior, entretanto, pode ser constituído pela ausência de memórias, projetos, palavras interiores, preocupações... Mais importante ainda, graças a um ato de vontade, ele pode resultar da ausência de afetos desordenados ou de desejos excessivos. Os Santos Padres da Igreja concedem um lugar eminente ao silêncio na vida ascética. Penso em santo Ambrósio, santo Agostinho, são Gregório Magno, sem esquecer

o que a *Regra* de são Bento de Núrsia fala sobre a "taciturnidade" ou de suas exigências acerca do silêncio noturno, doutrina típica de Cassiano. A partir desses mestres, todos os fundadores de ordens medievais, seguidos pelos místicos da Reforma Católica, insistem na importância do silêncio, mesmo para além da sua dimensão ascética e mística.

Portanto, o silêncio é uma condição essencial da oração contemplativa?

270 – No Evangelho, lê-se que o próprio Salvador orava em silêncio, especialmente à noite, ou retirando-se para lugares desertos. O silêncio é típico da meditação da Palavra de Deus; nós o encontramos sobretudo na atitude de Maria diante do mistério de seu Filho. A pessoa mais silenciosa do Evangelho é são José, de quem o Novo Testamento não nos reporta nenhuma palavra. São Basílio considera o silêncio não só como uma necessidade ascética da vida monástica, mas como condição de qualquer encontro com Deus. O silêncio precede e prepara esse momento privilegiado no qual temos acesso a Deus, o qual, então, pode nos falar face a face como nós faríamos com um amigo.

271 – Acedemos ao conhecimento de Deus por via de causalidade, de analogia, de eminência, mas também de negação: uma vez afirmados os atributos divinos, que são conhecidos pela razão natural – essa é a via catafática –, devemos negar o modo limitado de expressão pelo qual O conhecemos neste mundo – e essa é a via apofática. O silêncio é parte da via apofática de acesso a Deus, tão cara aos Santos Padres da Igreja, especialmente os gregos, que nos lembram a necessidade do silêncio dos raciocínios diante do mistério de Deus. Penso aqui em Clemente de Alexandria, Gregório Nazianzeno e Gregório de Nissa.

No entanto, não é menos verdade que o silêncio é sobretudo a atitude positiva de quem se prepara para acolher a Deus pela escuta.

Sim, Deus age no silêncio. Daí a razão desta observação tão importante do grande são João da Cruz: "O Pai não diz mais que uma palavra, a saber, seu Filho, e a diz no silêncio eterno. Ele a diz sempre, a alma também precisa ouvi-la em silêncio". O livro da Sabedoria já observava, a propósito da maneira como Deus interveio para libertar o povo eleito do cativeiro no Egito, que a ação inesquecível ocorreu durante a noite: "Quando tudo repousava num profundo silêncio, e a noite estava no meio do seu curso, a tua palavra onipotente, baixando do céu, do trono real, desceu à terra" (Sb 18,14). Mais tarde, esse versículo será utilizado, pela tradição litúrgica cristã, como prefiguração da Encarnação silenciosa do Verbo eterno na manjedoura de Belém.

Devemos, então, fazer silêncio: trata-se de uma atividade, não ociosidade. Se o nosso "celular interior" está sempre ocupado, porque estamos "conversando" com outras criaturas, como o Criador pode ter acesso a nós, como pode "nos chamar"? Devemos purificar a nossa mente de seu afã de curiosidades e a vontade de seus projetos, para abrir-nos totalmente às graças da luz e da força que Deus quer dar-nos em abundância: "Pai, não se faça a minha vontade, mas a tua". "A indiferença" inaciana é também uma forma de silêncio.

4
O silêncio de Deus diante do desencadeamento do mal

"Para o homem de hoje, em comparação ao da época de Lutero e à perspectiva clássica da fé cristã, as coisas estão, em certo sentido, revertidas; ou seja, o homem já não acredita que deva se justificar aos olhos de Deus, mas, ao contrário, considera que Deus é quem deve se justificar por causa de todos os horrores do mundo e por causa da miséria do ser humano, por todas as coisas que, em última análise, dependem dEle."

Bento XVI, entrevista inédita com o jesuíta Jacques Servais: "Por meio da fé. Doutrina da justificação e experiência de Deus na pregação da Igreja e nos Exercícios espirituais"

NICOLAS DIAT: Qual é a relação entre o silêncio e o mal? Por que Deus é capaz de se manter silencioso diante de acontecimentos dolorosos?

CARDEAL ROBERT SARAH:

272 – O mal suscita uma grande pergunta, um enigma que é impossível resolver. Em todos os períodos da história humana, ninguém conseguiu

dar uma resposta satisfatória ao problema do mal. Em seu livro *Crer. Convite à fé católica aos homens e mulheres do século XXI*, o teólogo Bernard Sesboué escreve: "Quando nos interrogamos sobre o mal, não sabemos exatamente sobre o que estamos perguntando. Pois procuramos compreender o que é incompreensível. O mal é o irracional por excelência, aquilo que é irrecuperável, o que não podemos realmente explicar pela razão... A reflexão sobre o mal é necessariamente modesta e nos deixa sempre com a mesma sede". De fato, que dizer diante do sofrimento e da morte de uma criança brutalmente arrancada ao afeto de seus pais? Por que tantas vidas mutiladas nos *gulags* e campos de extermínio dos sistemas totalitários? Por que as crianças nascem com deficiências terríveis? Por que tantas doenças horríveis e tantos sofrimentos injustos? Não há resposta para essas perguntas; nunca poderemos dizer: o véu está levantado, o sofrimento está explicado.

273 – Não podemos perscrutar toda a imensidão do céu e as dezenas de milhões de galáxias, mas conseguimos sondar as profundezas inauditas do sofrimento.

Nossa inteligência consegue resolver problemas extraordinários. As proezas tecnológicas do nosso século parecem nunca terminar e nossos olhos acham que já viram tudo. Secamos as fontes dos rios e pusemos "a descoberto o que estava oculto" (cf. Jó 28,11). Nunca seremos capazes de sondar e compreender o mistério do mal. A Sabedoria pertence a Deus apenas. A única segurança deste mundo reside no silêncio interior, na piedade filial, confiante e abandonada. Muitas vezes, somos confrontados com o que poderia ser chamado de "mal inocente", isto é, a realidade do mal inerente à natureza das coisas, independentemente de qualquer responsabilidade humana.

274 – A terra que nos abriga e alimenta é uma força gigantesca sempre em movimento. Ela frequentemente demonstra uma brutalidade

cruel e impiedosa. Penso nas erupções vulcânicas que destruíram cidades inteiras. Pompéia foi completamente soterrada sob uma espessa camada de cinzas por ocasião de uma poderosa erupção do Vesúvio, no ano 79. Como esquecer os terremotos cujos tremores são ainda mais mortais e destrutivos? Lembremo-nos do terremoto em Áquila, nos Abruzos, em 6 de abril de 2009; no Haiti, em 12 de janeiro de 2010; no Nepal, em 2015; os terríveis tsunamis na Indonésia e no Sri Lanka, em 26 de dezembro de 2004; no Japão, em 11 de março de 2011, acidentes que destruíram edifícios e ceifaram muitas centenas de milhares de vidas. Também não poderia deixar de mencionar os furacões Hayan e Yolanda que devastaram as Filipinas em novembro de 2013.

Os seres humanos são vítimas inocentes e impotentes dessas forças naturais cegas. A revolta se acentua quando esses sofrimentos e mortes não são atribuíveis a ninguém; segundo a nossa lógica humana, eles põem a Deus em questão. Por que ele permite tais danos e tantos sofrimentos?

275 – O mal e o sofrimento inesperadamente nos atingem. Sofremos também os horrores do ódio e da violência bárbara desejada, programada e executada pela maldade humana sob a evidente instigação de Satanás. Perante o sofrimento e os achaques do mal provocado pela natureza ou pelo ser humano, somente Deus pode nos ajudar a ficar de pé.

276 – Os cristãos sabem que Deus não quer o mal. E se existe o mal, Deus é a primeira vítima. O mal existe porque seu amor não é recebido; Seu amor é mal compreendido, recusado e combatido. Em sua harmonia e beleza, o mundo não pode constituir-se senão como um diálogo em que Deus partilha tudo conosco e nós partilhamos com Ele. Se o mal atinge o próprio Deus, há uma ferida divina que precisamos curar, uma ferida que continua a solicitar a nossa generosidade. Assim, todo o cristianismo, toda a revelação, desde o Gênesis, é o grito

de inocência de Deus. O mal, porém, é monstruoso a ponto de parecer que Deus, em nós, é a primeira vítima.

277 – É difícil entender o mal a menos que lhe sejam dadas dimensões propriamente divinas. Em seu livro *Un autre regard sur l'homme* [Um outro olhar a respeito do homem], Maurice Zundel escreve: "Eis o que significa a Cruz: o mal pode ter proporções divinas, o mal é finalmente o mal de Deus. No mal, é Deus que padece o mal, e por isso o mal é tão terrível. Mas se é Deus que padece o mal no mal, há, portanto, no coração do mal, esse amor que nunca deixará de nos acompanhar, proteger o nosso destino e sofrer conosco. É preciso dizer ainda mais: antes de nós, em nós e por nós, Deus será atingido por todo o mal, como o foi no Gólgota".

Certamente não é fácil imaginar a maneira segundo a qual Deus pode ser tocado pelo nosso mal. O próprio Jó perguntou: "Se pequei, que mal te fiz, ó guarda dos homens? Por que me tomas por alvo e tornei-me pesado a ti? (Jó 7, 20). Como Deus pode ser atingido pelo mal? Imagine uma mãe com seu filho doente. Ela pode sofrer por amor e identificação com seu filho. Por conta da identificação de amor com a pessoa amada, uma mãe cheia de saúde pode viver a agonia de seu filho mais dolorosamente que a própria criança. Seu amor é capaz disso. Como podemos acreditar que o amor de Deus seja menos maternal que o de uma mãe, uma vez que o amor de todas as mães, incluindo o da Santíssima Virgem Maria, é apenas uma gota neste oceano da ternura maternal de Deus? Por isso nenhum ser é atingido sem que Deus também o seja, nele, antes dele e para ele.

"Pode uma mulher esquecer-se daquele que amamenta e não ter ternura pelo fruto de suas entranhas? Mesmo que ela o esquecesse, eu não te esqueceria nunca. Eis que estás gravado na palma de minhas mãos, tenho sempre sob os olhos tuas muralhas. Acorrem já aqueles que vão reconstruir-te, e fogem os teus destruidores e devastadores" (Is 49,15-17).

278 – Assim como o salmista, quem tem fé se volta para Deus e declara: "Os meus olhos te contemplam, ó Deus, o Senhor; em ti confio; não abandones a minha alma. Guarda-me dos laços que me armaram e dos laços corrediços dos que praticam a iniquidade" (Sl 140, 5.8-9).

Também procuro manter-me assim, porque Jesus Cristo, o Filho de Deus, que é "esplendor da sua glória e imagem do seu ser, sustentando o universo com o poder da sua palavra"(Hb 1, 3), me precedeu em sofrimento o mais atroz. Jesus está ligado aos homens, por ser um deles, e assume sua condição, suas provações, seus sofrimentos. Ele também está unido a Deus, porque é seu Filho. Jesus está em uma posição única que o faz chefe da nova família humana, "o primogênito entre muitos irmãos" (Rm 8, 29). Ele compartilha nossas provações e carrega todo o nosso sofrimento. Desde a morte de Jesus na Cruz, quem nele tem fé não pode mais, diante do mal, pôr-se em outra posição que ao lado de Jesus, apoiando-se firmemente nele, e que ao lado de Maria, a Virgem aos pés da Cruz, para completar em si "o que falta às tribulações de Cristo, por seu corpo que é a Igreja". (cf. Col 1, 24).

279 – Os horrores que os seres humanos praticam e as obras do diabo são um mistério que a humanidade nunca poderá entender completamente. O mal, físico ou moral, é sempre injusto e ignóbil. Ele degrada, destrói e empana a imagem de Deus impressa em nós.

280 – Diante do mal, nos revoltamos. Procuramos fazê-lo desaparecer por todos os meios. Diante do mal, só há uma atitude: luta e resistência. Eis a recomendação de Pedro: "Sede sóbrios e vigiai. Vosso adversário, o demônio, anda ao redor de vós como o leão que ruge, buscando a quem devorar. Resisti-lhe fortes na fé".(1 Pd 5, 8-9).

281 – A oração deve ser uma forma de resistência para afastar as dificuldades. Ela nos permite revestir a armadura de Deus e nos voltarmos humildemente para Ele a fim de que intervenha em nosso favor.

282 – Como Cristo enfrentou o mal? Como Maria respondeu ao mal? Como a Mãe de Deus reagiu ao ver o rosto desfigurado de seu Filho sobre a Cruz?

A Virgem não tinha mais forças para suportar semelhante encadeamento de ódio e de violência. Estava esgotada, oprimida, alquebrada. No entanto, Maria possui uma grande força interior e permanece de pé e em silêncio, refugiando-se na oração, na oferta de si e na aceitação serena e misteriosa da vontade de Deus, em comunhão com seu Filho. A Mãe de Deus ama o Deus que não faz ruído e consome a violência humana no fogo de seu amor misericordioso. Nesse momento, ela ouve seu Filho suplicar: "Pai, perdoa-lhes, porque não sabem o que fazem" (Lc 23, 34). A união de seu silêncio às orações do céu permite-lhe permanecer firme ao pé da Cruz. Maria não se revolta e não grita, mas assume o sofrimento graças à sua oração. O próprio Jesus não se preparara para viver a Paixão com uma noite de oração no Jardim do Getsêmani e com muitas outras noites, sozinho nas montanhas ou retirado em um lugar deserto?

283 – Apenas Cristo pode nos dar força para arrostar e assumir o mal. Ele se oferece como o único poder capaz de ajudar a vencer o sofrimento. "Sem mim nada podeis fazer" (Jo 15, 5). Pela força de sua Cruz, ele tem o poder de nos salvar. O mais belo brado possível é um ímpeto de amor em direção a Deus. Muitas vezes, o sofrimento é a expressão de um imenso amor. Ele é redentor. O sofrimento e a dor indicam que estamos vivos, e também ajudam o médico a ter mais precisão em seu diagnóstico. Devemos aceitar o sofrimento e recebê-lo em silêncio. Não há injustiça no mundo que não obtenha uma resposta orante em Deus.

Reconheço a dificuldade de nos mantermos equânimes diante do sofrimento e assumi-lo. Sei que é difícil aceitar o sofrimento. Voltamo-nos para Deus, gritando: "Por que este cálice? Por que tantos horrores e violências bárbaras?".

284 – Deus não quer o mal. Deus não quer a guerra. Deus não quer a morte nem o sofrimento. Deus não quer a injustiça. No entanto, permite todos esses males. Por que um tal mistério?

O Pai pretende que assumamos inteiramente a nossa vida. E o mal faz parte da condição humana. Ele quis que seu próprio filho experimentasse o mal mais abjeto para a redenção e a salvação do mundo.

Haveria uma alternativa: a revolta ou o silêncio da oração?

285 – Deus sempre vela por nós. O ser humano pode conhecer as noites mais escuras, padecer as piores atrocidades, enfrentar as situações mais trágicas, Deus está com ele. Com frequência, esquecemos que Deus está presente. Quem não tem fé, imagina que Deus não existe. Quem tem uma fé que ficou morna por causa do tempo e da atmosfera secularizada, desespera-se pensando que Deus o abandonou. Mas o Pai continua próximo apesar de ser renegado de todas as maneiras possíveis.

286 – Perante o mal, o ser humano se organiza e reúne os meios necessários à sua defesa. Sua ação é justa, mas às vezes provoca os piores males. Nossa verdadeira grandeza reside na humildade da fé; quanto mais pura for nossa fé, mais profunda ela é, e mais nos aproximamos de Deus, que é infinitamente grande. Quem está perto de Deus torna-se poderoso e pode derrotar o mal que corrói o mundo e mesmo integrá-lo em sua oração de intercessão.

287 – O silêncio e a oração não são uma fuga, mas as armas mais fortes contra o mal. O ser humano quer "fazer", mas, acima de tudo, deve "ser". Na oração silenciosa, somos plenamente humanos. Assemelhamo-nos a Davi diante de Golias. Porque a oração é o ato mais nobre, mais sublime e mais robusto: é o que nos eleva à altura de Deus.

288 – A oração é ascender até Deus, assim como o perfume de incenso que sobe até o Trono de Deus para nEle desaparecer. Deus se dá àqueles que se dão a Ele. Sei que nas profundezas silenciosas do meu coração, posso sempre me aproximar intimamente de Deus, sejam quais forem as circunstâncias e o sofrimento que o mal me impõe.

São João Maria Vianney, homem de silêncio, grande pastor das almas, inteiramente dedicado ao anúncio da Palavra de Deus e ao ministério da Reconciliação, cujo rosto foi transfigurado pela Eucaristia, nos dá a definição mais sublime de oração: "Vede, meus filhos, o tesouro de um cristão não está sobre a terra, ele está no céu. Ora bem! Nosso pensamento deve ir aonde está o nosso tesouro. O ser humano tem uma bela tarefa, a de rezar e amar. Vós orais, vós amais: eis a nossa felicidade sobre a terra!

A oração não é senão a união com Deus. Quando se tem um coração puro e unido a Deus, sente-se um bálsamo, uma doçura que inebria, uma luz que fascina. Nesta íntima união, Deus e a alma são como dois pedaços de cera que foram derretidos juntos; já não podemos mais separá-los. É uma coisa muito bela essa união de Deus com a sua pequena criatura. É uma felicidade que não podemos compreender.

Não merecemos orar, mas Deus, em sua bondade, permitiu-nos falar com ele. Nossa oração é o incenso que ele recebe com extremo agrado.

Meus filhos, tendes um coração pequenino, mas a oração é capaz de o aumentar e o fazer capaz de amar a Deus. [...] A oração é uma antecipação do céu, algo que escoa do paraíso. Ela nunca passa sem deixar sem doçura. É um mel que desce na alma e a tudo suaviza. Diante de uma oração bem feita, as dores derretem como a neve sob o sol forte".

289 – O silêncio não é uma forma de passividade. Permanecendo em silêncio, podemos evitar um mal maior. Não é fuga do mundo confiar-se ao céu.

O silêncio de Deus diante do desencadeamento do mal

Sim, mas como manter silêncio diante da injustiça? Como não gritar sua incompreensão e sua revolta?

290 – Por querer controlar a tudo e a tudo colocar sob o signo da revolta, o ser humano corre o risco de não entregar nada a Deus. Ele se encontra só diante de seus limites e sua impotência. Ora, sem Deus estamos perdidos. Sem a fé vivida em um silêncio confiante, daríamos as costas a nosso Deus e Redentor.

291– Sem Deus, é fácil de ver o fracasso abjeto dos debates humanos e as soluções políticas para enfrentar o mal...

Qual é a pedagogia de Deus? Na parábola do trigo e do joio, Cristo aconselha que deixemos crescer juntos o trigo e o joio até a época da colheita. Então chegará o tempo em que o mal será destruído pelo bem. A paciência perseverante, sustentada pela Providência, é a grande aliada em nossas batalhas cotidianas. A luta contra o mal joga com o tempo e é importante ser perseverante e não perder a esperança. Deus trabalha nos corações e o mal nunca tem a última palavra. Na noite mais escura, Deus trabalha em silêncio. Precisamos entrar no tempo de Deus e nesse grande silêncio que é um silêncio de amor, confiança e abandono ativo. Nunca esqueçamos de que a oração silenciosa é o ato mais forte e mais seguro na luta contra o mal.

292 – Devemos envolver a Deus na luta contra a injustiça. Gosto sempre de dizer que as nossas verdadeiras armas são o amor e a oração. O silêncio da oração é nosso único equipamento de combate. O silêncio da invocação, o silêncio da adoração, o silêncio da espera, eis as armas mais eficazes. Só o amor é capaz de extinguir as chamas da injustiça, porque Deus é amor. Amar a Deus é tudo. Todo o resto não terá o menor valor senão na medida em que for transformado e elevado pelo amor de Cristo. A escolha é simples: Deus ou nada...

293 – O homem moderno quer se tornar o dono do tempo, o único responsável por sua existência, por seu futuro e por seu bem-estar. Ele quer programar sua vida e dominar seu destino, e se organiza como se Deus não existisse, pois pensa que não precisa dele. Entretanto, Deus convida-nos à confiança, à paciência e a uma lenta caminhada em direção à eliminação do mal, o que exigirá uma longa e árida batalha. Esse combate supõe quatro pilares plantados em Deus na Fé: o silêncio, a oração, a penitência e o jejum.

A revolta é uma armadilha em vista da qual devemos sempre preferir o silêncio? Sua experiência sob o regime marxista, violento e autoritário, na Guiné, certamente nutriu sua reflexão. Diante do ditador Sékou Touré, que caminho o senhor escolheu?

294 – Um homem de Deus não aspira a cargos políticos, não aspira a qualquer transformação política nem incita ninguém a derrubar governos. Sua missão é essencialmente moral e espiritual, voltada para a renovação interior do ser humano, para o amor a Deus e ao próximo. No entanto, diante de certas orientações ideológicas, não podemos deixar que o mal aumente ainda mais. Na Guiné, achei que era necessário citar expressamente os horrores e escândalos cometidos pela ditadura, mas não quis incitar ninguém à rebelião. Minha vontade era denunciar as injustiças do regime sangrento de Sékou Touré, e apontar com o dedo os sofrimentos do povo, em particular o desastre econômico e social. O país conquistara a sua independência, mas a população foi privada de liberdade, acuada e agrilhoada pelo medo e pela ignorância. Conclamava, governantes e governados, às mudanças para o bem de todos. Porque o meu país possui todas as riquezas humanas e naturais para tornar felizes os seus filhos e ajudá-los a viver com dignidade. Sabia que a minha palavra seria ainda mais forte se tomasse como fundamento a

rocha de uma intensa vida de penitência, oração e silêncio, enraizada e vivida em Deus.

Muitas vezes, os ditadores estão sinceramente convencidos de que fazem o bem. Alexander Solzhenitsyn explicou perfeitamente que os líderes soviéticos estavam convencidos de conduzir o país rumo ao paraíso terrestre. Sékou Touré, por conta da má formação de sua consciência e de uma orientação incorreta de sua inteligência, pensava que estava levando progresso e prosperidade para a Guiné.

295 – Graças à ajuda da oração silenciosa, o homem se torna capaz de descrever as realidades em suas verdades cruas. E temos de afirmar os princípios do Evangelho depois de encontrar com Deus no silêncio. Um homem de Deus terá legitimidade para falar em nome de Deus apenas depois de tê-lo encontrado no silêncio do deserto interior e conversado com Ele face a face, "como alguém que fala a seu amigo" (cf. Ex 33,11). Se alguém realmente encontrou com Deus, ser-lhe-á impossível comprometer o Evangelho e os preceitos da Revelação divina com as posições políticas e ideológicas de um mundo que se rebela contra as leis de Deus e da natureza.

296 – Longe do barulho e das distrações fáceis, na solidão e no silêncio, zelosos apenas por transmitir a vontade divina, é-nos dado ver como Deus e nomear a realidade como Ele a percebe e a enuncia.

297 – Não há nenhuma verdadeira ação nem decisão importante sem o silêncio da oração que as precede

298 – Hoje, o perigo reside no ativismo desenfreado do mundo moderno, sempre nos chamando para o combate e as campanhas de guerra para derrubar e destruir nossos adversários. Na verdade, esse ativismo

apenas favorece que se adicione o mal ao mal, embora seja preciso deixar crescer juntos o joio e o trigo. O silêncio nos dará a paciência de esperar o dia em que as plantas más cairão por si mesmas. Graças ao silêncio, saberemos acompanhar o tempo e, com perseverança, esperar a hora de Deus para firmarmos com ele uma aliança e trabalhar sob seu cajado.

299 – Porque há tempo de lutar e tempo de guardar silêncio. Se tivermos verdadeiramente a pedagogia do silêncio que vem de Deus, teremos um pouco da paciência do céu.

300 – O diabo convida a humanidade para a rebelião e a desordem. Com suas arengas e manobras, ele semeia discórdia e incita à destilação do ódio de uns contra os outros. O "sedutor" sempre faz todo o tipo de barulho para nos impedir de descansar em Deus. Na fortaleza do silêncio, o demônio não conseguirá nos atingir. Que tomemos cuidado para não multiplicar nossas faltas satisfazendo nossas pequenas paixões egóticas e revolucionárias.

301 – Diante da injustiça de sua prisão, Cristo permaneceu silencioso. Houve quem pegasse a espada para defender o Filho de Deus. Mas Jesus disse a Pedro: "Guarda a tua espada na bainha! Não hei de beber eu o cálice que o Pai me deu?" (Jo 18,11; Mt 26, 52).

302 – A Igreja não deve acreditar que a ação eficaz contra a injustiça reside na ação militante, política e demagógica. As batalhas levam apenas a mais confronto, destruição e ruína. Elas nada são quando comparadas ao silêncio infinito do Pai.

Para enfrentar os males do mundo, o papa Francisco chama a Igreja a ser um "hospital de campanha". Como interpretar essa metáfora em termos desta nossa reflexão sobre o silêncio?

303 – Por um lado, temos a intuição inicial do papa Francisco, generosa e essencialmente pastoral e, por outro, temos a hermenêutica dos meios de comunicação, secular e reducionista. Infelizmente, essa oposição não é nova. Bento XVI já denunciara, a respeito do Vaticano II, o conflito entre a visão dos Padres conciliares e a hermenêutica midiática, relativista e falsamente progressista. É preciso reconhecer, no entanto, que essa expressão é um *hapax legomenon* [algo dito apenas uma vez] na história da eclesiologia e das imagens da Igreja.

A Igreja é uma mãe fiel e amorosa. Ela é mãe antes de ser uma estrutura hospitalar. É o Corpo de Cristo, a Esposa de Cristo. Representa o teto sob o qual se reúne a família de Deus. Ela educa, ensina e alimenta, preocupa-se com a saúde física e moral dos fiéis; eis o que fica encoberto sob a metáfora da Igreja como hospital de campanha. Ela é o corpo místico de Cristo e a família de Deus sobre a terra. *Mater et magistra*: a Igreja ensina com segurança as verdades divinas a um mundo que tem sede do Filho de Deus, o caminho, a verdade, a vida e o redentor de nossas almas. Ela é uma assembleia de oração, louvor e adoração, como no Cenáculo: "Todos eles perseveravam unanimemente na oração, juntamente com as mulheres, entre elas Maria, mãe de Jesus, e os irmãos dele" (At 1,14). Maria é "membro eminente e inteiramente singular da Igreja, seu tipo e exemplar perfeitíssimo na fé e na caridade" (*Lumen gentium*, 53). Enfim, ela é a mãe dos sacerdotes, chamados a continuar a obra de Cristo para a salvação das almas. Essa obra consiste, essencialmente, em santificar-se e santificar o povo de Deus, em orar intensamente e sem cessar para trazer os homens de volta para Deus e viver plena e cotidianamente nEle na Eucaristia.

Não podemos viver sem a Eucaristia, nem dar a Deus o primeiro lugar de nossas vidas e atividades. Ao silêncio da indiferença, os sacerdotes e os fiéis devem responder com o silêncio da oração. A doença do desinteresse é tratada pelos sacramentos, pelo ensino e pelo testemunho dos santos.

304 – A missão social é fundamental, mas a salvação das almas é mais importante que qualquer outra ação. Salvar não consiste só em socorrer as necessidades materiais, mas, sobretudo, em conduzir a Deus, em converter, a fim de que os filhos pródigos voltem à casa do Pai das misericórdias. O primeiro e fundamental papel da Igreja é a salvação das almas.

305 – Se a Igreja se deixar seduzir pelo canto das sereias materialistas, midiáticas e relativistas deste mundo secularizado e decadente, ela arrisca esvaziar o sentido da morte de Cristo sobre a Cruz para a salvação das almas. A Igreja não tem por missão solucionar todos os problemas sociais do mundo; a ela cabe repetir incansavelmente as primeiras palavras de Jesus no início do seu ministério público na Galileia: "Completou-se o tempo e o Reino de Deus está próximo; fazei penitência e crede no Evangelho" (Mc 1,15).

306 – Não penso que a Igreja possa desinteressar-se das questões que afetam a vida das pessoas. Por meio de suas escolas e universidades, seus dispensários e hospitais, seus institutos de formação profissional, suas múltiplas obras de caridade, a Igreja participa ativamente do combate à pobreza, e trabalha para que "não se dê aos homens o escândalo de haver algumas nações, geralmente de maioria cristã, na abundância, enquanto outras não têm sequer o necessário para viver e são atormentadas pela fome, pela doença e por toda espécie de misérias. Pois o espírito de pobreza e de caridade são a glória e o testemunho da Igreja de Cristo" (*Gaudium et spes*, 88).

307 – A ausência de Deus na sociedade moderna aumentou o abismo das trevas e da injustiça. Tudo o que Deus espera de nós, é nada mais que o nosso consentimento, nossa resposta de amor ao seu amor redentor.

308 – A indiferença para com Deus constitui a raiz de uma forma de revolta ruidosa. Essa última é uma ilusão que consiste em crer que podemos passar sem Deus, a fim de melhor viver aqui. Dessa maneira, o silêncio de Deus torna-se um aliado quase objetivo, uma prova tangível de uma humanidade sem Criador. Postulando sua autonomia em relação ao divino, o homem moderno acabou por não mais suportar o silêncio de Deus.

Na revolta, não há lugar algum para o silêncio; temo que a interpretação que os meios de comunicação fizeram da metáfora "hospital de campanha" aplicada à Igreja seja instrumentalizada por essas formas de revolta.

309 – Antes de acusar alguém, é importante olhar para si mesmo. Temos uma capacidade infinita de atirar pedras no próximo. Faríamos melhor se aceitássemos nossas próprias falhas. Na oração e no silêncio, nosso coração é muito menos reluzente que no frenesi cego e autista da revolta.

Como não se revoltar diante das guerras que cobrem de sangue a humanidade? Diante de tantos crimes, por que Deus está tão calado? Por que esse silêncio ensurdecedor quando em conflitos crianças são massacradas sem piedade?

310 – A guerra é sempre uma ação destrutiva, de extermínio e aniquilamento inaceitáveis. Considera-se que o outro não tem valor algum e deve ser destinado à morte. Quando um país, um governo ou uma coligação desejam submeter e aniquilar grupos ou nações inteiras, a barbárie lhes serve de companhia. O ódio, os interesses invejosos, a bulimia das nações ricas para monopolizar as riquezas naturais dos países fracos e pobres mediante a violência militar, a vontade, enfim, de dominação e

de vingança estão na origem de tantas guerras. O outro não tem direito de viver. A guerra, de fato, é uma empreitada do mal, pois, nela, o diabo, que detesta a piedade, triunfa com prazer. Como não ficar escandalizado e horrorizado pela ação dos governos norte-americanos e ocidentais no Iraque, Líbia, Afeganistão e na Síria? Países e povos são destruídos, chefes de Estado são assassinados por interesses puramente econômicos. Em nome da deusa Democracia, da vontade de hegemonia geopolítica ou militar, não se hesita em fazer guerra apenas para desorganizar e criar o caos, sobretudo nas regiões mais fracas, desalojando e jogando na rua multidões de refugiados sem recursos nem futuro.

Quantas famílias deslocadas, destruídas, reduzidas a uma miséria desumana, forçadas ao exílio e ao desenraizamento cultural? Quanto sofrimento nessas vidas errantes e em contínua fuga, quantas mortes atrozes cometidas em nome da Liberdade, a outra deusa ocidental? Quanto sangue derramado por uma hipotética libertação de povos agrilhoados em supostas correntes de opressão? Quantas famílias dizimadas para impor a concepção ocidental de sociedade?

Nessas antecâmaras de horror, também a Igreja não é poupada. Para os donos do poder, ela deve desaparecer ou mudar sua doutrina e seu ensinamento para melhor permitir o surgimento de uma religião sem fronteiras e uma nova ética mundial, dita ética consensual, que é ambígua e desprovida de conteúdo, sem referências fundadoras da verdade revelada.

311 – Por que Deus está em silêncio diante de tanto sofrimento desejado, planejado e executado pelos próprios seres humanos? Na África, testemunhei atrocidades indizíveis. Em minha arquidiocese, hospedei missionários e religiosos que fugiam de Serra Leoa e da Libéria, países que enfrentam conflitos de uma violência sem precedente. Eles estavam horrorizados de ver mãos decepadas, corpos estraçalhados por minas, rostos dilacerados por carrascos que não tinham o mínimo senso de hu-

manidade. Por vários meses, recebi em minha residência o arcebispo de Freetown, Dom Joseph Ganda, o núncio apostólico, Dom Antonio Lucibello, e seu secretário. Eles tinham fugido de Freetown, capital de Serra Leoa, depois de abandonar Monrovia. Essas são lembranças que nunca se apagam. Mas ninguém pensou por um só momento em atribuir esses crimes a Deus, inocentando criminosos e acusando o silêncio de Deus.

312 – É preciso sempre clamar a Deus. É bom pedir a assistência e o socorro dos céus, expressando o desespero, insegurança, perigo, angústia e tristeza que invadem o nosso coração. Os cristãos devem saber que não há outro caminho para chegar a Deus. Quando estive em países que atravessavam crises profundas e violentas, constatei como a oração podia ajudar aos que nada mais tinham. O silêncio era a última trincheira onde ninguém podia entrar, o único refúgio onde ficar em paz, o lugar onde o sofrimento baixava as armas por um instante. O silêncio dá vigor à nossa fraqueza. O silêncio nos arma de paciência. O silêncio em Deus restitui a coragem.

Quando destruídos, humilhados, desacreditados, caluniados, permaneçamos em silêncio. Escondamo-nos no santo sepulcro de Nosso Senhor Jesus Cristo, bem longe do mundo.

Agindo assim, o poder dos algozes não tem mais importância. Os criminosos podem destruir tudo furiosamente, mas é impossível forçar a entrada silenciosa do coração e da consciência de alguém. Nos batimentos de um coração silencioso, a esperança, a fé e a confiança em Deus permanecem intocáveis. Lá fora, o mundo torna-se um campo devastado, mas no interior de nossa alma, no maior silêncio, Deus nos guarda. As guerras, a barbárie e o cortejo dos horrores nunca suplantarão a Deus, presente em nós.

O veneno da guerra tem seu antídoto no silêncio da oração, no silêncio da confiança, no silêncio da esperança. No coração de todas as barbaridades, devemos plantar o mistério da Cruz.

Penso também nas guerras movidas pelas maledicências e difamações. A palavra pode assassinar, a palavra pode matar, mas Deus nos educa para o perdão. Ele nos ensina a orar por nossos inimigos. Ele envolve o nosso coração num refúgio de ternura para que ele não seja contaminado pelo ressentimento. Deus nos murmura constantemente: "Os discípulos de meu Filho Bem-Amado não têm inimigos. Teu coração também não deve ter inimigos". Falo por experiência própria. Experimentei dolorosamente o assassínio pela maledicência, difamação e humilhação pública, e aprendi que quando alguém decidiu nos destruir, não lhe faltam palavras, agressividade e hipocrisia; a mentira tem uma enorme capacidade de urdir argumentos, provas e verdades arenosas. Quando esse é o comportamento de homens da Igreja, de bispos ambiciosos, especialmente os de duas caras, a dor é ainda mais profunda. Mas os homens veem as aparências, enquanto Deus perscruta o coração (1Sm 16, 7). Firmados unicamente no seu olhar, devemos manter a calma e o silêncio, pedindo a graça de nunca sermos tomados pelo rancor, ódio e sentimentos baixos. Permaneçamos na humildade, firmes no amor a Deus e à sua Igreja.

A chave de um tesouro não é o tesouro. Mas se entregamos a chave, entregamos também o tesouro. A Cruz é uma chave preciosíssima, mesmo que pareça loucura, objeto de escárnio e escândalo; ela contraria nossa mentalidade e nossa busca por soluções fáceis. Queremos ser felizes e viver em um mundo de paz sem pagar o preço. A Cruz é um mistério assombroso. É o sinal do amor infinito de Cristo por nós. Em um sermão de são Leão Magno sobre a Paixão, encontramos estas extraordinárias palavras: "Diante de Cristo elevado na Cruz, é preciso ir além da imagem que dele fizeram os ímpios, a quem foi destinada a Palavra de Moisés: 'vossa vida será suspensa diante de vossos olhos, e temereis dia e noite, incapazes de crer nesta vida'. Quanto a nós, recebamos de coração aberto a glória da Cruz que brilha sobre o mundo.

Penetremos com o olhar iluminado pelo Espírito da Verdade o sentido da palavra do Senhor ao anunciar a iminência da sua Paixão: 'agora é o julgamento do mundo, agora o príncipe deste mundo será expulso. E quando eu for levantado da terra, atrairei todos a mim'. Ó poder admirável da Cruz! Ó glória inefável da Paixão!" *(Serm.* LIX, *De passione Domini* VIII, 6-7: PL 54, 340-341).

313 – Na Cruz, Jesus nos reconciliou com Deus; ele derrubou o muro que nos separava uns dos outros, e destruiu os obstáculos que fechavam a estrada para a felicidade eterna. Cristo sofreu por nós e deixou-nos um exemplo, a fim de que sigamos seus passos. Contemplando a Cruz e entregando-nos à nossa a oração, todo o diálogo, todo o perdão e toda a reconciliação ser-nos-ão possíveis.

Tal convicção se encontra também na tradição mística do Islã. Gostaria de mencionar uma história tirada da *legenda aurea* dos santos muçulmanos. Um dia, a valorosa Soutoura foi encontrar Tierno Bokar, o sábio de Bandiagara – uma aldeia maliana situada no planalto de mesmo nome, rodeado por altas falésias, ao pé das quais vivem os Dogons, célebres por sua arte austera, sua complexa cosmogonia e seu profundo sentido de transcendência. Ela lhe disse: "Tierno, estou muito zangada. Qualquer gesto, por menor que seja, me afeta duramente. Gostaria de receber de ti uma bênção, ou que fizesses uma oração que me tornasse doce, afável, paciente". Mal tinha ela terminado de falar quando seu filho, uma criança de três anos, que estava esperando no pátio, entrou com uma ripa e deu-lhe um violento golpe nas costas. Ela olhou a criança, sorriu e trazendo-a para junto de si, deu-lhe umas palmadinhas e lhe disse: " Menino sapeca que maltrata a própria mãe!". Perguntou-lhe então Tierno Bokar: "Por que não te zangas contra o teu filho, tu que te dizes tão colérica?". "Mas Tierno", respondeu Soutoura, "meu filho é apenas uma criança; ele não sabe o que faz; não se pode ter raiva de uma criança dessa idade." Disse-lhe Tierno: "Minha querida Soutoura, volta para tua casa. Quando alguém te irritar, pensa nessa ripa e lembra-te de que apesar da idade essa pessoa age como uma criança de três anos! Sê indulgente: tu o podes, porque acabaste de ser com o teu filho que te atingiu duramente. Vá, pois, e nunca mais ficarás com raiva. Viverás feliz, curada de teu mal. As bênçãos que então descerão sobre ti serão bem superiores que aquelas que poderás obter de mim: serão as bênçãos de Deus e do próprio Profeta. "Quem suporta e perdoa uma ofensa", continuou ele, "é como uma grande sumaúma que os abutres sujam quando pousam em seus galhos. Mas esse aspecto repugnante da árvore dura apenas uma parte do ano. A cada estação chuvosa, Deus envia uma série de chuvas fortes que a lavam da copa à raiz e a revestem de uma nova folhagem. O amor que tens para com o teu filho, tenta derramá-lo sobre as criaturas de Deus. Pois Deus vê suas criaturas como um pai vê a seus filhos. Então, serás posta numa altura em que o amor e a caridade permitam que tua alma veja e avalie a ofensa apenas no sentido de melhor perdoá-la". A palavra de Tierno foi tão poderosa que, daquele dia em diante, Soutoura passou a considerar como crianças todos os que a ofendiam e não lhes retribuía o mal senão com doçura, amor, paciência silenciosa e sorridente. Tão perfeitamente ela se corrigiu que, nos últimos dias de sua vida, dizia-se: "Tal pessoa é paciente como Soutoura". Nada podia lhe causar raiva. Quando morreu, faltava pouco para ser considerada uma santa.

314 – A Cruz é uma grande escola de contemplação, oração e perdão. Temos de aprender a nos manter silenciosamente ao pé da Cruz, contemplando o Crucificado como o fez a Virgem Maria. A Cruz é uma montanha para escalar, no cume da qual nos é dado olhar para os homens e o mundo com os mesmos olhos de Deus. Diante de crimes graves que parecem imperdoáveis, o ato de fé nos impele a contemplar o mistério

do Calvário. Nele, vemos os eventos da Paixão de Jesus como a maior de todas as ofensas, mas também como ocasião do maior perdão. Então ouvimos no silêncio de nosso coração a oração de Jesus, tão difícil de reproduzir em atos concretos sem o auxílio da graça divina: "Pai, perdoa-lhes, porque não sabem o que fazem" (Lc 23, 34).

A Bíblia, especialmente o Antigo Testamento, está cheia de guerras e episódios fratricidas. O silêncio não condiz com essas preocupações vingativas...

315 – O Antigo Testamento é a expressão mais realista, verdadeira e autêntica da verdade acerca do coração humano. Vemos a descrição de alguém ainda bruto e pouco dócil, afastado do Deus de misericórdia e de piedade, que ainda não foi "regenerado por uma semente incorruptível: a Palavra de Deus, viva e permanente" (1Pd 1, 23), ele é violento, bárbaro e cruel contra os seus inimigos.

Ainda hoje, quem ousa amar o seu inimigo e trabalhar por seu sucesso ou bem-estar? Temos a mente e o comportamento de um homem do Antigo Testamento. Porque não há "nada de novo debaixo do sol", diz Qoheleth no Eclesiastes (1, 9).

Tantos cristãos e outras pessoas pisoteadas pela perseguição e a bárbara violência dos islamitas fazem a experiência do Senhor Jesus "nos dias de sua carne". O salmo 22, que cantamos no ofício de leituras da Sexta-feira Santa, expressa a nossa experiência diante da morte:

> Meu Deus, meu Deus, por que me abandonastes?
> E permaneceis longe de minhas súplicas e de meus gemidos?
> Meu Deus, clamo de dia e não me respondeis;
> imploro de noite e não me atendeis.
> Entretanto, vós habitais em vosso santuário, vós que sois a glória de Israel.
> Nossos pais puseram sua confiança em vós, esperaram em vós e os livrastes.
> A vós clamaram e foram salvos; confiaram em vós e não foram confundidos.

A FORÇA DO SILÊNCIO

Eu, porém, sou um verme, não sou homem, o opróbrio de todos e a abjeção da plebe.
Todos os que me veem zombam de mim; dizem, meneando a cabeça:
"Esperou no Senhor, pois que ele o livre, que o salve, se o ama".
Sim, fostes vós que me tirastes das entranhas de minha mãe e, seguro, me fizestes repousar em seu seio.
Eu vos fui entregue desde o meu nascer, desde o ventre de minha mãe vós sois o meu Deus.
Não fiqueis longe de mim, pois estou atribulado;
vinde para perto de mim, porque não há quem me ajude.

Cercam-me touros numerosos, rodeiam-me touros de Basã;
contra mim eles abrem suas fauces, como o leão que ruge e arrebata.

Derramo-me como água, todos os meus ossos se desconjuntam;
meu coração tornou-se como cera, e derrete-se nas minhas entranhas.
Minha garganta está seca qual barro cozido, pega-se no paladar a minha língua;
vós me reduzistes ao pó da morte.
Sim, rodeia-me uma malta de cães, cerca-me um bando de malfeitores.
Traspassaram minhas mãos e meus pés;
poderia contar todos os meus ossos.
Eles me olham e me observam com alegria,
repartem entre si as minhas vestes, e lançam sorte sobre a minha túnica.

Porém, vós, Senhor, não vos afasteis de mim; ó meu auxílio, vem depressa me ajudai.
Livrai da espada a minha alma, e das garras dos cães a minha vida.
Salvai-me a mim, mísero, das fauces do leão e dos chifres dos búfalos.

Então, anunciarei vosso nome a meus irmãos, e vos louvarei no meio da assembleia.
Vós que temeis o Senhor, louvai-o;
vós todos, descendentes de Jacó, aclamai-o;
temei-o, todos vós, estirpe de Israel.[...]

316 – As guerras, a violência e a barbárie atravessam toda a história de Israel. Para sobreviver naqueles tempos antigos era preciso lutar e destruir o inimigo. Como atenuar a violência? A lei do talião valia não somente ao mundo hebraico, mas também em numerosos grupos étnicos do Mediterrâneo. Hamurabi, por exemplo, rei da Babilônia (1792-1750 a.C.), fez redigir um código, em forma de recolha de casos de jurisprudência, gravado em uma estela de basalto, reencontrada em Susa.

O Antigo Testamento mostra muitos episódios de violência; no entanto, é o livro que exalta o incomparável poder da oração. Saindo do Egito, depois de atravessar o deserto, os hebreus enfrentaram os amalecitas, uma poderosa tribo de nômades edomitas que ocupam um território correspondente ao sul da Judéia. Segundo a Bíblia, eles sempre se enfureciam contra os hebreus. Durante a luta entre os dois povos, Moisés invocou a Deus na batalha. Deus é o seu aliado mais confiável. Moisés sobe a montanha, com Aarão e Hur, para implorar aos céus. Enquanto rezava em silêncio, com o apoio de seus companheiros, que lhe sustentavam as mãos para mantê-las erguidas até o pôr do sol, os hebreus venciam. No entanto, quando Moisés abaixava os braços por causa do cansaço, os amalecitas prevaleciam (Ex 17, 8-16). No segredo da oração, Deus faz o seu povo vitorioso. A força humana só consegue sucessos efêmeros. Só o silêncio entre o nosso coração e o de Deus é uma rocha firme.

Depois de Davi e Salomão, uma grande mudança se efetua gradualmente. Davi ainda tinha as mãos ensanguentadas, mas era um homem de silêncio, oração e paz. Nele se plasmava gradualmente a vinda do Messias. Seu coração cheio de misericórdia e de respeito pela vida humana revelou-se em três ocasiões, milagrosamente. Quando as circunstâncias lhe permitiam matar Saul, ele o poupou da morte por duas vezes (1Sm 24 e 26). Ele também perdoou o marido de Abigail que maltratara os seus enviados (1Sm 25,14-38) e deplorou amargamente a morte de Saul e Absalão, seu filho, que rebelara contra ele. Davi tem um profundo senso do pecado e do arrependimento; seu coração é sincero e inteiramente entregue a Deus. O salmo 50 nos dá um maravilhoso testemunho disso.

Da mesma maneira, no Novo Testamento, o Evangelho de Mateus nos faz ouvir a voz de Raquel quando do massacre das crianças de Belém, logo após o nascimento de Jesus. Desconsolada, chora Raquel: "Em Ramá se ouviu uma voz, choro e grandes lamentos: é Raquel a chorar seus filhos; não quer consolação, porque já não existem!" (Mt 2,18). Raquel não quer enxugar as lágrimas, pois não aceita promessas fáceis nem palavras desgastadas e muito menos que a dor da morte se acomode pela força das palavras. Suas lágrimas são o anúncio das dores das mulheres de Jerusalém que acompanhavam o crucificado, porque sabiam que, por sua morte na Cruz, "Deus mesmo enxugará toda lágrima de seus olhos e já não haverá morte, nem luto, nem grito, nem dor, porque já passaram as coisas antigas" (Ap 21, 3-4).

Como presidente do Conselho Pontifício Cor, *ou seja, responsável pelas ações caritativas do papa, sob Bento XVI e Francisco, o senhor se confrontou com muitos desastres humanitários. Como não gritar sua revolta diante de tais tragédias?*

317 – Sempre pensei que há duas formas de horror. Há a barbárie desejada pelos homens, como os campos de concentração, os *gulags*, as torturas, as decapitações e todas as crueldades de que o ser humano, infelizmente, é capaz de cometer. Se o homem estivesse consciente de que o outro é a imagem de Deus, não chegaria a tais extremos. Como se ousa destruir a obra de Deus? O ódio de um ser humano contra o outro é uma negação de Deus. Matar alguém ou um embrião humano, sabendo o que está fazendo, voluntariamente e de forma calculada, é um crime inominável. Deus disse: "Não matarás", e essa lei é absoluta.

Além disso, há também as intempéries de natureza. Os tufões, terremotos e tsunamis que nos põem em situação de extrema vulnerabilidade. Conheci pessoas que perderam os bens obtidos pelo trabalho de uma vida inteira. Minha experiência, porém, tem me mostrado que os homens são sempre suficientemente fortes para se reconstruírem depois dessas catástrofes. Eles voltam espontaneamente os seus corações para Deus e lhe pedem que repare o infortúnio. O ser humano se põe nas mãos de Deus com força ainda maior quando a vida material é reduzida a nada. Por que gritar, chorar ou gemer? Os maiores prantos, as lágrimas que estão no mais fundo do nosso sofrimento, o lamento mais inconsolável são o silêncio confiante e o suspiro suave que repõem todas as coisas nas mãos de Deus.

Nos salmos, a fala do homem diante de Deus é magnífica:

> Estou esgotado e grandemente abatido, o frêmito do meu coração arranca-me rugidos. Ó Senhor, bem vês todos os meus desejos, e o meu gemido não te é oculto [...]. Armam laços os que atentam contra a minha vida, e que procuram a minha desgraça ameaçam desditas, todo o dia maquinam enganos.
>
> Eu, porém, como um surdo, não ouço, e sou como um mudo que não abre a boca. E tornei-me como um homem que não ouve, e que não tem réplica na sua boca.
>
> Entretanto os que sem razão me atacam são poderosos e os que me odeiam injustamente são muitos. Os que tornam mal por bem hostilizam-me, porque sigo o bem.
>
> Não me desampares, Senhor Deus meu, não te afastes de mim! Acode prontamente em meu socorro. Senhor, minha salvação (Sl 37, 9-10.13-15.20-23).

318 – Quando alguém usa de violência para com seu próximo, a reconstrução é sempre difícil, longa e incerta. No mal, a humanidade é capaz de sofisticação e imaginação incomparáveis. Jacques Mourad, padre sírio-católico, refém do ISIS, na Síria, por quase cinco meses,

disse o seguinte ao sair daquele inferno: "Deus deu-me duas coisas, o silêncio e amabilidade". Fiquei muito impressionado por essas palavras tão sóbrias e justas.

Na verdade, o silêncio permite-nos sobreviver em situações muito precárias. Tortura, sevícias e tormentos, por mais diabólicos que sejam, encontrarão um começo de apaziguamento num silêncio voltado para Deus. De alguma maneira misteriosa, mas real, Ele nos sustenta sofrendo conosco. Ele está inseparavelmente unido ao ser humano em todas as suas aflições; uma coisa é revoltar-se contra Deus porque Ele permaneceu em silêncio em nossos sofrimentos, outra é confiar-lhe em silêncio o nosso sofrimento, oferecendo-o a Ele para que o transforme em instrumento de salvação associando-o ao sofrimento de Cristo.

319 – Diante do horror, não há resposta mais urgente que a oração. Devemos voltar silenciosamente o nosso olhar para Deus, que se deixa inevitavelmente tocar pelas lágrimas. Nossa luta é necessária para combater as forças do mal, mas o silêncio é um instrumento oculto misteriosamente eficaz. Como os *gulags* da União Soviética caíram? Pela oração silenciosa de João Paulo II e de toda a Igreja apoiada pela Virgem de Fátima. As estratégias políticas sofisticadas não deram conta do comunismo marxista. A oração teve a última palavra. O silêncio do Rosário obteve o impensável e o mundo ocidental foi fortemente surpreendido...

320 – Há o tempo da ação humana, muitas vezes desencontrada, e há o tempo do silêncio em Deus, verdadeiramente vitorioso. Longe da revolta ideológica, sempre barulhenta e revanchista, creio na fecundidade do silêncio. A oração e o silêncio salvarão o mundo.

A pobreza não é uma situação em que é difícil permanecer em silêncio?

321 – Jesus, Maria e José não foram pobres? Eles saíram gritando de revolta contra a pobreza? Muitos monges e monjas, Madre Teresa de Calcutá e suas irmãs missionárias não são pobres e trabalham em silêncio? Mas não são apenas os consagrados que procedem assim. Na África, na Ásia e noutros lugares, pude conhecer pessoas pobres de grande nobreza e de incomparável dignidade. Embora vivam em extrema pobreza material, essas pessoas creem firmemente em Deus e são radiantes de alegria, paz e harmonia interior. A riqueza do ser humano é Deus. A pobreza mais horrível e inumana é a falta de Deus.

322 – Na ausência ou recusa de Deus está a mais extrema miséria humana. Nada neste mundo pode satisfazer o desejo humano. Só Deus o preenche muito mais além, até o infinito. Nas *Confissões,* santo Agostinho diz: "Fizeste-nos para ti, e nosso coração está inquieto enquanto não descansar em ti" (*Conf.* I,1,1: PL 32, 661). [...] "Quem me dera repousar em ti! Quem me dera que viesses a meu coração e que o inebriasses, para me esquecer de meus males e me abraçar a ti, meu único bem! Que és para mim? Tem piedade de mim, para que possa te falar. E que sou para ti, para que me ordenes amar-te irando-te contra mim, ameaçando-me com terríveis castigos caso não o faça? Seria pequeno o castigo não te amar? Ai de mim! Por tua misericórdia, dize-me, Senhor, que és para mim? Dize a minha alma: 'Sou a tua salvação'. Que ouça e siga essa voz e te alcance. Não te escondas de teu rosto. Morra eu para que possa vê-lo a fim de não morrer eternamente" (*Conf.* I, 5, 5: PL 32, 663).

323 – Fico surpreso com a maneira de se entender a pobreza no mundo atual, e mesmo entre muitos membros da Igreja católica. Na Bíblia, a pobreza é sempre um estado que aproxima o ser humano de Deus. Os pobres de Javé povoam a Bíblia. O monaquismo é um elã dirigido para Deus: o monge conduz sua vida na pobreza, castidade, obediência

absoluta, e vive de sua Palavra no silêncio. O mundo moderno, porém, diz ter fixado para si a estranha meta de erradicar a pobreza. Acima de tudo, há uma forma inquietante de confusão entre miséria e pobreza. Essa maneira de ver a vida não lembra a linguagem da Revelação. A pobreza corresponde à ideia de que Deus se fez homem. Deus é pobre e ele ama os pobres. Deus é pobre, porque Deus é amor, e o amor é pobre. Quem não ama não pode ser feliz senão em total dependência da pessoa amada. Deus é a pobreza absoluta; nele, não há vestígio algum de posse.

324 – No Deuteronômio, encontramos estas palavras extraordinárias que permitem compreender o pensamento e a vontade divinos: "Lembra-te de todo o caminho por onde o Senhor te conduziu durante esses quarenta anos no deserto, para humilhar-te e provar-te, e para conhecer os sentimentos de teu coração, e saber se observarias ou não os seus mandamentos. Humilhou-te com a fome; deu-te por sustento o maná, que não conhecias nem tinham conhecido os teus pais, para ensinar-te que o homem não vive só de pão, mas de tudo o que sai da boca do Senhor" (8, 2-3).

325 – A pobreza é também provação e despojamento que Deus impõe àqueles que querem viver em sua companhia. Ele quer sondar a verdade de seu coração e sua fidelidade para com os mandamentos. A pobreza é sinal de amor que nos desvencilha de tudo o que pesa e retarda os nossos passos em direção ao essencial. Ela nos ajuda na grande batalha contemporânea para reencontrar os verdadeiros valores da vida.

Ao se defrontarem com uma batalha decisiva, observem o jovem Davi quando Golias desafiou os exércitos de Israel. Defronte a ele, o filisteu Golias está fortemente armado. Sua altura era de seis côvados e um palmo; sobre sua cabeça, um capacete de bronze. Ele estava revestido de uma couraça pesando cinco mil siclos de bronze. Ele usava também proteções nas pernas e levava uma cimitarra de bronze dependurada. Sua lança pesava seiscentos siclos de ferro, e um escudeiro ia adiante dele. Saul quis revestir Davi com suas vestes de guerra; pôs sobre sua cabeça um capacete, entregou-lhe uma couraça e cingiu-lhe a espada. Mas Davi não conseguia andar com todo aquele peso, e disse: "Não posso andar levando todas essas coisas", e livrou-se delas (1Sm 17, 39). Se estivermos muito sobrecarregados de riqueza e de bens materiais, se não nos despojarmos das ambições e dos artifícios do mundo, nunca poderemos nos mover em direção a Deus, em direção ao essencial de nossa existência. Sem as virtudes da pobreza, é impossível combater o Príncipe deste mundo.

Ao contrario, a revolta é uma reação bastante saudável contra a miséria. Não é possível suportar a indigência em que vive mergulhada uma parte da humanidade. Quero estabelecer uma diferença entre a pobreza, semelhança de Deus, "glória da Igreja", e a miséria, com seu cortejo de males contra os quais a revolta é necessária. Na *Gaudium et Spes*, essa distinção está perfeitamente explicada: "Que os cristãos colaborem de bom grado e de todo o coração para a construção da ordem internacional que deve ser feita dentro de um respeito sincero pelas liberdades legítimas e da fraternidade amical de todos. Eles se aplicarão ainda mais decididamente ao considerarem que a maior parte do mundo ainda sofre de uma tal miséria que o próprio Cristo, na pessoa do pobre, clama em voz alta a caridade de seus discípulos. Que se evite, portanto, este escândalo: enquanto certas nações em que a maioria dos habitantes são cristãos que gozam de uma grande abundância de bens, outras são privadas do necessário e são atormentadas pela fome, pela doença e por todos os tipos de miséria. O Espírito de pobreza e de caridade é, de fato, a glória e o sinal que distingue a Igreja de Cristo' (*Gaudium et spes* 88,1).

326 – A pobreza implica o desprendimento e a separação de tudo o que é supérfluo e cria obstáculo ao crescimento da vida interior. Os

monges são pobres e procuram se desvencilhar das aparências enganosas do mundo.

O maior de todos os pobres é Deus que vive somente no amor. Na pobreza, ficamos absolutamente dependentes do outro.

327 – Se não procuramos remover todos os aspectos superficiais de nossas vidas, jamais nos uniremos a Deus. Ao nos afastar de tudo o que é supérfluo, ingressamos aos poucos numa forma de silêncio. Madre Teresa procurou viver sua vida numa grande pobreza para melhor encontrar com Deus no silêncio. Sua única riqueza era buscar a Deus em seu coração. Ela podia passar horas diante do Santíssimo Sacramento sem dizer uma única palavra. Essa religiosa depositava sua pobreza na humildade de Deus. O Pai nada possui, e Madre Teresa queria imitá-lo. Ela pediu às irmãs da sua congregação que fossem absoluta e sinceramente desapegadas de todos os bens materiais.

328 – A Igreja também deve se afastar da linguagem mundana e dos discursos convencionais a fim de melhor encontrar a Deus no silêncio. Em Nazaré, Jesus nasceu na maior pobreza, mas já possuía a riqueza do silêncio em Deus.

Se a Igreja fala demais, ela acaba caindo em uma forma de verborreia ideológica.

Como definir o supérfluo que nos impede de encontrar Deus no silêncio?

329 – As pessoas devem tentar não se sobrecarregar de bens não necessários. O supérfluo é aquilo que acumulamos desnecessariamente, apenas por ganância e avareza. O cristão tem obrigação de imitar Cristo que, "sendo rico, se fez pobre por vós, a fim de vos enriquecer por sua pobreza" (2Cor 8, 9). O voto de pobreza dos padres e religiosos cor-

responde a essa exigência. Não se trata, de modo algum, de exibir uma forma de jansenismo que leva ao ódio de si mesmo. "Bem-aventurados os pobres de coração, porque deles é o Reino dos céus!" (Mt 5, 3). Jesus insiste sobre o desapego de todas as formas de riqueza supérfluas. "Os pobres são evangelizados", proclama Cristo a João Batista no Evangelho de Lucas (7,22) para expressar a grande abertura dos pobres ao Evangelho e a predileção que Deus tem por eles.

Da mesma maneira, no Apocalipse, são João exclama: "Dizes: Sou rico, faço bons negócios, de nada necessito – e não sabes que és infeliz, miserável, pobre, cego e nu" (Ap 3,17). Deus resiste sempre aos poderosos, mas concede sua graça aos pobres.

O coração da fé cristã reside na pobreza de um Deus que tudo dá por amor, até mesmo sua própria vida.

Se conseguimos estar com Deus no silêncio, temos o essencial. Nem só de pão vive o homem, mas da palavra que sai da boca de Deus. A civilização materialista que doravante domina o Ocidente privilegia o lucro imediato, o sucesso econômico e os entretenimentos fúteis. Nesse *continuum* do dinheiro-rei, quem poderia interessar-se pelo silêncio de Deus? A Igreja cometeria um erro fatal se exaurindo para dar uma forma de aparência social ao mundo moderno desabridado pelo capitalismo de livre mercado. O bem humano não é unicamente material.

330 – A grande diferença entre Deus e nós se percebe no problema da posse. Se o ser humano não possui alguns bens materiais, ele tem a sensação de nada ser, de estar perdido e fraco. Quase todos os nossos problemas vêm de alguma forma de falta de pobreza. As pessoas deixam se prender na rede dos mais baixos instintos de posse. Querem acumular bens materiais para se gozar e aproveitar a vida. Mas esses bens supérfluos tapam os seus olhos e fecham seus corações e minam a sua energia espiritual. No entanto, há também muitos homens ricos que vivem, com

Deus, uma excepcional vida espiritual e têm imensa generosidade para com os pobres.

É claro, devemos reivindicar vigorosamente o legítimo direito de os povos disporem dos meios materiais necessários à vida. Na África, sei muito bem como tal direito é pisoteado por aqueles que governam. Por isso, é urgente evangelizar os corações, as mentes e os comportamentos de meus irmãos africanos. Na encíclica *Caritas in Veritate,* Bento XVI escreve: "Paulo VI afirmou que o anúncio de Cristo é o primeiro e principal fator de desenvolvimento e deixou-nos a recomendação de caminhar pela estrada do desenvolvimento com todo o nosso coração e com toda a nossa inteligência, ou seja, com o ardor da caridade e a sapiência da verdade. É a verdade originária do amor de Deus [...] que abre ao dom a nossa vida e torna possível esperar num 'desenvolvimento [...] do homem todo e de todos os homens', numa passagem 'de condições menos humanas a condições mais humanas', que se obtém vencendo as dificuldades que inevitavelmente se encontram ao longo do caminho". Somente o Evangelho será capaz de purificar nossos relacionamentos humanos estabelecendo sociedades fraternas e solidárias. Deus está no coração de cada um, no centro de todas as nossas atividades, e até mesmo no coração de nossa pobreza e de nossa miséria.

331 – Mas se queremos entrar em Deus, devemos ser pobres. Porque o Pai não possui nada desde toda a eternidade. Por nossa natureza, estamos longe da infinita simplicidade de Deus. A ambição humana repugna o despojamento. Falta coerência ao ser humano. Ele prefere o barulho da matéria ao silêncio do amor. Nunca esqueçamos essa bem-aventurança proclamada por Jesus: "Bem-aventurados os pobres, porque deles é o Reino de Deus" (Lc 6, 20).

Diante da injustiça, Albert Camus não convidava ao silêncio, mas à revolta. "Revolto-me, logo somos", escreveu ele em L'homme révolté [O homem revoltado]. *Mas disse também: "O que é um revoltado? Alguém que diz não. Embora se recuse, não desiste".* À primeira vista, é muito difícil provar que ele estava errado... A revolta e a ordem de combate são mais importantes que o silêncio?

332 – Em seu livro, *Un autre regard sur l'homme,* Maurice Zundel escreve: "Camus não sabia que por trás desse escândalo e desse infortúnio do ser humano, entregue a um universo capaz de esmagá-lo, havia um amor infinito e eterno que não deixa de cuidar dele, de esperar e chamar! Mas, sem nós, esse amor não pode fazer nada porque é apenas Amor, e o Amor é essencialmente liberdade, liberdade que se dirige à nossa liberdade e nada pode fazer sem ela, sem seu consentimento. Camus não pode resolver os problemas do mal deste lado do véu, mas o sentiu profundamente e o expressou de modo magnífico".

Diante de um sofrimento inumano, é certo que pode existir uma sadia e justa revolta. Mas trata-se de uma revolta, consciente ou inconscientemente, contra Deus, o combate é inútil, imaginário e ridículo. Deus não é responsável pela miséria que os próprios homens geraram.

333 – A revolta não é necessariamente a atitude mais justa. Estou persuadido de que ela nunca é uma resposta perene. Em certo sentido, a revolta é um som vazio, porque ela realmente não traz nenhuma resposta e nenhuma esperança.

L'homme revolté [O homem revoltado] é obra de um ateu que emparedou a si mesmo, sem horizonte, e, portanto, sem recurso algum que lhe desse acesso ao Invisível que conduz sua vida.

334 – Muitas vezes, pergunto-me sobre a paz que pode habitar o coração de alguém que rejeita a Deus. Nas *Confissões*, santo Agostinho escreve: "Fizeste-nos para ti, e nosso coração está inquieto enquanto não

descansar em ti" (*Conf.* I,1,1: PL 32, 661). Sem Deus, o ser humano está dilacerado, afligido, inquieto e agitado e não pode aceder ao descanso interior. A vida real não consiste na revolta, mas na adoração silenciosa. É verdade que não temos resposta para o problema do mal, mas nossa tarefa é torná-lo menos intolerável, tentando remediá-lo sem orgulho, discretamente, na medida de nossas possibilidades, como fizeram Madre Teresa de Calcutá e tantos outros santos.

335 – A sociedade midiática passou da revolta sentimental à revolta moral, como um Sísifo desesperado sempre se pondo a subir a montanha. Tal sociedade reivindica sua revolta, seu ódio contra o que define ser injusto e desigual, orgulhosa de seus bons sentimentos, os quais, no entanto, são os mais pretensiosos que se podem achar. Cínica e descarada, ela se afoga sordidamente com seus desgostos.

336 – A vida moderna é uma vida que se escora e se constrói inteiramente no ruído, no artifício e na recusa trágica de aceitar Deus. O silêncio é impossível em meio às revoluções, ideologias e combates políticos, desejo desenfreado de igualdade e culto obsessivo do progresso. Pior ainda, a sociedade vota um ódio implacável ao silêncio, que é concebido como derrota abjeta e retrógrada.

337 – Um homem sem o silêncio é alguém estranho a Deus, exilado em um país distante que se mantém à margem do mistério humano e do mundo. Deus, porém, está no fundo, nas regiões silenciosas do ser. Em seu livro *Saint Grégoire le Grand. Culture et expérience chrétiennes* [São Gregório Magno. Cultura e experiência cristãs], Dom Dagens nos explica que, sob o Império Romano, "o homem estava destinado a viver dentro do mundo divino: tal era o seu lugar de origem. Cedendo ao pecado, excluiu-se a si mesmo desse lugar privilegiado. Doravante, a

exterioridade à qual ele se entrega sob a forma de pecado, de cegueira e de exílio, o impede de atingir o interior onde ele mantém a nostalgia, isto é, a santidade, a luz, a alegria de estar em sua verdadeira pátria". Ao negar Deus, o ser humano joga-se perpetuamente no ruído exterior e interior e nas batalhas políticas. A revolta é uma desagregação, enquanto Deus pretende nos dar unidade. Tendo cedido ao pecado, torna-se como a areia do mar: "A areia do mar, com efeito, é jogada para fora pelo turbilhão das ondas; o ser humano, ao pecar, suporta complacentemente as ondas agitadas da tentação, e por isso afasta-se da sua própria intimidade ao sair de si mesmo" (*Moralia* 7, 2, 2: PL 75, 768C).

Como manter-se em silêncio diante da doença?

338 – Do salmo 38, que tem por título "O nada do homem diante de Deus", aprecio particularmente esta palavra luminosa: "Disse comigo mesmo: Velarei sobre os meus atos, para não mais pecar com a língua. Porei um freio em meus lábios, enquanto o ímpio estiver diante de mim. Fiquei mudo, mas sem resultado, porque minha dor recrudesceu. Meu coração se abrasava dentro de mim, meu pensamento se acendia como um fogo, então eu me pus a falar: Fazei-me conhecer, Senhor, o meu fim, e o número de meus dias, para que eu veja como sou efêmero. A largura da mão: eis a medida de meus dias, diante de vós minha vida é como um nada; todo homem não é mais que um sopro. De fato, o homem passa como uma sombra, é em vão que ele se agita; amontoa, sem saber quem recolherá. E agora, Senhor, que posso esperar? Minha confiança está em vós. Livrai-me de todas as faltas, não me abandoneis ao riso dos insensatos. Calei-me, já não abro a boca, porque sois vós que operais. Afastai de mim esse flagelo, pois sucumbo ao rigor de vossa mão. Quando punis o homem, fazendo-lhe sentir a sua culpa, consumis, como o faria a traça, o que ele tem de mais caro. Verdadeiramente, apenas um sopro é

o homem. Ouvi, Senhor, a minha oração, escutai os meus clamores, não fiqueis insensível às minhas lágrimas. Diante de vós não sou mais que um viajor, um peregrino, como foram os meus pais. Afastai de mim a vossa ira para que eu tome alento, antes que me vá para não mais voltar".

No sofrimento, a exasperação pode prevalecer, mas é melhor guardar silêncio e permanecer diante de Deus. A doença, a decadência física e psicológica, a fragilidade humana são grandes mistérios. A provação do corpo é um tempo privilegiado para olhar o mistério da nossa breve vida que caminha inexoravelmente para a morte. É preciso depor nossa fragilidade diante do poder de Deus.

A doença é uma ocasião para Deus provar a verdade de alguém. O ser humano é criatura insignificante, mas seu Criador a guarda nos momentos mais difíceis. É errado pensar que as provações físicas são golpes malignos do destino. Por que toda essa dificuldade de entender que Deus jamais quer o mal?

Na doença, ficamos nus diante de Deus. Dom Claude Dagens, em seu livro sobre são Gregório Magno, escreve: "O combate espiritual se caracteriza por um paradoxo desconcertante. Quanto mais alguém é provado em sua carne, mais santifica a sua alma, como se as provações externas fossem necessárias para provocar o progresso interior. Jó, um santo homem, não nos oferece o exemplo vivo de tal paradoxo e de tal correspondência? Exteriormente prostrado na terra pelas chagas de seu corpo, permanece interiormente de pé graças à muralha de sua alma. Tal é, na verdade, a pedagogia de Deus: para nos levar ao arrependimento e à conversão, o Senhor nos envia provações".

339 – Não raro, as tribulações do corpo são indispensáveis para provocar a recuperação espiritual e moral. Quem é provado e se confia à bondade divina, demonstra uma grande fé em Deus; demonstra uma silenciosa coragem e se rende ao fervor da oração enquanto espera a

resposta do Todo-Poderoso. A força da oração é mais forte que raios e trovões, e mais suave que a brisa da manhã. Sei que o fulgor da oração é capaz de abalar as fundações do universo, mover montanhas, elevar meu ser e o mundo inteiro em direção a Deus para assim nos perdermos nEle.

Na Bíblia, é assaz evocativa a bela figura de Jó. Esse homem santo, rico e rodeado de muitos filhos, vive coberto de todos os bens que alguém pode desejar. Mas a vida de Jó sofre uma reviravolta brutal. Bandos armados sequestram suas sete mil ovelhas, suas quinhentas parelhas de bois e seus três mil camelos. Um vento violento sopra do deserto, e a casa onde estavam seus filhos desaba e os mata a todos. Divididos em três bandos, os caldeus passam a fio de espada seus servos. Finalmente, o próprio Jó fica doente. Apesar dessa série de infortúnios, ele permanece inquebrantável em seu amor a Deus. Vigorosamente, proclama sua inocência, professando uma fé sólida como uma rocha que atravessa os séculos: "Se minhas palavras pudessem ser escritas, consignadas num livro, gravadas por estilete de ferro em chumbo, esculpidas para sempre numa rocha! Eu o sei: meu redentor vive, e aparecerá, finalmente, sobre a terra. Por detrás de minha pele, na minha própria carne, verei Deus. Eu mesmo o contemplarei, meus olhos o verão, e não os olhos de outro" (Jó 19, 23-27).

340 – A doença é uma terrível e dolorosa realidade que revela o mistério do humano, tanto em sua fragilidade quanto em sua energia interior, ajudando-o a realizar-se sempre por meio da superação dos obstáculos da vida. Se conseguimos resistir, dando prova de generosidade e de amor, a doença pode tornar-se um caminho para Deus, caminho de maturidade e estruturação interna. Portanto, a doença serve de oportunidade para se constituir em nós o homem humano perfeito, na força da idade, que realiza a plenitude de Cristo.

No silêncio, o ser humano aprende como se mede o tempo. Na doença, podemos viver em sintonia quase perfeita com Deus. O exame de consciência silencioso, no coração da dor, permite ver o que fizemos em nossa vida e o que ficou por fazer. A doença é uma esperança sublime no grande silêncio de Deus. Se alguém se revolta contra a doença, gradualmente cai num desespero estéril, entra num beco sem saída, numa recusa agressiva e angustiante. Revolta não é resistência; ela é, antes de tudo, um silencioso processo interior.

341 – Muitas vezes, pessoas gravemente enfermas demonstram uma inabalável paz interior. Sabem que o profundo declínio do corpo pôs seu espírito numa grande intimidade com as realidades divinas. Não raro, estão felizes com sua sorte. Enquanto o comum dos mortais imagina que os doentes têm uma vida triste e penosa, eles se encontram perfeitamente serenos. O silêncio do olhar de quem vai morrer já está habitado por Deus.

Sim, a doença é uma manifestação sublime do misterioso silêncio de Deus, um silêncio amoroso e próximo do sofrimento humano. A doença faz o ser humano subir os diferentes degraus do ser e lhe revela seu próprio mistério, ajudando-o a entrar em si mesmo para encontrar Deus que se encontra no mais íntimo de sua alma.

O evangelista João assim escreve: "Lázaro caiu doente em Betânia, onde estavam Maria e sua irmã Marta. Maria era quem ungira o Senhor com o óleo perfumado e lhe enxugara os pés com os seus cabelos. E Lázaro, que estava enfermo, era seu irmão. Suas irmãs mandaram, pois, dizer a Jesus: Senhor, aquele que tu amas está enfermo. A estas palavras, disse-lhes Jesus: Esta enfermidade não causará a morte, mas tem por finalidade a glória de Deus. Por ela será glorificado o Filho de Deus. Ora, Jesus amava Marta, Maria, sua irmã, e Lázaro. Mas, embora tivesse ouvido que ele estava enfermo, demorou-se ainda dois dias no mesmo lugar. Depois, disse a seus discípulos: Voltemos para a Judéia. Mestre, responderam eles, há pouco os judeus te queriam apedrejar, e voltas para lá? Jesus respondeu: Não são doze as horas do dia? Quem caminha de dia não tropeça, porque vê a luz deste mundo. Mas quem anda de noite tropeça, porque lhe falta a luz. Depois dessas palavras, ele acrescentou: Lázaro, nosso amigo, dorme, mas vou despertá-lo. Disseram-lhe os seus discípulos: Senhor, se ele dorme, há de sarar. Jesus, entretanto, falara da sua morte, mas eles pensavam que falasse do sono como tal. Então Jesus lhes declarou abertamente: Lázaro morreu. Alegro-me por vossa causa, por não ter estado lá, para que creiais. Mas vamos a ele. A isso Tomé, chamado Dídimo, disse aos seus condiscípulos: Vamos também nós, para morrermos com ele. À chegada de Jesus, já havia quatro dias que Lázaro estava no sepulcro. Ora, Betânia distava de Jerusalém cerca de quinze estádios. Muitos judeus tinham vindo a Marta e a Maria, para lhes apresentar condolências pela morte de seu irmão. Mal soube Marta da vinda de Jesus, saiu-lhe ao encontro. Maria, porém, estava sentada em casa. Marta disse a Jesus: Senhor, se tivesses estado aqui, meu irmão não teria morrido! Mas sei também, agora, que tudo o que pedires a Deus, Deus te concederá. Disse-lhe Jesus: Teu irmão ressurgirá. Respondeu-lhe Marta: Sei que há de ressurgir na ressurreição no último dia. Disse-lhe Jesus: Eu sou a ressurreição e a vida. Aquele que crê em mim, ainda que esteja morto, viverá. E todo aquele que vive e crê em mim, jamais morrerá. Crês nisto? Respondeu ela: Sim, Senhor. Eu creio que tu és o Cristo, o Filho de Deus, aquele que devia vir ao mundo. A essas palavras, ela foi chamar sua irmã Maria, dizendo-lhe baixinho: O Mestre está aí e te chama. Apenas ela o ouviu, levantou-se imediatamente e foi ao encontro dele. (Pois Jesus não tinha chegado à aldeia, mas estava ainda naquele lugar onde Marta o tinha encontrado.) Os judeus que estavam com ela em casa, em visita de pêsames, ao verem Maria levantar-se depressa e sair, seguiram-na, crendo que ela ia ao sepulcro para ali chorar. Quando, porém, Maria chegou onde Jesus estava e o viu, lançou-se aos seus pés e disse-lhe: Senhor, se tivesses estado aqui, meu irmão não teria morrido!

Ao vê-la chorar assim, como também todos os judeus que a acompanhavam, Jesus ficou intensamente comovido em espírito. E, sob o impulso de profunda emoção, perguntou: Onde o pusestes? Responderam-lhe: Senhor, vinde ver. Jesus pôs-se a chorar. Observaram por isso os judeus: Vede como ele o amava! Mas alguns deles disseram: Não podia ele, que abriu os olhos do cego de nascença, fazer com que este não morresse? Tomado, novamente, de profunda emoção, Jesus foi ao sepulcro. Era uma gruta, coberta por uma pedra. Jesus ordenou: Tirai a pedra. Disse-lhe Marta, irmã do morto: Senhor, já cheira mal, pois há quatro dias que ele está aí... Respondeu-lhe Jesus: Não te disse eu: Se creres, verás a glória de Deus? Tiraram, pois, a pedra. Levantando Jesus os olhos ao alto, disse: Pai, rendo-te graças, porque me ouviste. Eu bem sei que sempre me ouves, mas falo assim por causa do povo que está em roda, para que creiam que tu me enviaste. Depois destas palavras, exclamou em alta voz: Lázaro, vem para fora! E o morto saiu, tendo os pés e as mãos ligados com faixas, e o rosto coberto por um sudário. Ordenou então Jesus: Desligai-o e deixai-o ir. Muitos dos judeus, que tinham vindo a Marta e Maria e viram o que Jesus fizera, creram nele. Alguns deles, porém, foram aos fariseus e lhes contaram o que Jesus realizara. Os pontífices e os fariseus convocaram o conselho e disseram: Que faremos? Esse homem multiplica os milagres. Se o deixarmos proceder assim, todos crerão nele, e os romanos virão e arruinarão a nossa cidade e toda a nação. Um deles, chamado Caifás, que era o sumo sacerdote daquele ano, disse-lhes: Vós não entendeis nada! Nem considerais que vos convém que morra um só homem pelo povo, e que não pereça toda a nação. E ele não disse isso por si mesmo, mas, como era o sumo sacerdote daquele ano, profetizava que Jesus havia de morrer pela nação, e não somente pela nação, mas também para que fossem reconduzidos à unidade os filhos de Deus dispersos. E desde aquele momento resolveram tirar-lhe a vida. Em consequência disso, Jesus já não andava em público entre os judeus. Retirou-se para uma região vizinha do deserto, a uma cidade chamada Efraim, e ali se entretinha com os seus discípulos" (Jo 11,1-54).

342 – Muitas vezes, Deus tem mais atenção e reverência pelo corpo humano que o próprio homem tem por ele. Como viver em paz e alegria, se o corpo está continuamente sujeito a todo o tipo de pressão?

343 – A doença está intrinsecamente ligada à eternidade. Os verdadeiros homens de Deus não têm medo da morte, porque esperam o céu. O exemplo do irmão Théophane é admirável. Levado por um tumor cerebral aos 28 anos, monge da abadia de Sept-Fons, ele escreveu, considerando a brevidade de sua vida, esta inquietante mensagem: "Que é a vida monástica? Quantos receberam esse chamado? Quantos, ao fim de suas vidas, tornaram-se verdadeiros monges, amigos de Deus? O que será preciso de graça, fidelidade, perseverança, coragem para chegar a esse ponto? E o que é esse pequeno algo a mais que o faz amigo de Deus? Para mim, começando agora, qual será o meu futuro? Há a minha vocação, há fé e o exemplo dos antigos, como *père* Jérôme, e essa lancinante esperança de chegar um dia, como ele, a ser um monge, um verdadeiro monge".

Quanto mais sofria, mais se elevava aos cumes espirituais. Padre Samuel, um monge trapista de Sept-Fons, escreveu um livro extraordinário sobre essa vida tão breve, sua doença cruel e a morte, *Qui cherchait Théophane?* [A quem procurava Théophane?], do qual gostaria de citar esta passagem: "Sem a esperança cristã, com certeza ele estaria desesperado ou revoltado. E nós também. Cada um de nós foi tentado pelo absurdo daquela situação: a doença ceifando uma vida tão jovem que prometia ser tão plena! Tentamos dar as costas à resignação. A doença ensinou a irmão Théophane a ultrapassar as felicidades aparentes e também as falhas aparentes. Se tivesse sido curado, essa atitude teria iluminado toda a sua existência. Nesse contexto, seu testemunho é valioso para outros pacientes que querem se curar e também para nós mesmos. Sabemos, agora, o quanto custa a felicidade. Falo de uma felicidade sólida que um incidente de percurso, por mais grave que seja, não é capaz de destruir. A doença do irmão Théophane fez dele um homem mais forte e lançou-nos a todos no coração de Deus. O que buscava, então, o irmão Théophane? Irmão Théophane não pedia nada a ninguém, nem mesmo a Deus, não pedia nem que o amássemos: ele queria apenas ser feliz em Deus".

Père Samuel conclui seu livro citando Gênesis: "Judá, meu filho, é um jovem leão. Ele volta trazendo a caça e deita-se como um leão: quem o despertará?" (Gn 49, 9).

344 – Também eu vivi essa bela e rica experiência com Irmão Vincente-Marie da Ressurreição, que pertencia à comunidade dos cônegos regulares de Lagrasse. Sofrendo de esclerose múltipla, ele foi perdendo progressivamente seus movimentos e a fala. Apesar da situação dolorosa, irmão Vincent permaneceu sereno, alegre e paciente. Todos os nossos encontros se passaram em silêncio e em oração. Deus pediu-lhe que fosse um holocausto permanente e uma silenciosa oferta para a salvação do mundo; perto do meu amigo, tornei-me um aprendiz sobre o mistério do sofrimento.

Observar o irmão Vincent com tantas limitações em seu leito mostrou-me, silenciosamente, que a expressão mais sublime do Amor é o sofrimento. Na véspera de seu sepultamento, lendo seu diário, encontrei toda a energia espiritual que alimentava sua vida interior. Nessas páginas, com efeito, encontrei uma reflexão muito profunda: "Creio que o sofrimento foi dado por Deus ao ser humano por um grande pensamento de amor e de misericórdia. Creio que o sofrimento é para a alma o maior agente de redenção e de santificação". Sim! O sofrimento é um estado de felicidade e santificação. Ao ouvir o irmão Vincent, parecia-me que estava lendo santa Teresa do Menino Jesus, que escreveu: "Eu encontrei a felicidade e a alegria na terra, mas unicamente no sofrimento, porque eu sofri muito neste mundo".

Para conseguir assumir o sofrimento e encontrar a alegria, irmão Vincent nos releva um último segredo. Eu o descobri também em seu diário íntimo: "Todos os dias, tranco-me em um triplo castelo, o primeiro é o puríssimo coração de Maria [...], contra todos os ataques do Espírito do Mal; o segundo é o coração de Jesus, contra todos os ataques da carne; o terceiro é o Santo Sepulcro, onde eu me escondo perto de Jesus, contra o mundo".

345 – A linguagem do sofrimento e do silêncio contradiz a linguagem do mundo. Diante da dor, devemos imaginar duas vias completamente opostas: o nobre caminho do silêncio e o caminho pedregoso e batido da revolta, ou seja, o caminho do amor de Deus e o do amor de si.

346 – Esse medo patológico do sofrimento e do silêncio é particularmente agudo no Ocidente. As culturas africanas e asiáticas, porém, mostram uma grande aceitação da dor, da doença e da morte, porque a perspectiva de uma vida melhor, no além, está profundamente presente.

Qual é a atitude oportuna diante de um doente incurável?

347 – Quando a doença é incurável, as palavras não adiantam muito. É preciso guardar o silêncio, saber confortar afetuosamente quem sofre e transmitir-lhe a proximidade, o calor e a compaixão de Deus. Basta pegar suas mãos e olhar sem dizer nada. A ternura de um olhar é capaz de revelar o consolo e o conforto de Deus. Diante de um paciente sofrendo, não é necessário falar. Devemos partilhar silenciosamente o seu sofrimento, amar e rezar com a certeza de que a única linguagem apropriada ao Amor é a oração e o silêncio.

348 – O doente é, por sua própria condição, iniciado no silêncio. Encontra-se mais adiantado que a pessoa saudável no mistério do silêncio de Deus. Quem sofre está esperando sem palavras, mas em seu coração palpitam a esperança e o abandono que o mergulham em Deus.

349 – A doença é uma antecipação do silêncio da eternidade.

Diante da morte, qual é o verdadeiro silêncio?

350 – Quando Deus vem buscar uma pessoa, duas formas de silêncio se instalam: o dos vivos, petrificados diante do desaparecimento de alguém, e o do morto que nos faz entrar no mistério da esperança cristã e da verdadeira vida.

Os primeiros são postos diante do mistério de um silêncio agitado, triste, doloroso e inconsolável. Esse silêncio imprime nos rostos a angústia, a tristeza e a rejeição da morte que veio perturbar a sua tranquila indiferença.

351 – As sociedades ocidentais, traumatizadas pela dor e pelo sofrimento que acompanham a morte, rejeitam-na. O homem moderno quer-se imortal. A negação dessa grande passagem produz uma cultura de morte que impregna o conjunto das relações sociais. A civilização pós-moderna nega a morte, embora a provoque, e, paradoxalmente, não deixe de exaltá-la. O assassínio de Deus permite pôr a morte à espreita, pois a esperança já não vive no horizonte humano.

352 – O descarte da morte provoca uma aversão ao seu silêncio. Os novos costumes de sepultamento demonstram a falsa alegria e a adulteração do luto que não cedem a palavra ao silêncio. A decadência ocidental atingiu um nível tal que não é raro ouvir aplausos e longos

discursos durante os sepultamentos. O luto se expressa pelas lágrimas e não por uma alegria artificial e sem raízes. Cristo mesmo não chorou por seu amigo Lázaro morto e enterrado havia quatro dias?

Não quero deixar de lembrar que a morte é um momento difícil que provoca desconcerto natural entre os vivos. Da mesma forma, as lágrimas são manifestação de um silêncio autêntico. Também sei o quão difícil é aceitar a brutalidade dessa separação. Muitas vezes, uma parte de nossa vida vai embora. A morte sempre leva algo da história de quem ficou.

353 – A grande interrogação da morte só pode ser verdadeiramente entendida no silêncio da oração. De que modo entender o silêncio do desaparecimento a não ser pelo silêncio do nosso coração e dos nossos lábios?

354 – Antes do silêncio da morte, sucede muitas vezes o silêncio das doenças e do sofrimento. Há apenas uma maneira de meditar sobre o sentido da morte, e isso passa pelo silêncio interior.

Na verdade, a continuidade das relações entre mortos e vivos existe apenas no silêncio. A inseparabilidade entre o mundo da vida e o da morte se passa no silêncio e numa relação que vai além do corpo. Apesar do desaparecimento do corpo, nossas relações com os mortos são indestrutíveis, reais e tangíveis, pois sua afeição está profundamente gravada em nossos corações.

355 – A morte é o silêncio do mistério, o silêncio de Deus e o silêncio da vida.

Como os cristãos podem alimentar o seu silêncio? A resposta final é dada por Cristo na Cruz, onde eles podem encontrar Deus que sofre e morre. Mas a vitória de Cristo é fonte de esperança e silêncio, tão imenso é o dom de Deus.

356 – O ensinamento da Igreja sobre a morte não procura, primeiramente, confortar ou tranquilizar com palavras amenas. No seguimento de Cristo, ela quer falar da imortalidade da alma e da ressurreição do corpo. No primeiro *Prefácio dos fiéis defuntos,* encontramos esta afirmação: "A vida não é tomada, mas transformada, e, desfeita nossa morada terrestre, nos é dada no céu uma morada eterna". Diante de tal realidade, apenas o silêncio se impõe verdadeiramente.

357 – Por que levantar-se contra a morte? A negação da morte é um impasse. Pois, para além da desaparição e do sepultamento, a morte é um novo nascimento. Ante a morte, somos como recém-nascidos e não sabemos falar, mas a vida cresce e se alarga invisivelmente.

358 – A morte é compreensível se guardamos, no silêncio, os olhos da fé voltados para Cristo: no Calvário, onde um Deus de corpo lacerado e destruído foi descido e levado à tumba, na qual a morte seria superada depois de três dias, é que encontramos a essência e o perfume do silêncio divino.

359 – O cristianismo permite à humanidade ter uma visão mais simples, mais serena e mais silenciosa da morte, longe dos gritos, das lágrimas e do desespero.

360 – A morte é uma porta, e devemos cruzá-la sem alarido, pois ela se abre para nos conduzir à vida. A grande ceifadora nos leva em direção à pátria divina. Eis a esperança que exige toda a nossa oração! Devemos querer cruzar essa porta com serenidade e fé.

Para muitos, infelizmente, a morte parece uma infindável noite sem amanhã. No entanto, a noite contém valores que o dia não pode sequer imaginar. Quem não tem fé cria para si luzes que imagina serem fortes e eternas, mas enquanto deliberamos sobre o nosso futuro, dizendo: "Derrubarei os meus celeiros e construirei maiores; neles recolherei toda a minha colheita e os meus bens. E direi à minha alma: ó minha alma, tens muitos bens em depósito para muitíssimos anos; descansa, come, bebe e regala-te" (Lc 12,18-19), no momento em que nos perguntamos e tomamos decisões, Deus apaga as luzes. Os telhados de nossas casas desabam sobre nós, as torres altas balançam, as paredes racham e caem arruinadas, e os edifícios sagrados são reduzidos às cinzas enquanto o vigia noturno inventa para si uma teoria qualquer sobre o tempo.

Sei que essa linguagem é absolutamente incompreensível e chocante para os que não têm fé. O materialista quer tornar a vida uma grande festa, um tempo para aproveitar todos os prazeres e uma alegria compulsiva. Então, o mais tarde possível, a morte virá deter esse fluxo que desemboca no vazio. Não há nada além disso. Essas pessoas movem-se como animais, sem alma nem esperança. E quando o dia fatídico chega, pois o abismo acaba de se abrir sob seus pés, elas tentam transformar a morte num momento sem dor. Os que continuam vivos preparam uma festa... A morte transformou-se em um espetáculo barulhento e exibicionista nos velórios sem alma e nos crematórios pagãos com as suas mórbidas urnas funerárias. As novas tecnologias estimulam a profanação e o desprezo do corpo humano, tornando-o rapidamente cinza, como que para negar a nossa vocação divina.

361 – Quem tem fé deve olhar em silêncio para Cristo. Os mártires aceitam morrer sem um ruído, porque sabem que a morte é uma passagem. A morte é a porta da vida. Penso no padre Maximiliano Kolbe, que deu sua vida para salvar seus companheiros, aceitou a morte com muita simplicidade. Em 17 de fevereiro de 1941, ele foi preso pela Gestapo e violentamente espancado porque se recusou a negar Jesus Cristo; em 28 de maio foi transferido para o campo de Auschwitz, sob o número de

registro 16670. Mesmo nos piores anos da invasão nazista da Polônia, Kolbe revelou toda a força de sua coragem e a profundidade de sua fé. Fazendo-se próximo de todos, sentia-se capaz de tudo realizar por amor a Jesus que continuava, por intermédio da Virgem Maria, a transmitir-lhe sua força. Maximiliano Kolbe não era homem de compromissos, ele pensava que a verdade não podia ser disfarçada "e que tudo o que podemos e devemos fazer é procurá-la, e quando a tivermos encontrado, servi-la até o fim. Devemos servir a verdade até a morte". Em julho de 1941, um homem desapareceu no pavilhão 14, onde se encontrava o padre Kolbe. Em represália, os nazistas escolheram dez homens e os condenaram a morrer de fome.

Maximiliano Kolbe ofereceu-se voluntariamente para substituir o pai de família Franciszek Gajowniczek, um dos dez prisioneiros. Os dez presos foram trancados em um *bunker* subterrâneo mal iluminado. A fome e a sede fariam com que os presos mergulhassem, em poucos dias, na loucura, mas Maximiliano, graças à oração, conseguiu com que a calma e a piedade reinassem entre os companheiros de tragédia. Ao fim de duas semanas sem comida, apenas o padre Kolbe, que sustentara moralmente os seus companheiros, e os viu morrer, ainda estava vivo. Finalmente, foi executado em 14 de agosto de 1941 com uma injeção de fenol e seu corpo foi queimado em um forno crematório no dia 15 de agosto, festa da Assunção da Virgem Maria.

Como encontrar o silêncio diante do sofrimento da morte? À pergunta "o instante da morte não seria o único momento de verdadeiro silêncio da vida"?, o filósofo Vladimir Jankélévitch, em Pensar na morte, *responde: "Sim, mas para alguém que olha o moribundo. Quem está morrendo, frequentemente, está em tal estado que palavras como silêncio ou solidão já não têm sentido para ele. Quem o olha pode imaginar esse momento como o momento do mais extremo silêncio, em oposição à existência que o rodeia. Podemos ser amparados, confortados e ajudados ao longo da vida, mas a morte em si mesma, o instante da morte, bem..., é preciso atravessá-lo sozinho".*

362 – Para responder a essa afirmação, gostaria de citar novamente algumas linhas do padre Samuel em *Qui cherchait Théophane?*: "Nos últimos dias, Irmão Théophane quase não conseguia mais falar. Decidi rezar o *Credo* e, ao final, fiz algumas perguntas: 'Crês nisso?', 'Sim'; 'Amas nosso Senhor?', 'Sim'; 'Amas a Virgem Maria?', 'Sim'; 'Queres fazer a vontade de Deus?' 'Sim!'. Essa sequência de 'sins' energéticos foi quase que sussurrada, dita à *l'auvergnate* [ao estilo de Auvergne, região da França], por causa da dificuldade de pronunciar que acabava de surgir. Esses atos tão simples, completos e sinceros fizeram-me passar um dia comovido, mas, ao mesmo tempo alegre, de modo que interrompi a oração para fazer um gracejo, ao qual ele respondeu com outro: 'És um santo', 'Claro...!' Nos últimos dias, pareceu-nos que o seu estado de consciência era intermitente. Perguntávamos onde passava a fronteira entre a decisão livre e a que era apenas automatismo. Irmão Théophane oscilava efetivamente entre uma e outra. Seu silêncio vinha tanto de suas recentes dificuldades de elocução como também da mescla de recolhimento e sono leve. Quando era preciso, eu lhe perguntava sempre: 'Estás cansado?, 'Não'; 'Queres continuar?', 'Sim'. Sua adesão a Deus, portanto, limitava-se a um livre assentimento, repetido duas ou três vezes, tendo como base hábitos bem estabelecidos. Não seria esse o aspecto humano de toda oração?".

363 – A agonia e a morte resultam sempre em grande e profunda tristeza. Mas a atitude silenciosa é a melhor maneira cristã de acolher a morte. A Virgem Maria estava de pé, em silêncio, aos pés da Cruz de seu Filho.

O momento em que se abre a porta para um encontro que nos fará ver Deus, como afirma tão vigorosamente o testamento de Jó, é o mais belo silêncio da vida terrena. Mas ele não é nada diante do silêncio do céu.

364 – Quando a alma se separa do corpo, ela se eleva em um silêncio incomparável. O grande silêncio da morte é aquele da alma que caminha para uma outra pátria: a terra da vida eterna.

É preciso estar em uníssono com o silêncio da alma dos falecidos. As grandes obras de Deus sempre aconteceram em silêncio. A concepção, isto é, o momento em que o corpo se une à alma, e o momento em que a alma se separa de seu invólucro carnal são momentos de silêncio, momentos eminentemente divinos.

365 – Tudo o que é de Deus não faz nenhum ruído. Nada é brutal, tudo é delicado, puro e silencioso.

5
Como um clamor no deserto:
O encontro na Grande Cartuxa

"No retiro dos mosteiros e na solidão das celas, paciente e silenciosamente, os cartuxos tecem a veste nupcial da Igreja."

João Paulo II, *Carta aos cartuxos,*
por ocasião do nono centenário
da morte de são Bruno

"A nossa principal aplicação e propósito consistem em nos dedicar ao silêncio e à solidão da cela. Esta é a terra santa e o lugar onde o Senhor e o seu servo conversam frequentemente como dois amigos. É nela que muitas vezes a alma fiel se une ao Verbo de Deus, a esposa vive com o Esposo, as coisas da terra se ligam às do céu, as humanas às divinas. Mas é muito o trajeto a percorrer, por caminhos áridos e secos, antes de chegar à fonte das águas e à terra de promissão. Por isso convém que o que vive retirado em sua cela vele diligente e solícito para não se tentar nem aceitar nenhuma saída dela, fora das geralmente estabelecidas; mais bem considere a cela tão necessária para sua saúde e vida, como a água para os peixes e o aprisco para as ovelhas. Se se acostuma a sair dela com frequência e por leves causas, cedo se lhe fará odiosa; pois, como diz Santo Agostinho: *Para os amigos deste mundo não há nada mais trabalhoso que não trabalhar.* Pelo contrário, quanto mais tempo guarde a cela, tanto mais a gosto viverá nela, se sabe ocupar-se de uma maneira ordenada e proveitosa na leitura, escritura, salmodia, oração, meditação, contemplação e trabalho. Enquanto, vá acostumando-se à tranquila escuta do coração, que deixe entrar Deus por todas suas portas e sendas. Assim, com a ajuda divina, evitará os perigos que frequentemente espreitam o solitário: seguir na cela o caminho mais fácil e merecer ser contado entre os mornos. Os frutos do silêncio só conhece quem os experimentou. Ainda que a princípio nos pareça duro calar, gradualmente, se somos fiéis, nosso mesmo silêncio irá criando em nós uma atração para um silêncio cada vez maior. Para consegui-lo, está estabelecido que não falemos uns com outros sem permissão do Presidente.

O primeiro ato de caridade para com nossos irmãos é respeitar sua solidão. Se se nos permite falar de algum assunto, seja nossa conversa tão breve quanto seja possível.

Os que não são de nossa Ordem nem aspiram a entrar nela, não se hospedem em nossas celas.

Os monges do claustro dedicam todos os anos oito dias a uma guarda maior da quietude da cela e do recolhimento. O que se acostumou fazer normalmente por motivo do aniversário da Profissão.

Deus nos trouxe à solidão para falar-nos ao coração. Seja, pois, nosso coração como um altar vivo, do que suba continuamente ante o Senhor uma oração pura, pela qual devem ser impregnados todos nossos atos.

Estatutos da Ordem dos Cartuxos,
livro I, capítulo IV,
"A guarda da cela e do silêncio"

"Deus conduziu a seu servo à solidão para falar-lhe ao coração; mas só o que escuta em silêncio percebe o sussurro da suave brisa que manifesta ao Senhor. Ainda que a princípio nos resulte duro calar, gradualmente, se somos fiéis, nosso mesmo silêncio irá criando em nós uma atração para um silêncio cada vez maior.

Por isso, não está permitido aos irmãos falar indistintamente o que queiram, com quem queiram ou o tempo que queiram. No entanto, podem falar do que seja útil para seu trabalho, mas em poucas palavras e baixinho. Além do que corresponde à utilidade do trabalho, só podem falar com licença, tanto com os monges como com os estranhos.

Como a guarda do silêncio é de suma importância na vida dos irmãos é preciso que guardem cuidadosamente essa regra. Nos casos duvidosos não previstos pela lei, fica à discrição de cada qual o julgar se lhe está permitido falar e quanto, segundo sua consciência e a necessidade.

Os irmãos, quando forem autorizados a falar, devem moderar o número e a extensão das suas palavras, por respeito ao Espírito Santo que neles habita e por amor a seus companheiros. Pode se crer, com efeito, que uma conversa prolongada inutilmente entristeça ao Espírito e cause mais dissipação que poucas palavras, ditas sem permissão, mas rapidamente interrompidas. Muitas vezes, uma conversa útil no início torna-se rapidamente inútil e acabe por ser culposa.

Aos domingos, solenidades e dias de retiro, observem um silêncio mais estrito, e permaneçam mais tempo na cela. Todos os dias, entre o *Angelus* da noite e a *Prima*, deve reinar um silêncio absoluto em toda a casa que não pode ser quebrado senão por necessidade realmente urgente. Pois a noite, segundo os exemplos das Escrituras e o entendimento dos antigos monges, é especialmente favorável ao recolhimento e ao encontro com Deus.

Com mais razão ainda, não se permitirá aos irmãos que falem ou conversem sem permissão com os seculares. Caso se encontrem de passagem com algum deles ou se eles os saudarem, responderão brevemente às suas perguntas e pedirão desculpas por não terem permissão de falar mais.

A observância do silêncio e o recolhimento espiritual requerem uma especial vigilância dos irmãos que têm muitas ocasiões de falar. Serão perfeitos nesse ponto apenas se se esforçarem para viver na presença de Deus."

Estatutos da Ordem dos Cartuxos,
livro II, capítulo XIV, "O silêncio"

NICOLAS DIAT: Por que procurar o silêncio? Em uma carta a seus irmãos cartuxos, são Bruno escreve: "Alegrai-vos, portanto, meus caríssimos irmãos, por vossa bem-aventurada sorte e pelas liberalidades da graça divina derramada sobre vós. Regozijai-vos por terdes escapado das águas turbulentas deste mundo, onde se multiplicam os perigos e os naufrágios. Regozijai-vos por terdes ganhado o descanso tranquilo e a segurança de um porto escondido; muitos desejam aí chegar, muitos até mesmo se esforçam para alcançá-lo, mas não chegam. Muitos até, depois de terem desfrutado desse porto, foram depois rejeitados porque nenhum deles recebera a graça que vem do Alto". O primeiro cartuxo convidava muitas vezes a "deixar as sombras fugazes do mundo", os ruídos que, já no século XI, desviavam os espíritos e os corações. No início desse encontro excepcional, que nos reúne na Grande Cartuxa, podemos voltar às origens do desejo de silêncio?

CARDEAL ROBERT SARAH: A verdadeira busca do silêncio é a busca de um Deus silencioso e a da interioridade. É a busca de um Deus que se revela nas profundezas do nosso ser. Os monges conhecem bem essa realidade quando decidem deixar o mundo e "essa geração má e adúltera" (cf. Lc 12, 29-32; Mt 12, 39).

Ninguém melhor que santo Agostinho fez progredir o conhecimento do ser humano em sua realidade mais essencial. Ele lançou sobre o seu passado um olhar de admirável precisão. Agostinho pretendia descobrir, no mais íntimo do ser humano, a ausência de Deus no pecado, a necessidade de Deus na inquietude, a vinda de Deus na salvação, a presença de Deus na vida da graça. Para ele, o conhecimento do ser humano leva ao Ser, a um Deus mais íntimo que o mais íntimo de si mesmo.

Em toda sua obra, o autor da famosa frase "*noverim me, noverim te*" ["que eu te conheça, que eu me conheça"] (*Solil*. II,1: PL 32, 885) proclama que o conhecimento de si e o conhecimento de Deus estão intimamente ligados. Ir em busca de Deus, não é sair de si mesmo para encontrar algo no mundo exterior; pelo contrário, é afastar-se deste mundo e curvar-se sobre si mesmo. "Não saias de ti, mas volta para dentro de ti mesmo, a verdade habita no coração" (*De vera religione* 39,72: PL 34,154).

Nas *Confissões*, santo Agostinho nos fala daqueles que "viajam para admirar os píncaros dos montes, as grandes ondas do mar, as largas correntes dos rios, a imensidão do oceano, as órbitas dos astros, mas se esquecem de si mesmos!" (*Conf.* X, 8, 15: PL 32, 785).

Essa é também a doutrina espiritual de são Gregório Magno. "Volta-te para dentro de ti, explora o refúgio do teu coração" (*Mor.* 19, 8), aconselha ele. Para chegar a Deus, o ser humano precisa, de início, conhecer-se. Em *Moralia*, são Gregório diz que a alma, para elevar-se a Deus, deve, primeiro, concentrar-se, recolher-se, curvar-se sobre si mesma.

Não podemos esperar conhecer Deus sem nos reencontrar, ou seja, sem ter confessado, louvando a Deus, as nossas boas e más ações. Como não admirar a natureza fulgurante de Agostinho: "Estavas diante de mim, mas eu partira para longe de mim. Se eu já não conseguia me encontrar, como poderia conseguir encontrar a ti?" (*Conf.* V, 2, 2: PL 32, 706).

O silêncio é um elemento altamente necessário na vida de cada um, pois permite o recolhimento da alma e protege a alma contra a perda de sua identidade. Ele previne a alma contra a tentação de desviar-se de si mesma a fim de ocupar-se das coisas exteriores, longe de Deus.

Se alguém quiser esconder-se no fundo do coração, em seu belo santuário interior, para examinar-se e reconhecer ali a Presença de Deus, se quiser conhecer e compreender sua própria identidade, será preciso ficar em silêncio e conquistar sua interioridade.

Como seria possível alguém descobrir a si mesmo na barulheira? A clarividência e a lucidez da pessoa sobre si mesma só podem eclodir na solidão e no silêncio. Quem se mantém em silêncio está mais apto a ouvir e permanecer diante de Deus. O silencioso encontra Deus dentro de si. A oração e a vida interior exigem silêncio, recolhimento e discrição que nos convidem a não pensar desordenadamente em nós mesmos. Nos momentos importantes da vida, o silêncio é uma necessidade vital. Mas não procuramos o silêncio por si mesmo, como se fosse o nosso objetivo. Buscamos o silêncio porque buscamos a Deus. E o encontraremos se fizermos silêncio no mais profundo de nosso coração.

DOM DYSMAS DE LASSUS: Em geral, considera-se o silêncio como mera ausência de ruído e de palavras, mas a realidade é muito mais complexa.

O silêncio de um casal que janta sozinho pode ser a expressão da profundidade de uma comunhão que não precisa de palavras, ou, pode ser também o sinal de que eles não conseguem mais falar um com o outro. O primeiro é o silêncio de comunhão; o segundo, o silêncio de ruptura. Essas duas formas opostas carregam, cada qual, uma mensagem muito forte; o primeiro silêncio diz: eu te amo; o segundo, o nosso amor acabou.

Como se transmite essa mensagem? Pelo olhar, pelos gestos, pelo coração. Olhar do amor, no primeiro caso; olhar retraído, no segundo; um exprime o desejo de um encontro mais profundo; o outro, o fracasso da relação.

Neste livro, é claro que pretendemos falar do silêncio de comunhão e da riqueza que traz consigo. No entanto, mesmo esse silêncio admite uma grande variedade. O ser humano pode se calar para ouvir e para receber o que o silêncio do outro diz. Pode se calar para dizer algo que não pertence à linguagem das palavras, ou, então, por estar diante de uma realidade muito imponente para poder se expressar pelas palavras.

Não existe um diálogo silencioso entre a mãe e o filho que acabou de nascer? A mãe lhe fala, talvez já lhe tenha dado um nome, porém, no mais das vezes, ela simplesmente o sente. Lembro-me, durante a visita anual da minha família ao mosteiro, de que minha irmã estava grávida e, de repente, no meio de uma conversa, ela abriu um belo sorriso. Como o contexto não explicava esse sorriso, perguntei-lhe: "Irene, por que você está sorrindo?" E ela respondeu: "Ele está se mexendo". Não havia necessidade de perguntar quem era "ele".

Gosto dessa metáfora da mulher grávida porque ela representa bem a questão da interioridade. Não era preciso muitas palavras: "ele" já disse tudo. E quando "ele" significa Deus, a oração está perto, pois adoração e silêncio são irmã e irmão.

R.S.: Estou perfeitamente de acordo. Além disso, como um sacerdote pode viver fora do silêncio? Em vista do grande mistério da Eucaristia, celebrada diariamente, ele deve consagrar uma parte de sua vida ao silêncio, assim, o Cânon emergiria cheio de poder e sentido. A santa missa é o que ele tem de mais sagrado e divino. Ela deve ser cercada de dignidade, silêncio, sacralidade. O Ofício das Horas nos prepara. Todas as criaturas estão em silêncio, exceto o padre, que tem o poder de falar por todas elas, e em nome de todos, perante a Divina Majestade. O sacerdote une os homens a Deus mediante algumas frases simples que são palavras divinas. Ele põe a humanidade diante de Deus pelas palavras da consagração nas quais ele pronuncia o próprio Verbo do Pai – ele determina a presença do Verbo no tempo, em um estado especial, encarnado e sacrificado.

O sacerdote deve saber quando se calar e quando falar. É importante orar sete vezes por dia, para louvar a Deus, e o confessar na santa missa, diante dos homens. A dignidade sacerdotal nos obriga a estar atentos ao alcance de nossas palavras. Tudo, nele, corpo e alma, deve proclamar a glória de Deus. A palavra é, então, mais importante que a vida ou a morte; ela não deve ser necessariamente forte sobre essa terra, desde que seja ouvida no céu. Acima de tudo, para alimentar essa palavra, é terrivelmente importante permanecer em silêncio.

Quando? Quase todo o resto do tempo. O narcisismo da palavra superabundante é uma tentação de satanás. Ele produz uma forma de exteriorização detestável, em que se chafurda na superfície de si mesmo, fazendo barulho para não ouvir a Deus. É essencial que os padres aprendam a guardar para si as palavras e as opiniões que eles não se deram ao trabalho de meditar, interiorizar e de gravar no fundo do coração. Devemos pregar a Palavra de Deus e não os nossos pensamentos minúsculos! Porque "anunciar o Evangelho não é glória para mim; é uma obrigação que se me impõe. Ai de mim, se eu não anunciar o Evangelho!" (1Cor 9,16). Mas essa pregação supõe o silêncio. Caso contrário, é um desperdício de tempo, um lero-lero sentencioso. O exibicionismo espiritual consiste em exteriorizar os tesouros da alma, expondo-os sem pudor, é sinal de uma trágica pobreza humana e manifestação da nossa superficialidade. Falamos frequentemente porque acreditamos que outros esperam que assim o façamos. Daí nos acontece de não sabermos mais nos manter em silêncio porque o nosso dique interior tem tantas fissuras que já não consegue deter a força de nossas palavras. O silêncio de Deus, no entanto, deve nos ensinar que, muitas vezes, é preciso calar.

Quem verdadeiramente busca a Deus está sempre a percorrer os recintos do silêncio para chegar aos territórios próximos às moradas divinas. A Grande Cartuxa é um desses recintos. A noite passada, durante o Ofício na igreja do mosteiro, fiquei profundamente impressionado pelo silêncio. Enquanto o coro estava mergulhado na escuridão e cantava sem luz alguma, pensei que a escuridão foi uma extraordinária invenção de Deus. Ela simplifica e unifica tudo, escondendo as diferenças, as distinções, as asperezas, os acidentes que tornam os monges diferentes uns dos outros, submergindo toda a distração na noite. Nessa escuridão em que brilhava apenas a luz fraca do sacrário, que indica a Presença real, eu me assimilei aos cartuxos e nada me distinguia deles. Somente o olhar de Deus percebia uma mancha negra e indigna entre essas almas puras vestidas de branco. Sentimo-nos como na noite da Vigília Pascal. Mas todo Ofício não é uma verdadeira Vigília Pascal?

A noite nos envolve ao longo do Ofício, ouvimos os salmos e o "Cântico dos três jovens...": Frios e aragens, bendizei o Senhor [...]! Gelos e neves, bendizei o Senhor [...]! Nascentes e fontes, bendizei o Senhor [...]! Noites e dias, bendizei o Senhor [...]! Luz e trevas, bendizei o Senhor [...]! Raios e nuvens, bendizei o Senhor [...]! Que a terra bendiga o Senhor [...]! Montes e colinas, bendizei o Senhor [...]!" (Dn 3, 69-75). No silêncio escuro, cantamos o hino de ação de graças pela luz que nos será enviada. E eis que Cristo está lá. Ele veio. Ele habita entre nós. Sua presença silenciosa brilha no fundo da Igreja por meio da lâmpada do sacrário, uma sarça que arde sem se consumir pelo amor por nós. Ele desceu ao fundo da noite, reunindo em torno de Si os pobres, os que buscam a Deus, mas também nossos Pais na fé: os patriarcas, os profetas, os anjos e todos os que vieram "da grande tribulação; lavaram as suas vestes e as alvejaram no sangue do Cordeiro. Por isso, estão diante do trono de Deus e o servem, dia e noite, no seu templo (cf. Ap 7,14-15).

A noite é maternal, deliciosa e purificadora. A escuridão é como uma fonte de onde os monges saem lavados e iluminados, já não saem mais separados, mais unidos no Cristo ressuscitado.

D.L.: O senhor diz que a noite é purificadora; diria também que é reveladora. À noite, estamos mais conscientes do ruído que nos habita, pensamentos que escapam e sempre nos provocam um pouco. De dia também é assim, mas é menos se manifesto. Guardar o silêncio dos lábios não é difícil, basta querer; o silêncio dos pensamentos já é outra questão.

Gostamos de cantar no escuro, apesar dos riscos de erro que isso implica. Por quê? Não é fácil explicar. Quando as luzes estão acesas, os livros, os rostos, tudo está presente, próximo, como uma realidade imediatamente perceptível. Quando as luzes estão apagadas, e fica acesa apenas a luz do sacrário, há somente a nossa voz e Aquele a quem elas se dirigem, embora Ele permaneça oculto. A noite manifesta o mistério. Noite e mistério são irmãos de sangue.

Para nós, o mistério é uma realidade intensamente positiva. Somos como crianças que contemplam o mar pela primeira vez. Fascinadas por aquilo que veem, elas, no entanto, sabem que aquilo que se acha além excede em muito a aparência e mesmo a imaginação. Elas podem dizer que viram o mar, que o conhecem, e que todo o mais resta por descobrir. Quando se trata de mar aberto, sem a costa, a infinidade de Deus, o mistério oferece uma abertura sem limites em direção Àquele que jamais terminaremos de descobrir. Há poucas palavras para descrever uma realidade tão fascinante...

R.S.: Devemos humildemente reconhecer que é difícil falar de Deus. O hino do Ofício das Leituras da quarta-feira da primeira semana diz o seguinte: "Oh Vós, além de Tudo, não está lá tudo o que podemos cantar de Vós? Que hino, linguagem vos expressará? Nenhuma palavra Vos exprime. [...] Tendes todos os nomes, e que nome Vos darei, a Vós o único que não se pode nomear?".

No entanto, o salmista tem razão quando, atormentado pelo inimigo e as dificuldades da vida, grita com toda a força:

"A ti clamei, ó Senhor, minha Rocha; não emudeças para comigo; não aconteça que, ao te calares, eu seja como aqueles que descem ao abismo" (Sl 28, 1).

"Tu, Senhor, tens visto, não te cales; Senhor, não te afastes de mim. Desperta e acorda para o meu julgamento, para a minha causa, Deus meu e Senhor meu" (Sl 34, 22-23).

"Ó Deus, não fiques em silêncio; não te cales, nem te aquietes, ó Deus. Porque eis que teus inimigos fazem tumulto, e os que te odeiam levantaram a cabeça" (Sl 83, 2-3).

"Meu Deus, meu Deus, por que me abandonaste? Por que te afastas do meu auxílio e das palavras do meu bramido? Meu Deus, de dia eu clamo, e tu não me ouves; de noite, e não tenho sossego" (Sl 22, 2-3).

"Desperta, por que dormes, Senhor? Acorda, não nos rejeites para sempre. Por que escondes a tua face, e te esqueces da nossa miséria e da nossa opressão? Pois a nossa alma está abatida até ao pó; o nosso ventre se apega à terra" (Sl 44, 24-25).

Sim, Deus parece silencioso, mas ele se revela e nos fala por meio das maravilhas da Criação. Basta estar atento como uma criança o está diante dos esplendores da natureza. Pois a natureza nos fala de Deus. A longa busca de santo Agostinho também passa pelo olhar que pousou sobre a obra da Criação, como testemunha esta passagem das *Confissões:* "Perguntei à terra, e ela me disse: 'Eu não sou Deus'. E tudo o que nela existe me respondeu o mesmo. Perguntei ao mar, aos abismos e aos répteis viventes, e eles me responderam: 'Não somos teu Deus; busca-o acima de nós'. Perguntei aos ventos que sopram; e todo o ar, com seus habitantes, me disse: 'Anaxímenes está enganado, eu não sou Deus'. Perguntei ao céu, ao sol, à luz e às estrelas. 'Tampouco somos o Deus a quem procuras' – me responderam. Disse então a todas as coisas que meu corpo percebe: 'Dizei-me algo de meu Deus, já que não sois Deus; dizei-me alguma coisa dele' – e todas exclamaram em coro: 'Ele nos criou'. Minha pergunta era meu olhar, e sua resposta a sua beleza" (*Conf.* X, 6, 9: PL 32, 783).

Na Grande Cartuxa, como não admirar as belas e altas montanhas cobertas de neve! Como é majestosa a sua beleza! Elas são uma Palavra de Deus.

O próprio ser humano é como que o rosto de Deus, pois ele foi criado à imagem do Pai. Diz o salmo: "pouco menor o fizeste que os anjos, e de glória e de honra o coroaste. Fazes com que ele tenha domínio sobre as obras de tuas mãos; tudo puseste debaixo de seus pés" (Sl 8, 6-7). O ser humano é uma palavra encarnada e silenciosa de Deus. A lua, as estrelas, o sol, o mar, o firmamento são a prova visível da existência e da onipotência de Deus que os criou por puro amor. Essas criaturas são a voz poderosa e misteriosa de Deus. Essa nova descoberta de Deus, através da Criação, suscita em santo Agostinho um imenso amor.

Sei que ninguém jamais viu, nem ouviu a Deus, mas Aquele que vem em nome de Deus: Ele viu o Pai (cf. Jo 6, 46). Mas também sei que ele fala comigo todos os dias no mais íntimo de mim mesmo, e eu o ouço no silêncio que suscita uma escuta recíproca, desejo de comunhão e de amor. Deus é a luz que ilumina e irradia sem ruído. Sua chama brilha, mas o seu brilho é silencioso. Deus brilha e fulgura como o sol. Ele queima como uma fornalha, mas é inaudível. É por isso que eu acredito ser importante nos deixar inundar pelo silêncio de Deus que é uma palavra sem voz.

D.L.: Tudo é paradoxo na relação com Deus. As realidades que se opõem ao ser humano estão reunidas nele. Presença e ausência se sobrepõem, como disse o poeta Rainer Maria Rilke nesses belos versos:

> "Para encontrar Deus é preciso estar feliz,
> Porque aqueles que o encontram pela angústia,
> Vão rápido demais e buscam muito pouco
> A intimidade de sua ausência ardente".

Palavra sem voz ou comunhão silenciosa: essas expressões enfatizam a realidade sempre misteriosa do encontro com Deus. Como poderia ser de outra forma? Quando o infinito encontra o finito, essa união extrapola os nossos quadros habituais.

Na cartuxa, não procuramos silêncio, mas a intimidade com Deus mediante o silêncio. É o espaço privilegiado que permitirá a comunhão, o silêncio pertence à ordem da linguagem, mas de outro tipo de linguagem.

Assim, os Estatutos da Ordem começam por esta frase fundadora: "Para louvor da glória de Deus, Cristo, o Verbo do Pai, desde toda a eternidade escolheu, pelo Espírito Santo, certos homens para conduzi-los em solidão e se lhes unir com um amor íntimo. Respondendo a esse chamado, mestre Bruno, no ano do Senhor de 1084, entrou, com seis companheiros, no deserto da Cartuxa e lá se estabeleceu" *(Estatutos* I.I).

Devemos voltar constantemente ao mistério do próprio Jesus. Há dois mil anos, Deus falou ao mundo mediante a palavra humana, exatamente como a nossa. Cristo viveu trinta e três anos em nossa terra, e, por trinta anos, sua palavra não excedeu os limites de uma aldeia com algumas centenas de habitantes. Eis o silêncio de Deus. Ele está sobre a terra e permanece oculto. Podemos falar de um Deus silencioso? Falaria, antes, de um Deus oculto. São duas nuances de uma mesma realidade que têm o mesmo contraste: é a maneira de falar de Deus, que é silencioso. Ele é silencioso quando fala. Quando o Verbo se fez carne, ele se mostrou a nós, mas também está velado pelo fato de ser Deus. Ao falar com as nossas palavras humanas, a palavra de Deus é audível aos nossos ouvidos, e também oculta; a maioria ouve apenas as palavras humanas e não presta atenção. O paradoxo é impressionante: Deus se inclina até nós a ponto de falar a nossa linguagem e isso nos torna surdos às inflexões divinas dessa voz tão terrena.

Em sua vida, Jesus usou palavras, e certa vez chegou a falar mediante um chicote nas mãos. Mas perante Sinédrio, Herodes e Pilatos, ele se cala. Ele disse ao sumo sacerdote: "Falei abertamente ao mundo. Ensinei na sinagoga e no templo, onde se reúnem os judeus, e nada falei às ocultas. Por que me perguntas? Pergunta àqueles que ouviram o que lhes disse; eles sabem o que ensinei" (Jo 18, 20-21). Essa resposta lhe valeu um tapa no rosto; não é exatamente essa a situação atual? A palavra que o Pai quis dirigir ao mundo, Jesus a disse. Ele cumpriu sua missão até o fim. Se queremos saber o que ele diz, é preciso perguntar aos que são suas testemunhas, ou àqueles que ele credenciou, ou seja, perguntar à sua Igreja. Mas essa resposta não agrada... O silêncio de Deus não consiste tanto no fato de que ele não fala, mas na maneira como ele se exprime, e quão pouco interessados estamos para ouvi-lo.

A vida espiritual passa por alternâncias em que, sucessivamente, Deus se mostra e se oculta, faz-se ouvir e se cala. A oração nos ensina as sutilezas da palavra de Deus. É Deus que está em silêncio ou somos nós que não o ouvimos, porque o nosso ouvido interior e nossa inteligência não estão acostumados à sua linguagem? O fruto do silêncio é aprender a discernir essa voz, mesmo que ela guarde sempre o seu mistério.

Na oração, a voz divina é poderosa por ser capaz de nos tocar até o mais íntimo do nosso ser, mas ela se manifesta de maneira extremamente discreta. Os caminhos da vida espiritual são muito diferentes, e certas pessoas podem atravessar um deserto aparentemente interminável. Há pessoas que são tocadas em suas vidas pelo dedo do silêncio de Deus. Isto pode assumir formas místicas, como mostra a dolorosa experiência de Madre Teresa de Calcutá, que, depois de anos de profunda intimidade com o Senhor, viu tudo se eclipsar progressivamente. Nos dois últimos anos de vida, santa Teresa do Menino Jesus também passou por essa forma de abandono. Mas essa não é a regra geral, e a alma contemplativa que aprendeu a linguagem do Esposo divino, embora nunca a ouça como palavra humana, aprende gradualmente a perceber por toda a parte os seus vestígios. Essa alma assemelha-se então a uma esposa amorosa que se sabe profundamente amada, e espera encontrar à noite quem ela ama. Ao longo do dia, porém, ela vê espalhados os sinais de sua presença sem nunca o encontrar. Aqui, ela encontra um bilhete de amor, que não está assinado mas a letra é bem conhecida para que possa duvidar que não seja a dele. Ali, ela encontra um buquê de flores, sem explicações, mas em cujos detalhes reconhece que foi ele quem o pôs lá. Mais tarde, caminhando no campo, ouve uma flauta cuja música procede de um lugar que ela não sabe exatamente onde está, mas sabe quem a toca por sua causa. Entretanto, a pessoa com quem ela caminha não percebe nada disso. E assim por diante, ao longo do dia. Por toda a parte, ela percebe e vê os sinais não só dessa presença, mas também de sua atenção para com ela; por sua causa ele fala sem parar, ainda que ela não o veja em lugar algum. Ele prepara secretamente o encontro à noite, no qual poderão finalmente falar. Ele é como um perfume, fugaz e, no entanto, tão perceptível, onipresente, embora não seja possível dizer de onde vem.

Penso que Deus fala no silêncio. Sempre me impressiono com a sua discrição, com seus modos delicados, infinitamente respeitosos da nossa liberdade. Somos frágeis como vidro, então Deus tempera seu poder e sua palavra para se adaptar à nossa fragilidade.

O amor não se impõe e não pode se impor. E porque Deus é infinito amor, seu respeito e sua delicadeza nos desconcertam. E precisamente por estar em toda a parte, ele se esconde cuidadosamente para não se impor. Há um mandamento divino que nos pede que O amemos, mas isso é apenas o primeiro degrau; um irmão cartuxo o interpretou deliciosamente em um bilhete: "Meu Deus, é extraordinário que nos peçais que vos amemos. Visto quem sois e o que nós somos, deveríeis nos proibir de vos amar. Mas se vós nos proibísseis, eu vos amaria em segredo".

R.S.: Não se busca o silêncio pelo silêncio. Desejar o silêncio por si mesmo seria uma aventura estéril e uma experiência estética particularmente desgastante. No mais profundo da alma, o ser humano quer a presença e a companhia de Deus, da mesma forma que Cristo procurava a de seu Pai no deserto, longe dos gritos e das paixões da multidão. Se nós o desejamos realmente e se estamos em Sua presença, as palavras não são necessárias. A intimidade silenciosa com Deus já é palavra, diálogo e comunhão.

Na Grande Cartuxa, sinto que o silêncio é uma escada apoiada na terra, mas com a extremidade no céu. Se Jacó pudesse ter passado aquela noite ali, tenho certeza de que ele teria exclamado: "Quão terrível é este lugar! É nada menos que a casa de Deus; aqui, é a porta do céu!"(cf. Gn 28,17).

N.D.: Se os cartuxos se obrigam a tal ascese silenciosa, então é por que o silêncio serve de meio privilegiado para encontrar com Deus?

D.L.: O silêncio representa para nós uma ascese e um desejo. Uma ascese, pois é preciso entender que o silêncio requer esforço, porém, mais do que isso, ele nos atrai e nós precisamos dele. As coisas simples são sempre difíceis de explicar. Uma pessoa que procura ouvir o canto de um pássaro ficará bastante irritada se um avião passar bem naquela hora, pois o seu espaço de percepção se reduzirá então e ela não conseguirá mais ouvir o pássaro. É preciso não se deixar enganar, o silêncio não é procurado por si mesmo, mas pelo espaço que ele propicia. O silêncio nos permite perceber melhor e ouvir melhor, ele abre o nosso espaço interior.

N.D.: Não é buscado por si mesmo, mas está presente em todos os momentos...

D.L.: Esse é o nosso mais caro desejo, mas será que atingimos esse ideal? Sejamos realistas, o barulho também habita os cartuxos, nós o sabemos muito bem. Paradoxalmente, o silêncio exterior e a solidão, que visam favorecer o silêncio interior, começam a revelar todo o ruído que nos habita.

Se alguém tem no bolso um rádio ligado, é possível que no burburinho de uma cidade ou de uma rua não se dê conta dele porque o seu som se mistura ao do ambiente. Mas se você entra numa igreja, de repente percebe que uma incessante tagarelice escapa de seu bolso; a primeira coisa a ser feita é tentar desligá-lo. Infelizmente, não existe um botão para diminuir a tagarelice da nossa imaginação... O primeiro passo consiste em ter consciência dela, mesmo se isso não for particularmente agradável.

O silêncio que reina no mosteiro não é suficiente. Para alcançar a comunhão no silêncio, é preciso um longo trabalho indefinidamente recomeçado. Devemos ter paciência e fazer os esforços necessários que são difíceis; quando nossa imaginação finalmente aceita cooperar e se acalmar, os momentos de intimidade profunda com Deus compensam largamente os esforços que foram necessários para dar-Lhe espaço.

Mas não podemos, por nós mesmos, criar uma intimidade com Deus, pois ela sempre vem do Alto; nossa responsabilidade é providenciar o lugar onde tal encontro possa se dar.

Então, a solidão nos ajuda. O silêncio interior é muito mais fácil de alcançar quando estamos sozinhos. Sempre gostei do tempo de oração solitária na cela, antes do Ofício noturno na igreja. Acabamos de nos levantar no meio da noite, e esse tempo tem algo de único. Não devemos idealizar; não estou dizendo que a paz do coração está sempre presente nesse encontro, mas geralmente a comunhão silenciosa floresce muito mais naturalmente. Gostaria que esse recolhimento continuasse durante o ofício do coro que começa a seguir, mas raramente pude encontrar a mesma qualidade de comunhão, porque a dimensão comunitária da liturgia põe em movimento os pensamentos.

Enquanto houver pessoas apaixonadas sobre a terra, elas vão procurar estar a sós e, nesse seu encontro, o silêncio terá a sua parte. Essa é talvez a maneira mais simples de explicar a nossa opção de vida. O silêncio e a solidão na cartuxa recebem o seu sentido nesse imenso desejo de intimidade com Deus. Para os filhos de são Bruno, o silêncio e a solidão são o lugar perfeito desse encontro de corações.

R.S.: Concordo plenamente com dom Dysmas. A solidão é indispensável para criar um espaço de silêncio. Não existe necessidade alguma de palavras especiais para se estar com Deus. Só temos que nos calar e contemplar o seu amor. No silêncio, olhamos para Deus e nos deixamos olhar.

Deus nos vê a todo momento, mas quando nos entregamos a Ele, seu olhar é penetrante; percebemos a suavidade de seus olhos e sua Presença nos ilumina, pacifica e diviniza.

Os Evangelhos nos exortam a procurar não o silêncio, mas o deserto, para entrar em comunhão com Deus. No Novo Testamento, não há nenhum exemplo em que Cristo busque o silêncio por si mesmo. Indo ao deserto, ele o fez para reunir as melhores condições de sua intimidade com o Pai para deixar-se tomar por sua vontade.

D.L.: Falando da oração, são João da Cruz diz que ela se assemelha a "alguém que abre os olhos com um olhar de amor" (*Llama de amor viva* 2, 33-34). Esse olhar é naturalmente silencioso e maravilhado. Um camponês de Ars, paroquiano de são João-Maria Vianney, disse com tanta poesia: "Eu o vejo e ele me vê". Uma troca de olhares, o que dizer, além disso, quando algo parte do coração e leva ao coração?

R.S.: O camponês fala pouco. Ele sonda com seu olhar sincero e puro essa Presença silenciosa de Jesus que arde de amor por nós. Deus está em silêncio. Mas seu olhar cruza o nosso e ele preenche o coração humano de sua força e de sua misericordiosa ternura.

D.L.: Sim, não escutamos a Deus com os nossos ouvidos, porque Ele fala de outra forma. Em seu livro *Caminhos da contemplação*, o jesuíta Yves Raguin diz: "O que vem de Deus pode nos parecer algo vindo das profundezas do nosso psiquismo, mas, mediante uma luz que vem de ainda mais longe, sabemos o que vem dele". É inútil querer separar a parte humana da divina, pois uma está no interior da outra. Os retirantes que aspiram a entrar na Grande Cartuxa costumam me perguntar como eles podem estar certos de que Deus os chamou para o deserto. Eu sempre lhes digo que não sei... Deus se manifesta de muitas maneiras, e não posso adivinhar, nem tampouco eles, a maneira de que Ele se serviu em cada caso. Mas o céu acaba sempre por se manifestar.

Com o tempo, acabamos conhecendo a linguagem de Deus, que é uma linguagem diferente para cada pessoa. A linguagem que ele emprega para mim, conheço bem, com seu jeito único de misturar o humano e o divino, e posso testemunhar que ele está maravilhosamente adaptado. Mais que palavras, é um amor que desperta e sei que ele vem de outro lugar, pois sua fonte não está em mim.

A intimidade divina... nem sempre nos é dada, e o deserto pode ser árido, mas quando se manifesta, sua melodia ressoa muito mais profundamente do que o bem-estar de um simples silêncio com Deus.

Numa passagem das *Confissões*, santo Agostinho usa a linguagem dos sentidos interiores para dizer como essa intimidade com Deus é ao mesmo tempo familiar, próxima, tão concreta e ao mesmo tempo inefável para os sentidos comuns: "O que sei, Senhor, sem sombra de dúvida, é que te amo. [...] Mas, que amo eu, quando te amo? Não amo a beleza do corpo, nem o esplendor fugaz, nem a claridade da luz, tão cara a estes meus olhos, nem as doces melodias das mais diversas canções, nem a fragrância de flores, de unguentos e de aromas, nem o maná, nem o mel, nem os membros tão afeitos aos amplexos da carne. Nada disso amo quando amo o meu Deus. E, contudo, amo uma luz, uma voz, um perfume, um alimento, um abraço de meu homem interior, onde brilha para minha alma uma luz sem limites, onde ressoam melodias que o tempo não arrebata, onde exalam perfumes que o vento não dissipa, onde se provam iguarias que o apetite não diminui, onde se sentem abraços que a saciedade não desfaz. Eis o que amo quando amo o meu Deus!" (*Conf.* X, 6, 8: PL 32,782).

N.D.: Eminência, o senhor fala muitas vezes do silêncio como sendo Deus em nós. Dom Dysmas, o senhor concorda com essa concepção?

D.L.: Sim, claro, uma vez que estamos falando de um silêncio de comunhão. Eu reuniria essas duas dimensões complementares: Deus em nós, e nós em Deus, pois Jesus se exprime assim: "Vós estais em mim e eu em vós" (Jo 14, 20); "Pai, tu estás em mim e eu em ti" (Jo 17, 21). São duas facetas de uma mesma realidade. Podemos ser mais sensíveis a uma ou outra, mas não creio que seja possível separá-las completamente.

Pelo batismo, a própria Trindade vem fazer sua morada em nós. De acordo com são Paulo, somos templos do Espírito Santo. Esse mesmo batismo nos fez filhos de Deus. Se pudéssemos realmente compreender essas palavras! Um mistério insondável nasce na simplicidade extrema do sacramento: a água e as palavras se juntam para significar uma realidade inimaginável. Recordo-me das palavras de um poeta bizantino que se referia à teofania do Sinai: "A terra treme com trovões e relâmpagos, mas quando descestes ao seio de uma Virgem, não fizestes barulho algum".

Se a entrada de Deus em nós é silenciosa, é normal que a comunhão seja marcada pelo mesmo selo. Nossos estatutos citam Basílio de Ancira: "A alma do solitário será como um lago calmo, cujas águas brotam do fundo mais puro do espírito; nenhum ruído exterior vem agitá-lo, e, como um espelho límpido, ele reflete apenas a imagem de Cristo" (*De Virg.*: PG 30, 765).

Deus em nós! Quantas palavras podem fazer sonhar, mas é uma realidade. Jesus disse: "Se alguém me ama, guardará a minha palavra e meu Pai o amará, e nós viremos a ele e nele faremos nossa morada" (Jo 14, 23).

Essa verdade de fé nos abre *hic et nunc* [aqui e agora] para a intimidade mais profunda com Deus. É o farol de nossa vida. Estou profundamente convencido de que se os cristãos tivessem mais consciência dessa realidade, suas vidas seriam transformadas, e o mundo também.

Parece importante manter um equilíbrio entre a proximidade e a transcendência de Deus. Nas *Confissões*, santo Agostinho expressou o problema em uma fórmula famosa: *"Intimior intimo meo et superior summo meo"* [Deus que é mais íntimo do que eu tenho de mais íntimo e mais alto ao que tenho de mais elevado] (*Conf.* III, 6, 11, PL 32, 688). Tentar manter apenas uma dessas dimensões sem a outra pode gerar doenças espirituais. Por um lado, uma forma de excessiva familiaridade com um Deus muito à nossa medida, que não é realmente Deus, e, por outro, uma distância inquieta, quase jansenista.

Mas o verdadeiro mistério é a filiação divina que nos é oferecida. Se somente pudéssemos entender! Se somente pudéssemos vivê-la mais. Nada mais poderia nos perturbar. As dificuldades da vida não mudariam, mas também não conseguiriam chegar ao centro da nossa vida. Diz são Paulo: "Quem que não poupou seu próprio Filho, mas o entregou por nós, como não nos dará também com ele todas as coisas?" (Rm 8,32). Se eu sei que tudo recebi, então nada pode me faltar. Falamos de silêncio: paz profunda da alma que se sabe amada além de seus sonhos, a calma inalterável que a habita, não é esse o silêncio interior? Um silêncio vivo, expressivo, habitado. Uma expectativa vibrante a ser vivida na esperança do dia do grande encontro, face a face.

É fundamental permanecer na intimidade de Deus e da sua extraordinária simplicidade, ou melhor, sua familiaridade conosco, mas também compreender o sentido da transcendência, essa imensidão que nos supera e nos chama num mesmo movimento. Só esse equilíbrio pode dar toda a profundidade ao nosso relacionamento com Deus, porque a maravilha inefável da intimidade divina vem precisamente da sua transcendência. Como pode o infinito não somente vir ao encontro, mas também estabelecer uma relação íntima com o finito, sua criatura?

R.S.: Deus é grande e está fora de toda a contingência, Deus é imenso. É verdade que não empregaria espontaneamente a palavra "familiaridade" ao falar de Deus. Quando alguém é familiarizado com uma pessoa, permite-se quase tudo, e importa-se menos com seus gestos e suas palavras. Não é possível que nos permitamos ter esse comportamento com Deus, embora ele seja nosso Pai. Deus é silencioso, Deus é amor. Aproximamo-nos do amor como sendo algo sagrado, com dignidade, respeito e adoração. Parece estranho tentar criar relações sensíveis com o divino, mas que sejam desprovidas de veneração.

O silêncio que nos aproxima de Deus é sempre um silêncio respeitoso, um silêncio de adoração, um silêncio de amor filial. Nunca é um silêncio comum.

Deus em nós e nós em Deus; só o amor pode realizar infalivelmente esse plano. Jesus repetidamente confirma que Deus é uma presença que queima dentro de nós, uma presença real, a presença fora da qual nada podemos encontrar: "Quem come a minha carne e bebe o meu sangue permanece em mim e eu nele" (Jo 6, 56).

São Paulo nos conta sua experiência interior que parece traduzir essa graça dada ao ser humano: "Estou pregado à Cruz de Cristo. Eu vivo, mas já não sou eu que vive; é Cristo que vive em mim. A minha vida presente, na carne, eu a vivo na fé no Filho de Deus, que me amou e se entregou por mim" (Gl 2,19-21).

Depois de sua conversão, santo Agostinho também descobriu essa Presença de Deus oculta dentro de cada ser humano. Nas *Confissões*, ele tem palavras magníficas: "Tarde te amei, beleza tão antiga e tão nova, tarde te amei! Eis que estavas dentro de mim, e eu fora: fora de mim te procurava, e me atirava disforme sobre as belas formas que deste às coisas. Estavas comigo, e eu não estava contigo. Retinham-me longe de ti as coisas que nem existiriam se não estivessem em ti" (*Conf.* X, 27, 38: PL 32, 795).

Em um livro de perfeita erudição, *Saint Grégoire le Grand. Culture et expérience chrétiennes* mons. Claude Dagens escreve: "Ao se converter, santo Agostinho fez uma dupla descoberta. Primeiro, entendeu por que, até então, tinha vivido no pecado: o seu erro consistia em deixar-se distrair de si mesmo, impulsionado pelos desejos carnais e dominado pela exterioridade. Essa via não o poderia levar a Deus, porque – e este é o tema da segunda descoberta, complementar da primeira – Deus é uma realidade profundamente interior ao ser humano e, portanto, este só pode encontrá-lo evitando sair de si mesmo, não cedendo ao fascínio da exterioridade e se convertendo à interioridade. Certamente são Gregório Magno não tinha, acerca do pecado e da conversão, uma experiência comparável à de santo Agostinho. No entanto, é especialmente importante constatar como sua concepção de pecado é próxima da do autor das *Confissões*: para ambos, a alma vive em pecado quando sai de si mesma e torna-se presa das seduções do mundo exterior, dessa geração má e adúltera. O caminho que leva a Deus é o da interioridade".

A apostasia silenciosa de que falava são João Paulo II transformou-se em apostasia militante. Em nossas sociedades relativistas ninguém mais se reconhece pecador. A falta e o arrependimento tornaram-se estados traumatizantes de alma dos quais é preciso livrar-se para ser espiritualmente saudável. Consideramo-nos vítimas de nossa hereditariedade, de nosso ambiente ou das circunstâncias. Os seres humanos querem ver-se apenas como frágeis e feridos. Tem-se a impressão de que o pecado já não existe; o adultério, o divórcio, a coabitação não mais são considerados pecados graves. São apenas insucessos ou etapas rumo a um ideal distante. Quem se preocupa com a invasão do hedonismo e do laxismo moral, do desprezo bárbaro às mulheres que são usadas como objeto de prazer pela pornografia e prostituição? Contudo, "se dissermos que não temos pecado, enganamos a nós mesmos, e a verdade não está em nós. Se confessarmos os nossos pecados, Deus é fiel e justo para perdoar os nossos pecados e nos purificar de tudo o que se opõe a ele. Se dissermos que não somos pecadores, fazemo-lo mentiroso, e a sua palavra não está em nós" (1Jo 1,8-10). Por que o mundo pós-humanista não quer mais reconhecer o pecado? O pecado não é uma realidade abstrata ou uma manchinha numa peça de roupa. Ele é a rejeição da lei de Deus, a oposição a Deus. O pecado é uma ruptura da aliança, uma degradação da nossa relação pessoal com Deus. O pecado é uma autodestruição comparável a de uma pessoa que se mata com veneno ou drogas. No entanto, Deus não quer que destruamos algo importante em nós mesmos ou nos outros; o pecado Lhe desagrada e O deixa dolorosamente ferido. Deus nos convida à conversão e à rejeição radical do pecado. Se conhecêssemos uma verdadeira conversão do coração, como são Paulo e santo Agostinho, poderíamos realmente tocar a presença silenciosa de Deus em nossa vida. Nas *Confissões*, santo Agostinho chama essa Presença de Vida de sua vida: "Quando estiver unido a Ti com todo o meu ser, já não haverá mais par mim nem dor e nem fadiga; minha vida, toda repleta de ti, será, então, verdadeiramente vida" (*Conf.* X, 28. 39: PL 32, 795).

Como poderíamos viver sem Deus? Sua presença em nós é terrível, desestabilizante, mas ao mesmo tempo vivificante, suave e pacificadora. É distante, por causa dos nossos pecados, mas é próxima por causa da misericórdia infinita de Deus. É assustadora porque nos queima e incendeia qual fogo que calcina, mas ele nos abraça com a ternura de um Pai.

N.D.: Em uma cartuxa, como os monges aprendem a adestrar o silêncio, a superar as falhas contra o silêncio ou simplesmente a não temer o silêncio?

D.L.: Começando pela última parte da sua pergunta, diria que o monge que teme o silêncio não continuará conosco. A inquietação não vem do silêncio em si, mas do que ele revela. Alguém vem à cartuxa fazer um retiro e encontrar Deus, e começa encontrando uma pessoa inesperada: ela mesma. E a surpresa não é muito agradável.

Suponhamos que o senhor tem um quarto meio escuro e que o senhor não seja um especialista em arrumar e varrer. Uma vez que não se vê muita coisa, isso não incomoda tanto. Mas eis que um convidado tem a infeliz ideia de acender um refletor muito forte. Então, o espetáculo torna-se constrangedor... Quando um candidato vem fazer um retiro conosco, muitas coisas vêm à superfície. Elas estavam nele há muito tempo, cobertas pelos ruídos da vida. Quando a agitação passa, não há mais como escapar e então se compreende que o silêncio e a solidão da cela, que se imaginava como um lugar de descanso, é também um lugar de provação onde ele enfrentará o mais difícil combate: a batalha consigo mesmo.

Precisamos adestrar o zoológico que nos habita, se queremos que suas feras nos deixem em silêncio um dia. O silêncio exterior, o da própria casa e o dos lábios, faz parte do itinerário, e está expresso em nossos Estatutos. Essa experiência de calar tange uma corda invisível em nós. No fato de estarmos juntos em silêncio, há uma dimensão riquíssima, expressão tangível de que todos nós procuramos manter um diálogo com Deus. É preciso respeitar o silêncio do outro. A aprendizagem desse nível exterior se realiza com o tempo. Aprendemos a dar sentido ao silêncio.

O mais difícil, porém, é o silêncio interior. Na cela, durante a oração, os grandes ruídos da alma podem se alçar. Os jogos mentais, os pensamentos e as emoções vêm, alegremente, distrair-nos da oração. Etimologicamente, distrair vem de "dis-trahere", em que "trahere" quer dizer "puxar em diferentes direções"; então, há um ruído que vem como que nos destroncar. Que distrações são essas? Se olhamos de perto, constatamos que é sempre um diálogo imaginário. Conversamos com pessoas sobre esse ou aquele assunto...

O silêncio dos lábios requer apenas um pouco de vontade. A atenção interior, silenciosa, àquilo que nos habita exige um longo trabalho, um verdadeiro adestramento, para retomar a palavra que o senhor usou.

A aprendizagem do silêncio requer que permaneçamos na presença do Senhor. Não se trata de lutar contra os nossos pensamentos interiores, mas de retornar incessantemente a Deus. As distrações são perigosas porque não as vemos chegar e, antes de percebê-las, elas nos envolvem! O movimento de volta a Deus, logo que constatamos esse afastamento, manifesta que nossa intenção não tinha mudado: estar com Ele. Há realmente uma parte de trabalho, indefinidamente recomeçado, que consiste deixar-se cativar. E o essencial é trazido pelo Senhor. Trabalhamos uma parte do jardim, mas de Deus vem a verdadeira floração. A frase de Isaac de Nínive é justa: "Deus levou seu servo ao deserto para falar-lhe ao coração, mas apenas quem se mantém à escuta, no silêncio, percebe o sopro da brisa ligeira onde o Senhor se manifesta. No início, é preciso esforço para calar, mas se formos fiéis, pouco a pouco, do nosso silêncio nasce algo que nos atrai para um silêncio ainda maior". Esse "algo", cujos contornos não saberia definir, sabemos que é "Alguém" que sempre nos atrai para entrar em seu mistério.

Quando o monge entra na profundidade da solidão e seu desejo de estar com Deus é suficientemente forte, o silêncio torna-se realmente uma via privilegiada.

R.S.: O verdadeiro silêncio, ou seja, o silêncio exterior e interior, a solidão absoluta da imaginação, da memória e da vontade, nos imerge em um ambiente divino. Então, todo o nosso ser pertence a Deus.

Mas devemos reconhecer que o silêncio é difícil. Ele dá medo e provoca em nós uma consciência ainda maior da nossa incapacidade e suscita certo temor de nosso isolamento diante do Deus invisível. O silêncio desperta angústia de nos defrontarmos com as realidades nuas que estão no fundo de nossa alma. Nosso templo interior muitas vezes é tão feio que preferimos ficar fora de nós mesmos para nos esconder nos artifícios e ruídos mundanos. Entretanto, os momentos de silêncio conduzem infalivelmente a decisões profundas, decisões sem palavras, a um dom do meu "eu" mais íntimo. As conversões se passam no silêncio, e não nos gestos espetaculares. Retornar a Deus e sepultar-se nele, esse dom total, esses momentos de intimidade com Deus são sempre misteriosos e secretos. Eles implicam um silêncio absoluto, uma discrição redobrada. Penso que é preciso realmente praticar o silêncio.

Em minha vida, fui iniciado no silêncio durante os anos de seminário. Havia momentos obrigatórios de silêncio. Mas era preciso cumpri-los com alegria, acolhê-los como momentos preciosos e privilegiados para a estruturação da nossa vida interior. De fato, o padre tem por vocação e missão estar constantemente diante de um Deus silencioso, mas cujo coração vela por nós, nos ouve e nos remodela à sua semelhança para que possamos "reproduzir a imagem de seu Filho e, assim, ele seja o primogênito entre muitos irmãos" (cf. Rm 8, 29). Durante esse período de aprendizagem, logo percebi que se não houver uma disciplina muito forte que consiste em querer encontrar com Deus, o silêncio é difícil e não há nada que incentive buscá-lo com avidez. Na verdade, o silêncio é um elevador que permite encontrar com Deus um andar após o outro.

Os mosteiros e, especialmente, as cartuxas são vias tranquilas e privilegiadas de acesso a Deus. Mas o silêncio também deve moldar a alma dos seminaristas e sacerdotes seculares.

N.D.: Então, poderíamos falar de espiral do silêncio?

D.L.: As pessoas podem perceber essas espirais em qualquer relacionamento amoroso que dure um pouco mais. No início, a palavra reina soberana, pois há muita coisa a ser descoberta no outro. Com o tempo, a presença silenciosa ocupa mais espaço. Basta ficarem juntos, porque o olhar expressa mais que as palavras. O mesmo movimento encontra-se em relação a Deus. Como qualquer relacionamento, ele tem uma história e se desenvolve. Isaac de Nínive, no texto que acabo de citar, expressou-o assim: "pouco a pouco, do nosso silêncio nasce algo que nos atrai para um silêncio ainda maior", o que implica, de fato, um novo tipo de relacionamento. Tudo se passa como num livro: para descobrir a página seguinte, precisamos virar – e, portanto, esconder e, de alguma forma, abandonar – a página precedente.

Com Deus, esse movimento não termina porque Ele é infinito. A intimidade divina nos envolve aos poucos e cede espaço à insatisfação; ouvimos como que um chamado para ir ainda mais longe, mas sem conhecer para onde. É como se o Senhor não estivesse mais naquele ponto de encontro; ou, mais precisamente, somos nós que não estamos mais ali. Ficamos no mesmo lugar enquanto Deus foi para mais longe. Nesse ponto, é necessário abandonar qualquer coisa para prestar atenção aos sinais que Ele dá, assim como uma criança perdida na floresta que, no maior silêncio, espera ouvir uma voz que lhe indique a direção a tomar.

Numa bela passagem sobre a oração do coração, dom André Poisson relata como, antes de entrar na cartuxa, ele tinha encontrado "uma pequena fonte que estabelecia, entre o coração e Deus, uma ligação infinitamente profunda e verdadeira". Um dia, muito mais tarde, se perguntou e percebeu que essa pequena fonte não era Deus, e concluiu que continuava com sede apenas d'Ele. Dom André entendeu que devia abandonar a sua amada fonte, "para encontrar uma maneira, a atitude certa do coração que abriria a porta diretamente Àquele que ali batia há tanto tempo, em vão", continua ele, "porque, na oração, eu me ocupava, antes de tudo, de mim mesmo". A pequena fonte de dom André era certamente boa e preciosa, mas apenas por algum tempo, não era mais preciso ocupar-se dela. Como um caminhante diante de quem se descortina uma paisagem maravilhosa e ele para e apreciá-la longamente, a certa altura, porém, é necessário retomar a estrada para surpresas ainda mais belas.

Tal é a razão dessas alternâncias que se apresentam como uma espiral. Para descobrirmos uma nova relação, uma nova linguagem, a que já conhecemos deve calar-se. É preciso de muito silêncio e atenção para descobrir a nova música a que não estamos acostumados.

Em geral, o grande obstáculo vem da tendência de nos deter muito tempo enquanto não temos um sistema que funcione. Nosso coração, acostumado a um tipo de relacionamento com Deus, reluta em mudar para entrar em um novo relacionamento. O Senhor, porém, está ansioso para seguir em frente. Então, Ele se adianta no caminho para nos obrigar a retomá-lo.

N.D.: O Deus cristão é um Deus oculto. Eis um dos grandes mistérios do governo do mundo pela Providência divina. Eis, aliás, um dos aspectos da vida terrena que impedem de crer, aquele famoso Deus absconditus...

D.L.: É importante lembrar as palavras de são Paulo: "a criação aguarda ansiosamente a manifestação dos filhos de Deus" (Rm 8,19). O que somos e o que seremos, não sabemos ainda.

No curso diário do mundo, o silêncio de Deus é um fenômeno muito impressionante. Como entender o sentido dessa ausência? É certamente mais fácil entendê-la em nossa vida pessoal.

O ser humano, como criatura, é marcado por um egocentrismo ontológico. Uma criança recém-nascida só tem consciência de si mesma. Num primeiro momento, percebe a mãe como uma extensão de si. Todos nós estreamos como solipsistas! Gradualmente, pela frustração, a criança passa a entender que sua mãe é uma outra pessoa. Várias etapas e alguns anos depois a levarão a um amor que, inicialmente, é interessado e, depois, gratuito.

De maneira análoga, na vida espiritual temos que percorrer um imenso caminho. É preciso passar do egocentrismo total ao amor oblativo, não centrado em si mesmo, à imagem do grande amor de Deus. Eis a caminhada da menor das criaturas rumo ao infinito celeste... Para essa evolução, seria gasto, normalmente, um tempo muito longo. Tudo se passa, porém, como se Deus estivesse com pressa. Por isso, não devemos nos espantar se esse programa acelerado for muito duro. A vida é assaz curta para a realização de um percurso tão importante! Quem olha da perspectiva da eternidade, vê que nossa vida nada mais é que um breve momento. Mas isso não impede uma sensação de boa duração, especialmente se houver sofrimento. Tenhamos em mente essa diferença, pois isso nos ajudará a compreender as coisas. Quando estivermos ao lado de Deus, nosso olhar será o mesmo que o seu. Jesus nos explicou: "Quando a mulher está para dar à luz, sofre porque veio a sua hora. Mas, depois que deu à luz a criança, já não se lembra da aflição, por causa da alegria que sente de haver trazido alguém ao mundo". (Jo 16, 21).

Sobre esta terra, temos a oportunidade única de amar a Deus, enquanto ele se dissimula aos nossos olhos e aos nossos ouvidos. A fé não é dada na luz, porque o assombro está reservado para a eternidade. Mas quando vier o tempo de se revelar plenamente, a nossa alegria será eterna pelo fato de termos a Deus amado sem jamais tê-lo visto. Jesus disse a seus discípulos: "Vós tendes permanecido comigo nas minhas provações; eu, pois, disponho do Reino a vosso favor, assim como meu Pai o dispôs a meu favor, para que comais e bebais à minha mesa no meu Reino e vos senteis em tronos, para julgar as doze tribos de Israel" (Lc 22, 28-30). E de si mesmo disse: "Porventura não era necessário que Cristo sofresse essas coisas e assim entrasse na sua glória?" (Lc 24, 26). E o mesmo serve para os que são convidados a segui-lo levando a sua própria Cruz.

Ela pode ser pesada e terrível, mas são Paulo nos lembra que "Deus é fiel e não permitirá que sejais tentados além de vossas forças" (1Cor 10,13).

Permaneçamos humildes ao falar do sofrimento alheio. Somente quem realmente sofreu tem o direito de falar. Em *Le Heurtoir* [A aldrava], Paul Claudel escreveu: "Deus não veio para abolir o sofrimento, não veio nem mesmo para explicá-lo. Ele veio para preenchê-lo com a sua presença". Eu acrescentaria: Ele veio para partilhar esse mistério, gravado no corpo de Jesus Ressuscitado, e será para sempre uma fonte de alegria e admiração. Diz o salmo 115: "Como retribuirei ao Senhor por tudo que fez por mim?".

R.S.: Partilho da percepção de dom Dysmas. O verdadeiro amor não é necessariamente visível. Deus é o amor verdadeiro. Ele é um fogo inextinguível que consome e nos ama apaixonadamente por meio do mistério da Cruz. Ele é o *Deus absconditus*, invisível e oculto. Ao mesmo tempo, fez-se visível em Seu Filho, por quem "fez o universo, resplandecente de sua glória, a imagem da sua substância, aquele que sustenta o universo por sua palavra poderosa" (Hb 1, 2-3). Ele, portanto, está perto de nós. Em nossas sociedades materialistas, pensamos que a verdade deve ser tangível e imediata. Mas o amor de Deus se vela no silêncio, no sofrimento, na morte, na carne torturada e extenuada de Jesus descido da Cruz.

O profeta Elias teria amado ver o rosto de Deus. Esse é também o desejo e a inquietude religiosa mais profundamente enraizada no coração de todo o homem. Mas não podemos ver Deus sem morrer de temor, espanto e admiração. Deus, contudo, não saberia nos deixar sem satisfazer um desejo humano tão profundo. De acordo com a epístola aos Hebreus, quando os tempos chegaram à plenitude, Deus se ocultou na face de uma criança pequena. A majestade escolheu a vulnerabilidade. O

Infinito aceitou a Cruz e a maior das humilhações, porque a aniquilação é a expressão do amor.

Gostaríamos de ter uma compreensão imediata de Deus, mas o Pai está oculto por um véu e só depois da morte poderemos levantar completamente esse véu de mistério.

Por seu silêncio, Deus quer nos conceder ir além do amor humano para compreender o amor divino.

N.D.: Como um cartuxo pode compreender o mistério insondável do silêncio de Deus diante das atrocidades que se cometem todos os dias diante de nossos olhos? No Iraque e na Síria, crianças são mutiladas, violadas, vendidas, escravizadas, crucificadas e Deus não diz uma palavra? A política de extermínio do Estado Islâmico se enfurece contra os cristãos do Oriente e o Deus de amor parece ausente?

D.L.: Posso responder primeiro? O atual genocídio de crianças com síndrome de Down no Ocidente não é menos dramático, e eu não tenho certeza de que seja menos bárbaro; é apenas menos visível. Nessas circunstâncias, que atingem o Oriente e o Ocidente, penso que precisamos meditar sobre o livro de Jó. Certo de que estava em seu direito, Jó chega a ponto de chamar a Deus em juízo. E qual foi a resposta de Deus? Deus simplesmente diz a Jó que ele não pode entender, mas participa de sua revolta e lhe dá razão. No final do livro, Ele se dirige assim aos amigos de Jó: "não falastes de mim com retidão, como fez Jó, meu servo" (Jó 42, 8).

Mas Jó não pode entender os planos de Deus, pois a chave essencial, a vida eterna, não lhe fora dada ainda. As piores coisas chegam ao fim quando passamos ao Reino de Deus. Vejam os migrantes: eles estão prontos a enfrentar perigos extremos na frágil esperança de encontrar, por alguns anos, uma vida melhor na Europa. Mas Deus, nosso Pai, nos prepara uma vida infinitamente melhor e sem limites. O que falta ao ser humano é poder imaginar a eternidade, a plenitude sem fim que nos é dada pela total comunhão com Deus, a terra onde a justiça assumirá um corpo, como os profetas tentaram descrever.

O silêncio de Deus não pode ser compreendido sem a perspectiva de vida eterna. O tempo de Deus é diferente do nosso; para Ele, "mil anos são como um dia" (2Pd 3, 8). Antes de nos salvar para sempre, ele permite a provação que dura algum tempo. Quem ousaria reclamar de um cirurgião que, em duas horas de operação dolorosa, curasse, para o resto da vida, uma doença? Seu consultório ficaria lotado! Antes de entrar para o Carmelo, santa Teresa do Menino Jesus tinha acompanhado as conferências do padre Arminjon sobre a vida eterna. Uma palavra a tinha tocado; o padre disse que, ao deixar esta vida, o Senhor dirá a alma: "Agora é a minha vez!" O que significa: "Durante a tua vida terrena, por amor deste-me tudo o que podias, agora é a minha vez de te dar, infinita e eternamente o que eu posso". E Jesus disse: "Em verdade vos digo: ninguém que tenha deixado casa ou irmãos, ou irmãs, ou pai, ou mãe, ou filhos, ou terras por causa de mim e por causa do Evangelho que não receba, já neste mundo, cem vezes mais casas, irmãos, irmãs, mães, filhos e terras, com perseguições, e no mundo vindouro a vida eterna" (Mc 10, 29-30).

Precisamos entender da mesma maneira o silêncio de Deus, que não possui nenhum sentido definitivo. Ele se cala por algumas horas, deixando o mundo em nossas mãos. Mas virá o dia em que ele fará "novas todas as coisas" (Ap 21,5).

Deus pode tirar o maior bem do próprio mal. Tudo o que Deus permite tem um sentido. À mística Juliana de Norwich, que gostava de falar da cortesia, da afabilidade, da simplicidade, da modéstia de Deus, e que teve, certa noite, quinze visões sobre as quais ela meditou por toda a sua vida, Jesus perguntou: "Que pecado se cometeu no mundo que tenha sido maior que o pecado de Adão?". A seguir, Ele acrescentou estas extraordinárias palavras: "Uma vez que eu reparei o maior mal, tenhas por certo que repararei também os menores". Para consolá-la, disse-lhe ainda: "Tudo vai melhorar, tu mesma o verás". A religiosa conclui: "Com essas palavras, o Senhor quis dizer: por ora, apenas sê fiel e confiante. Dia virá em que verás tudo na plena verdade no seio de uma alegria perfeita".

Por fim, somos um pouco como Jó. Sabemos agora que existe a vida eterna, mas não temos a experiência dela. Continuamos a tropeçar no mal que há no mundo. Com Pascal, devemos apostar na eternidade. Jesus não disse muita coisa que nos permitisse imaginar a vida eterna, mas temos uma certeza: "tudo o que é verdadeiro, tudo o que é nobre, tudo o que é justo, tudo o que é puro, tudo o que é amável, tudo o que é de boa fama, tudo o que é virtuoso e louvável" (cf. Fl 4,8), e também tudo o que é belo, nada disso será destruído, mas, ao contrário, será levado à sua plenitude.

R.S.: Muitas vezes, ficamos revoltados diante de eventos insustentáveis. Deus parece dormir e não defender os mais fracos dos seus filhos, mas Ele tem o seu jeito de cuidar dos pobres, e nós não conseguimos entender. Deus quer que esse sofrimento contribua, como a própria morte de Cristo, para a salvação do mundo. Na realidade, um mundo sem Deus é um mundo muito cruel que derrama rios de sangue, e essa barbárie repete-se sob todos os céus e em todas as épocas da história.

Lembremo-nos de Auschwitz. Dentro do campo de concentração, houve uma horrível prisão, o famoso *bunker* da fome, onde a morte era lenta e cínica. Lá, em uma cela subterrânea, são Maximiliano Kolbe morreu após uma longa e terrível agonia. Ao seu redor, tudo era tortura, barbárie, sofrimento e miséria. Do lado de fora, havia um pátio onde cerca de vinte mil homens foram assassinados; havia também o "hospital" onde se praticava a vivissecção de seres humanos e, no fim de uma alameda, estava o forno crematório. No entanto, no coração do padre Maximiliano Kolbe reinava a alegria e a paz que Cristo prometera dar aos seus discípulos e àqueles que seguem o seu exemplo morrendo, como Ele, sobre a cruz para que outros vivam. Em circunstâncias semelhantes, são Tomás More, encarcerado e depois executado, orava na Torre de Londres: "Os bens temporais, os amigos, a liberdade, a vida e tudo o mais, perder tudo é nada em comparação com a riqueza que é Cristo".

Eu poderia lançar o mesmo olhar sobre o assassinato dos sete monges de Tibhirine, na Argélia, em 1996. Sua única vocação era a oração e o serviço a Deus e aos irmãos. Todas essas mortes participam da morte de Cristo para a salvação do mundo.

Hoje, muitas pessoas suportam um martírio sem derramamento de sangue, tentando viver a sua fé em um mundo cada vez mais ateu, hedonista, indiferente ou mesmo hostil a Deus. Não devemos ter medo da oposição do mundo, desse ódio crescente que deve, antes, nos alegrar. Foi isso o que Jesus prometeu: "Lembrai-vos da palavra que vos disse: o servo não é maior que o seu senhor. Se me perseguiram, também vos hão de perseguir. Se guardarem a minha palavra, hão de guardar também a vossa. Mas vos farão tudo isso por causa do meu nome, porque não conhecem aquele que me enviou". (Jo 15, 20-21). Quando a fé cristã é perseguida, torna-se mais forte.

É certo que as escolhas de Deus sempre nos surpreenderão. O homem não pode compreender imediatamente o bem que Deus quer para ele por meio das mais horríveis provações.

Somente o olhar da fé nos permitirá continuar a avançar em direção a Deus. Quem sabe se Deus, no tempo que lhe aprouver, não concederá aos cristãos do Oriente uma magnífica primavera? Nossos olhos humanos são demasiado fracos e enfermos para entender a economia do céu.

D.L.: Gostaria apenas de lembrar uma história. Certo número da revista *Cahiers sur l'Oraison* relata que antes de ser levado para a câmara de gás, um judeu escreveu um pequeno bilhete: "Senhor, lembrai-vos também dos homens de má vontade, mas não vos lembreis de suas crueldades. Lembrai-vos dos frutos que demos por causa do que eles fizeram. E fazei, Senhor, que os frutos que demos sejam um dia a sua própria redenção".

Devemos meditar na grandeza dessa mensagem que manifesta a ação do Espírito Santo no horror dos campos de concentração. No livro de Daniel, Deus não impede que os três jovens sejam lançados na fornalha, mas os protege, mandando que seu anjo entrasse lá com eles. Essa história é simbólica. Deus não nos impede a provação, mas como nos diz no salmo 90,15-16: "Na tribulação estarei com ele. Hei de livrá-lo e o cobrirei de glória. Será favorecido de longos dias, e mostrar-lhe-ei a minha salvação".

R.S.: É urgente que o mundo moderno recobre o olhar da fé, caso contrário a humanidade se arruinará. A Igreja não pode se reduzir a uma visão puramente social das coisas. A caridade tem um sentido espiritual. A caridade tem uma relação íntima com o silêncio de Deus.

Deus tem um plano de salvação para o mundo, e devemos procurar compreender melhor esse seu olhar. Devemos estar dispostos a acompanhá-lo em seu silêncio.

N.D.: Reverendo padre, ao preparar a nossa entrevista, o senhor me disse: "Como em todas as grandes questões, quanto mais refletimos sobre o silêncio, menos o entendemos. Quem algum dia compreendeu o amor?". Eminência, o senhor subscreve essa observação difícil e plena de esperança?

R.S.: Quem pode entender Deus? Quem pode entrar no silêncio para compreender seu mistério e sua fertilidade? Podemos refletir sobre o silêncio, a fim de nos aproximar de Deus, mas há um momento em que nosso pensamento já não poderá progredir. Como em todas as questões relacionadas a Deus, há um estágio em que a investigação não pode avançar mais. A única coisa a fazer é elevar os olhos, estender as mãos para Deus, orar em silêncio à espera da aurora.

O silêncio é uma dessas interrogações que nos mostram que existe um mistério diante do mistério.

O silêncio é a condição para nos abrirmos às grandes respostas que nos serão dadas após a morte. Gostaríamos que Deus falasse da nossa passagem neste mundo. Mas, por ora, vivemos na noite orando em silêncio. Um dia vamos entender tudo. Até lá, temos de buscar sem fazer barulho. Reconheço que o silêncio de Deus esteja em constante conflito com a impaciência humana. Hoje, mais que nunca, alimenta-se uma forma de relação compulsiva com o tempo.

D.L.: Quando estava no noviciado, o padre-mestre deu-me para ler *Les mystères du christianisme* [Os mistérios do cristianismo], de Matthias Joseph Scheeben. No final de cada capítulo, o teólogo tinha o cuidado de enfatizar que tínhamos compreendido pouca coisa, e que a maior parte ainda nos escapava. E ele estava certo: quanto mais perscrutamos um mistério, mais percebemos que não o compreendemos totalmente, e isso faz crescer nossa admiração.

É uma sorte que tantos problemas nos escapem; há um infinito por descobrir. As realidades mais familiares estão cheias de mistério. Por exemplo, quanto mais a ciência avança, menos ela compreende a matéria. Somente quem nunca refletiu sobre o tempo pensa que sabe o que ele é. Como imaginar que possamos resolver que sentido tem a ação de Deus neste mundo?

A contemplação se nutre principalmente daquilo que não entendemos. Na meditação, procuramos captar algo do mistério. Na contemplação, maravilhamo-nos e nos entregamos ao amor de Deus que está além de nós.

"Se tu compreendes, então não é Deus", escreveu santo Agostinho (*Serm.* 117, 3, 5: PL 38, 663). Na fé, a incompreensão é essencial, mas isso não é frustrante, isso permite sonhar. Um amplo espaço é aberto e nosso silêncio vem introduzir-se nessa espera.

N.D.: Por que o silêncio é tão importante para a Igreja?

R.S.: Se alguém busca Deus e quer encontrá-lo, se quer uma vida de união mais íntima com Ele, o silêncio é o caminho mais direto e o meio mais puro de se conseguir isso. O silêncio é fundamental, pois permite à Igreja caminhar nos passos de Jesus, imitando os trinta anos silenciosos de Nazaré, os quarenta dias e quarenta noites de jejum e de diálogo íntimo com o Pai, na solidão e no silêncio do deserto. Assim como Jesus, posto diante das exigências da vontade do Pai, a Igreja deve procurar o silêncio para entrar ainda mais profundamente no mistério de Cristo. A Igreja deve ser o reflexo de luz que flui de Cristo, e a luz de Cristo fulgura, irradia, ilumina o silêncio, e não pode ser detida pela noite ensurdecedora do pecado, e essa certeza fez com que São João dissesse: "A luz brilha nas trevas, e as trevas não a compreenderam".

A luz não faz ruído. Se queremos nos aproximar dessa fonte luminosa, devemos nos pôr em atitude de contemplação e de silêncio.

Para refletir o esplendor de Cristo, os cristãos devem assemelhar-se ao Filho de Deus. Essa irradiação de luz é sempre discreta.

A verdadeira natureza da Igreja não se encontra naquilo que ela faz, mas naquilo que ela testemunha. Onde estão as coisas profundas e misteriosas, lá está o silêncio. Cristo nos pediu para sermos luz. Ele não nos enviou para conquistar o mundo, mas para mostrar às pessoas o caminho, a verdade e a vida. Ele nos pediu que fôssemos testemunhas silenciosas, mas convincentes de seu amor.

O silêncio é o lugar onde acolhemos os mistérios. Por que a Semana Santa é celebrada em silêncio? A resposta é simples: é preciso entrar na Paixão de Cristo para nos configurar a ele, estar em comunhão com os seus sofrimentos, tornar-nos conformes a Ele na sua morte, a fim de alcançar a ressurreição de entre os mortos (cf. Fl 3,10). O profundo silêncio do Sábado Santo não é o silêncio de um dia triste, mas o momento do nosso sepultamento com Cristo e o da contemplação do mistério que a razão não pode aceder sem a ajuda daquele que sonda os corações e sabe qual é o desejo do Espírito (cf. Rm 8, 27). Guiada pelo Espírito Santo, a Igreja tem a missão de educar para o silêncio, porque não há vida no silêncio sem que haja uma vida totalmente guiada pelo Espírito.

Como esquecer os missionários espiritanos que eu via rezar por longas horas no silêncio da igreja da minha aldeia de Ourus? Eles eram absolutamente fiéis aos ensinamentos de Cristo. Esses padres se retiravam para o deserto interior de seu coração para ficar com Deus. Tive muita sorte de ter tais homens como modelo.

As crianças devem ser iniciadas no silêncio. Os jovens que irão receber o corpo de Cristo pela primeira vez devem se preparar pondo-se longe do mundo por alguns dias, procurando um lugar deserto onde possam se preparar, em silêncio, para o encontro com Deus.

Sem o silêncio, a Igreja falha em sua vocação. Temo que a reforma da liturgia, especialmente na África, tenha servido, muitas vezes, de ocasião para festas puramente humanas que não correspondiam, em grande medida, à vontade do Filho de Deus expressa na Última Ceia. Não se trata de desprezar a alegria dos fiéis, mas cada coisa tem o seu tempo.

A liturgia não é lugar de alegrias meramente humanas, de paixões, de palavrório e inconveniências, mas de pura adoração.

Hoje, o ruído invadiu tantos aspectos da vida humana. A Igreja faria um grave erro se adicionasse mais barulho ainda. O amor não precisa de palavras.

D.L.: Minha humilde experiência de cartuxo me leva a dizer que a Igreja não deve perder o sentido do sagrado. Se abandonamos o mistério, perdemos o Infinito. Como está escrito, "há tempo para calar e tempo para falar" (Ecl 3, 7). A Igreja tem a ardente obrigação de levar os homens ao mistério de Deus. A palavra que porta essa mensagem deve ser penetrada por quem a diz, a fim de tornar-se completamente sua. A *lectio divina*, a escuta da Palavra de Deus, que sempre esteve no coração da vida monástica, é o momento da palavra, o tempo do coração que escuta, que recebe, que se deixa impregnar. É também o momento de silêncio em que ruminará longamente essa Palavra para deixá-la penetrar até as profundezas do ser e tornar-se realmente nossa. Se formos muito rápido, a impressão será superficial ou se apagará. Os cartuxos não têm a missão de pregar, e, portanto, não tenho experiência nessa área, mas ninguém pode duvidar que uma palavra que vem do coração, e que foi vivida em profundidade por aquele que a traz consigo, penetrará ainda mais em quem a escuta.

Um texto famoso, *A escada do claustro*, de Guigo II, décimo segundo prior da Grande Cartuxa, ilustrou as etapas dessa penetração. Ela começa pela leitura, e continua pela meditação. A meditação, por sua vez, se abre no diálogo entre os corações de quem lê e o de Deus, e florescerá na contemplação. Como não permanecer em silêncio diante do Deus feito homem? A leitura, o estudo, a ruminação do texto, todos esses passos confluem finalmente no silêncio. Então, em vez de trabalharmos nós mesmos, é preciso deixar que o Espírito Santo trabalhe em nós, para explicar o mistério que a nossa inteligência não pode compreender. O Espírito, pelo amor que ele inspira, tem o poder de nos levar até o fundo.

O silêncio na vida da Igreja parece estar ligado ao mistério e à delicadeza da voz divina. Para ouvi-la, devemos manter os ouvidos bem abertos, pois o Espírito Santo não fala alto, Jesus e seu Pai também não. Quando o Verbo se fez homem e foi morar em Nazaré por trinta anos, seus conterrâneos não perceberam nada! Então, é preciso tempo e silêncio para discernir a voz do céu, com discrição e infinito respeito.

R.S.: O mistério é o Infinito que vem ao encontro do finito. Quando observamos a vida de Jesus, sua discrição e seu silêncio são impressionantes. A Igreja deve seguir a mensagem e a maneira de Cristo agir. Ela deve testemunhar por sua vida e ser sóbria em suas palavras.

Se nada fazemos além de ruminar os nossos próprios pensamentos, afastamo-nos do mistério e a Igreja corre o risco de não estar mais fundada na fé, mas sobre opiniões cambiantes e relativistas.

Os grandes santos não falaram muito, e mesmo assim foram os melhores mensageiros da Igreja. Quando os mártires eram atacados, eles não se defendiam, ficavam em silêncio, e, agora, vivem uma vida escondida com Cristo em Deus (cf. Col 3, 3). O sucesso, os louvores, as perseguições ou a morte não têm importância alguma. Nessa senda, são Bruno é um exemplo perfeito.

É claro que se a barbárie se exalta e se serve de meios mais refinados para destruir a moral, a família e o mistério, é necessário falar com vigor. Como filhos de Deus, é preciso escolher o tempo, as palavras, as armas da fé e da caridade. Os nobres combates têm horror à vulgaridade e à loquacidade fútil. Algumas frases são suficientes para dizer a verdade. Hoje, a crise do mundo moderno, com as suas sinistras repercussões sobre a Igreja e seus responsáveis hierárquicos, não impede que a vida siga em frente, que a fé se consolide, se afirme e se propague. A Igreja continua a evangelizar os povos, apesar das potências que se exaltam, com perversidade ainda maior, e abundância de meios financeiros e técnicos, sempre mais imponentes, para demolir a religião, a moral, a família, o casamento, os valores humanos, espirituais e éticos. A Igreja passa hoje por provações externas e internas além da medida. Há um terremoto que visa demolir seus fundamentos doutrinais e seu ensinamento moral plurissecular.

Desde sempre, a humanidade impôs regras éticas exigentes, interditos, leis imperativas que impedissem a tirania das pulsões fugazes e garantissem uma maior qualidade pessoal e social. Tais coisas resultam de esforços necessariamente longos, muitas vezes exigentes e difíceis. Hoje, a Igreja é violentamente abalada por uma apostasia geral em países de antiga cristandade. Ela sofre por conta da infidelidade dos traidores que a abandonam e a prostituem. Mas esse esfacelamento universal que afeta o mundo, e também a fé e os crentes, deve ser, para a Igreja, uma oportunidade privilegiada de se pronunciar pela causa de Deus (cf. Mt 10, 32-33), com clareza, força e firmeza, proclamando o Evangelho de Jesus Cristo. É preciso reforçar, em cada cristão, o amor a Deus; é preciso reavivar a solidez da fé católica; é preciso proclamar a coerência da Igreja no coração de um mundo em plena convulsão e ameaçado de colapso.

N.D.: Que nexo há entre o silêncio e a humildade?

D.L.: Quando se trata de Deus, o mistério é tudo. O próprio ser humano é um mistério, porque é a imagem de Deus. A criação é um mistério, porque Deus é tudo e nada pode existir fora dele. Podemos dizer que o mundo foi criado por Deus, conforme o primeiro versículo da Bíblia, mas não podemos explicá-lo.

Diante do mistério, diante do que é muito grande e belo para que possamos compreender, podemos permanecer em um silêncio maravilhado. Augustin Guillerand, em seu livro *Face à Dieu: la prière selon um chartreux* [Diante de Deus: a oração segundo um cartuxo], escreveu com precisão: "Para encontrar a humildade, é melhor olhar para Ele que olhar para si mesmo".

Não consigo encontrar uma resposta mais precisa à sua pergunta.

R.S.: Diante de Deus, só nos cabe ser humildes e silenciosos. Ele é, na verdade, o grande mistério a ser meditado. Diante de Deus, somos como aqueles que cavam um poço. Cavamos sem parar tentando encontrar água, descendo em direção à fonte divina, e lá encontramos a água da qual brota a nossa dignidade e o nosso próprio mistério. Entretanto, não poderemos penetrar no segredo da nossa consciência senão em um estado de perfeição radical. Santo Agostinho fez essa magnífica experiência. Nas *Confissões*, ele escreve: "Estamos fora de nós mesmos, estranhos a nós mesmos e não podemos atingir a nós mesmos senão numa abertura total a Deus". Devemos aprofundar a nossa busca de silêncio caminhando nas trilhas da humildade. Assim, são Pedro nos exorta dizendo: "Revesti-vos de humildade em vosso mútuo tratamento; porque Deus resiste aos soberbos, mas dá a sua graça aos humildes. Humilhai-vos, pois, debaixo da poderosa mão de Deus, para que ele vos exalte no tempo oportuno" (cf. 1Pd 5, 5-6).

A humildade dos cartuxos mostra que o silêncio é uma escola de doçura, de sabedoria e de abandono. Eles se fazem humildes e confiantes nas mãos de Deus. Os filhos de são Bruno são um modelo excepcional. "Se procuras a sabedoria como a prata, se a buscas como um tesouro" (Pr 2,4), então veste-te de humildade e de silêncio, como os que cavam poços e como os mineiros descem na mina em seu uniforme de trabalho. Só nos encontramos retornando humildemente ao *humus* de nossas origens. Este é também o sentido de nossa prostração, quando jogamos por terra as coroas de nosso orgulho e de nossas pretensões, e caímos de joelhos diante do trono do Cordeiro para adorá-lo (Ap 4,1-11; 5, 6-14; 7, 9-17; 8,1-5; 11,15-18; 14,1-5; 19,1-4).

N.D.: Que lugar o silêncio pode ter na liturgia?

D.L.: A adoração deve ser o coração da liturgia. Essa atitude do coração não se expressa muito por palavras, mas pela atitude, pelos gestos ou pelo silêncio. Uma genuflexão fala por si mesma se for bem-feita. Se os sinais expressivos de adoração forem removidos, a própria atitude interior desaparecerá e, depois, o sentido do sagrado. Ajoelhar-se, beijar o chão, como fazemos na cartuxa para rezar o *Angelus*, levar o cálice com o véu umeral ao ofertório – o que é próprio da nossa liturgia –, todos esses gestos trazem consigo mesmos o seu sentido.

Em nossos mosteiros, a prostração é um belo gesto. Antes da missa, o sacerdote se prostra no santuário, deita-se no chão, ligeiramente dobrado sobre si mesmo. Depois da consagração, toda a comunidade faz o mesmo. Finalmente, na ação de graças que dura vários minutos, em silêncio, cada um escolhe se quer se prostrar ou permanecer sentado. Os cartuxos mostram assim a completa submissão de si mesmos aos santos mistérios.

Para expressar a fé no mistério da presença real de Jesus, o Verbo eterno, na Eucaristia, a prostração vale mais que todas as palavras.

R.S.: Se me permite dizer, parece-me fundamental que os cartuxos mantenham esse gesto magnífico de submissão e de disponibilidade a Deus, de humildade e de adoração silenciosa. Hoje, a liturgia demonstra uma forma de secularização que visa proscrever o sinal litúrgico por excelência: o silêncio. Alguns procuram eliminar por todos os meios possíveis os gestos de prostração ou de genuflexão diante da Majestade Divina, mas esses são gestos cristãos de adoração, de santo temor de Deus, de veneração e de amor respeitoso. São gestos da liturgia celeste: "E todos os Anjos estavam ao redor do trono, dos Anciãos e dos quatro Animais; prostravam-se de face em terra diante do trono e adoravam a Deus" (Ap 7,11); "Entremos nos seus tabernáculos; prostremo-nos ante o escabelo de seus pés" (Sl 131,7); "Vinde, adoremos e prostremo-nos; ajoelhemos diante do Senhor que nos criou. Porque Ele é o nosso Deus" (Sl 95, 6-7).

A inculturação da fé cristã é um desafio à santidade; diz santo Ambrósio em seu *Tratado sobre os mistérios:* "Vede bem o que recebeste: Deus Pai te marcou com seu selo; Cristo, o Senhor, te confirmou e enviou o Espírito em teu coração, como um primeiro dom, assim como aprendeste pela leitura dos Apóstolos" (*De mysteriis* VII, 42: PL 16, 402).

A liturgia é uma escola de oração e adoração silenciosa. Bento XVI confirmou com vigor essa perspectiva em *O espírito da liturgia:* "Quem fez a experiência de uma comunidade unida na oração silenciosa do Cânon sabe que se trata de um silêncio verdadeiro. Aqui, o silêncio é tanto um brado, penetrante, lançado em direção a Deus, quanto comunhão de oração repleta do Espírito".

Sou africano. Permitam-me dizê-lo claramente: a liturgia não é o lugar para promover a minha cultura. Pelo contrário, é o lugar onde minha cultura é batizada, onde minha cultura eleva-se à altura do divino. Pela liturgia da Igreja (que os missionários levaram a todas as partes do mundo) Deus nos fala, Ele nos transforma e nos permite participar da sua vida divina. Quando alguém se torna cristão, quando alguém entra na plena comunhão da Igreja católica, recebe algo a mais, algo que o transforma. Certamente, as culturas e os novos cristãos trazem consigo suas riquezas para a Igreja: a liturgia dos Ordinariatos anglicanos, agora em plena comunhão com a Igreja católica, é um bom exemplo. Mas eles trazem essas riquezas com humildade, e a Igreja, em sua sabedoria materna, as utiliza caso as julgue convenientes.

Parece-me oportuno esclarecer o que se entende por inculturação. Se realmente compreendemos o sentido do termo *conhecimento* como penetração do Mistério de Jesus Cristo, então temos a chave da inculturação, que não deve ser apresentada como demanda ou reivindicação para a legitimidade da africanização ou da latino-americanização ou "asianização" em vez de uma ocidentalização do cristianismo. A inculturação não é a canonização de uma cultura local nem uma instalação nessa cultura, com o risco de torná-la absoluta. A inculturação é uma irrupção, uma epifania do Senhor, nas profundezas do nosso ser. E a irrupção do Senhor em uma vida provoca uma desestabilização, um afastamento que visa um caminho segundo novas referências que criam uma nova cultura portadora da Boa Nova para o ser humano com sua dignidade de filho de Deus. Quando o Evangelho entra em um vida, ele a desestabiliza e a transforma. Ele lhe dá uma nova orientação, novas referências morais e éticas. Ele volta o coração para Deus e para o próximo para amá-los e servi-los absolutamente e sem fazer cálculos. Quando Jesus entra em uma vida, ele a transfigura, ele a diviniza pela luz fulgurante do Seu rosto, assim como aconteceu com são Paulo no caminho de Damasco (At 9, 5-6). A inculturação é realmente uma *kenosis* silenciosa, um despojamento, uma submissão obediente e humilde à vontade do Pai, e aos Santos Mistérios cristãos que celebramos por Jesus Cristo, com Ele e n'Ele.

De fato, assim como na encarnação, o Verbo de Deus fez-Se semelhante a nós em tudo, exceto no pecado (cf. Hb 4,15), assim o Evangelho assume todos os valores humanos e culturais, mas recusa tomar parte nas estruturas do pecado. Isso significa que quanto mais abundam o pecado individual e o coletivo em uma comunidade humana ou eclesial, menos espaço há para a inculturação. Reciprocamente, quanto mais uma comunidade cristã brilha em santidade e irradia os valores do Evangelho, mais oportunidades ela tem de inculturar a mensagem cristã. Assim, a inculturação da fé é um desafio de santidade. Ela permite verificar o grau de santidade e o nível de penetração do Evangelho e da fé em Jesus Cristo em uma comunidade cristã. A inculturação não é, portanto, um folclore religioso.

Ela não se realiza essencialmente pelo uso, na liturgia e nos sacramentos, das línguas locais, dos instrumentos e da música latino-americana, das danças africanas ou dos ritos e símbolos africanos ou asiáticos. A verdadeira inculturação se dá quando Deus desce e entra na vida, nos comportamentos morais, nas culturas e costumes para libertar o ser humano do pecado e introduzi-lo na Vida Trinitária. É verdade que a fé precisa de uma cultura para ser comunicada. Por isso mesmo são João Paulo II disse que uma fé que não se torna cultura é uma fé fadada à morte. "A inculturação, corretamente conduzida, deve ser orientada por dois princípios: a compatibilidade com o Evangelho e a comunhão com a Igreja universal" (*Redemptoris missio*, 54).

D.L.: Mantivemos o silêncio durante a Oração Eucarística porque ele está em consonância com nossa vida. O silêncio é um sinal litúrgico. Independentemente de ser um elemento da vida da cartuxa, a consagração é o grande momento do mistério, e o Missal Romano o enfatiza solicitando aos fiéis que se ajoelhem nesse momento preciso. Na cartuxa, o longo silêncio que rodeia a consagração nos convida a entrar em adoração, cuja expressão mais forte é a prostração que fazemos. O silêncio é para nós a melhor maneira de tocar o inefável.

Concordo com Vossa Eminência quando o senhor nos diz que o mistério expressa o centro da vida humana e da fé cristã, o encontro do Infinito com o finito, o único encontro que, por si só, pode encher o nosso coração e que fascina o nosso espírito. "Vede que grande amor nos concedeu o Pai: que fôssemos chamados filhos de Deus. E nós o somos!" (1Jo 3,1). Nestas palavras "E nós o somos!", há um maravilhamento que jamais terminará.

Não posso deixar de dizer que essa capacidade de se maravilhar tornou-se, hoje, algo terrivelmente insípido. Por várias vezes, perguntei aos que vinham fazer retiro: "Já ouviste falar dos *fins últimos* e da vida eterna em um sermão?" E invariavelmente a resposta era: "Nunca". Se eu acrescentasse: "E da filiação divina?", provavelmente receberia a mesma resposta. Por que nunca se fala em que consiste nossa esperança? Além disso, se olhamos de perto, entendemos que tal esperança está inscrita no coração de todo ser humano: a esperança de um amor sem limites que nunca acabará.

Que a Igreja recorde sem cessar a importância do mistério da filiação divina! Que os padres não hesitem em falar dos *fins últimos* e da vida eterna! Assim, a adoração não parecerá algo humilhante ao homem moderno, mas uma atitude natural de quem reconhece que já recebeu tudo. Com a adoração, o silêncio reencontrará um lugar natural.

ND: Como caracterizar o que poderia ser chamado de doença do barulho? A que tipo de problema conduz o ruído excessivo?

D.L.: Minha experiência de cartuxo influencia fortemente o que irei responder. Raramente expostos ao ruído exterior, especialmente o da cidade, não possuindo celular, nem televisão, nem rádio – os dois últimos sempre estiveram excluídos de nossos mosteiros –, minha palavra será um pouco defasada.

Se existe uma doença do barulho, ela pode ser chamada síndrome de sufocamento. Eu a observo por meio da experiência dos candidatos que vêm fazer retiro. Memórias, desejos, feridas, medos que estavam no fundo de si mesmos e que eles ignoravam emergem à superfície. Na vida cotidiana, o afluxo incessante de novidades, reuniões, atividades diversas acabam encobrindo constantemente essas vozes que estão no fundo do ser e não lhes deixa a possibilidade de emergir à consciência. O silêncio e a solidão as revelam. Como a descoberta nem sempre é agradável e o interesse está bastante desprevenido, ele tenta conservá-las fora do campo da consciência mantendo o ruído permanente que as impede de se manifestar.

Nesse domínio, jamais o homem moderno teve de afrontar tentações tão numerosas e fortes.

É impressionante o aumento da oferta de informações, sons e imagens em menos de um século. A atual paisagem sonora e visual nada tem a ver com a de nossos antepassados. Imagino ser preciso certa força de vontade para se guardar dessa invasão, não por uma rejeição completa, mas por uma justa ascese. Solzhenitsyn havia notado justamente que, se há um direito à informação, há também um direito de não ser informado.

Sendo o prior da Grande Cartuxa, estou encarregado de transmitir à comunidade as informações importantes relativas à vida da Igreja, da França e do mundo, e, por isso, devo ler o jornal. Quantas coisas interessantes, e outras inúteis, podem ocupar a imaginação e fornecer armas contra o silêncio interior! Uma triagem se impõe, e tanto mais por que os jornalistas gostam de enfatizar acontecimentos excepcionais. Eles falam sobre um acidente de avião, não vão fazer um artigo dizendo que os aviões pousaram hoje sem incidentes ou que as mães cuidam de seus filhos. E, no entanto, isso é menos importante?

Um último aspecto merece destaque: não sou responsável pela guerra na Síria e nada tenho a contribuir para resolver esse drama. Entretanto, sou responsável por meu vizinho do lado se eu souber que ele está doente ou solitário. Mas porque o primeiro drama é maior que o segundo, poderia acabar ignorando esse último.

As tentações se multiplicaram; o discernimento e a renúncia tornaram-se mais necessários do que nunca. Escolhemos consagrar nossa vida à busca de Deus no silêncio e na solidão. Ambos devem ser defendidos por escolhas claras, caso contrário, logo não restará muita coisa. Nossa vocação é rara, mas cada homem não precisa de um pouco de silêncio e solidão, se quiser manter-se em contato com o seu coração? Temos a clausura e a Regra que nos protegem. Quem vive no mundo deve encontrar a sua própria clausura e sua própria regra, e isso não é evidente!

Finalmente, pergunto-me se a voz que o mundo moderno tenta abafar pelo barulho e pela movimentação incessantes não seria aquela que nos diz: "Lembra-te de que és pó, e ao pó retornarás". Que o eclipse da morte caracteriza nossa sociedade, é fato conhecido. E isso não é difícil de entender: sem Deus, sem a vida eterna, sem Cristo e sem redenção, como suportar pensar na morte? Comamos e bebamos, pois amanhã morreremos. A lembrança da nossa precariedade é demasiadamente insistente; então, tentamos fazê-la calar.

Os remédios para doenças do barulho? Eles decorrem do que acabo de dizer. O melhor remédio, como sempre, será a descoberta do amor de Deus, de seu chamado à vida eterna, a vitória de Cristo sobre a morte que a torna uma amiga, a porta que se abre para a Vida. E a misericórdia divina que cura o medo do mal que descobrimos em nós. Em uma palavra: a esperança.

R.S.: Longe de Deus, o silêncio é um confronto difícil com seu próprio eu e com as realidades sombrias que estão no fundo de nossa alma. Portanto, o homem entra em uma lógica que se assemelha à da negação da realidade. Ele se atordoa com todos os sons possíveis para esquecer quem ele é. O homem pós-moderno procura anestesiar seu próprio ateísmo.

Os ruídos são como tapumes que tentam disfarçar o temor do divino, o medo da vida real e da morte. Mas "quem pode viver e não ver a morte? (Sl 88, 49). O mundo ocidental se põe a maquiar a morte para torná-la aceitável e alegre. O momento da morte torna-se um alarido em que o verdadeiro silêncio se perde em palavras de compaixão fracas e inúteis.

A ansiedade pelo que não faz barulho é a manifestação de sociedades líquidas que desenvolveram medos neuróticos do silêncio.

O cristão não pode temer o silêncio, pois ele nunca está sozinho. Ele está com Deus. É em Deus. Ele existe por Deus. No silêncio, Deus me dá os seus olhos para melhor contemplá-lo. A esperança cristã é o fundamento da verdadeira busca silenciosa do crente. O silêncio não é assustador; ao contrário, é a garantia de encontrar Deus.

Os filhos de Deus são chamados a viver eternamente com o Pai. Pelo silêncio, devem se acostumar a estar com Deus. Aqui, a oração silenciosa dos cidadãos da terra é uma aprendizagem do que os cidadãos do céu vivem eternamente. No silêncio da igreja de Ars, o camponês já vivia a liturgia celeste: "Eu o vejo e ele me vê". Sentados silenciosamente aos pés de Jesus, aprendemos a rezar continuamente e nos tornar testemunhas intrépidas do Evangelho.

É preciso desconfiar do alarido da vida contemporânea. Esse barulho é um perigo insidioso para a alma. As dificuldades que se tem hoje para encontrar o silêncio são mais fortes do que nunca. Há uma situação diabólica. Mas o próprio Cristo devia se afastar da multidão para ir ao deserto. Nessa imensidão, ele vivia face a face o que havia de mais íntimo e mais sublime!

Vêm-me à memória as fortes palavras de João Paulo II em sua encíclica *Redemptoris missio*: "O renovado impulso para a missão *ad gentes* exige missionários santos. Não basta renovar os métodos pastorais, nem melhor organizar e coordenar as forças da Igreja, nem explorar com mais acuidade os fundamentos bíblicos e teológicos da fé: é preciso suscitar uma nova dinâmica de santidade entre os missionários e em toda a comunidade cristã, especialmente entre os que são os colaboradores mais próximos dos missionários". E João Paulo II conclui: "O missionário deve ser um 'contemplativo na ação'. [...] O contato com representantes de tradições espirituais não cristãs, especialmente as da Ásia, confirmaram-me que o futuro da missão depende em grande parte da contemplação. O missionário, se não for um contemplativo, não pode anunciar Cristo de modo credível; ele é testemunha da experiência de Deus e deve ser capaz de dizer como os Apóstolos: 'O que ouvimos, o que vimos com os nossos olhos, o que contemplamos, e as nossas mãos tocaram o Verbo da Vida; [...] o que vimos e ouvimos, isso vos anunciamos, para que também vós estejais em comunhão conosco. E a nossa comunhão é com o Pai e com seu Filho Jesus Cristo' "(1Jo 1,1.3).

Hoje, a Igreja tem uma missão central. Ela consiste em oferecer o silêncio aos sacerdotes e fiéis. O mundo recusa a solidão com Deus de maneira repetida e violenta. Então, que o mundo se cale e que o silêncio retorne...

ND: Qual poderia ser o nexo entre o silêncio e a oração contínua?

D.L.: A expressão "oração contínua" não deve nos enganar: não se trata de recitar orações sem parar. Na verdade, essa fórmula se refere a uma maneira de estar constantemente com Deus, de se deixar habitar por ele, de viver conscientemente essa *inabitação*. Uma mulher que conheceu essa experiência testemunha: "Meu eu de superfície 'vê' o meu eu interior, em adoração. E se a 'superfície' quer se envolver e se juntar por uma oração falada à adoração profunda, então tudo para. Eu só posso me unir a esse meu eu interior pelo silêncio, 'assistindo' à adoração em mim e me calando" (*Cahiers sur l'oraison*, 211, janeiro-fevereiro de 1987).

Essa mulher vive no mundo, isso quer dizer que essa experiência não está reservada aos religiosos.

Podemos considerar o silêncio como um caminho para a oração contínua, ou, ao contrário, a oração contínua é um caminho para o silêncio? Posta assim, a pergunta seria muito fácil, pois ambas são verdadeiras. Prefiro pôr juntos dois aspectos que já mencionei: quanto mais entramos no mistério, mais entramos no silêncio. Da mesma maneira, quanto mais entramos na intimidade de uma pessoa, mais o silêncio e o simples olhar ganham espaço. A oração contínua contém os dois aspectos: uma intimidade habitual com Deus que torna o mistério mais fascinante do que nunca. O monge recebe então o que são Bruno havia evocado: "A paz que o mundo ignora e a alegria no Espírito Santo". A alegria da união íntima não precisa de muitas palavras. O silêncio não demanda maiores esforços nessa fase, ele seria necessário sobretudo para sair dela.

Esse estado não é comum. Um irmão cartuxo que teve a experiência da oração contínua me disse: "Não somos os senhores da situação". Isto quer dizer que a escolha pertence ao hóspede interior, ao Espírito Santo, que nos atrai para um mundo onde só podemos nos calar, como quando somos tomados por emoção intensa. Na vida cotidiana, a oração toma a forma que acabei de evocar: a atividade comum continua, mas alguma coisa dentro permanece em silêncio unida àquele que amamos e que nos ama, a presença amorosa que basta para nos preencher. Quando não vivemos mais "com", mas um no outro, como o orante não é senhor da obra que Deus nele faz, ele simplesmente se une a esse mistério cujos contornos não tem necessidade de saber. Ele não pede explicações. "Eu sou do meu Bem-Amado e meu Bem-Amado é meu", diz o Cântico dos Cânticos (6, 3).

R.S.: Se o nosso coração consegue escapar do mundo e das suas seduções para estar com o Senhor, teremos a graça do silêncio. Nenhum ruído, mesmo o mais degradante e o mais vulgar, nunca conseguirá encobrir um coração que escolheu a Cristo. Alguém que verdadeiramente ama a Deus pode estar em um relacionamento contínuo com o Transcendente. Alguém que vive em silêncio com Deus poderá atrair as almas para a contemplação do Criador do mundo.

Santo Agostinho sentiu-se fortemente atraído pela vida monástica. Em *De moribus ecclesiae catholicae* [Sobre os costumes da Igreja Católica], ele escreve: "Como não admirar, como não louvar esses homens que, desprezando e abandonando as seduções desse mundo, reúnem-se para levar uma vida casta e santa e passar o tempo em oração, lendo e partilhando seus pensamentos. Nenhum orgulho os infla, nenhuma animosidade os agita, nenhuma inveja os consome, mas, modestos, reservados, calmos, levam uma vida de perfeita harmonia e perpétua contemplação oferecida a Deus como sinal de supremo reconhecimento pela direção que lhes valeu a condição de que desfrutam. Nenhum deles tem nada de próprio, nenhum deles oprime ninguém. Eles trabalham com as mãos para alimentar seus corpos sem que seu espírito se afaste de Deus" (De *moribus eccl.* I, 31,67: PL 32, 1338). Plotino também se deu conta claramente das condições essenciais da contemplação. Ponderava ele nas *Enéadas*: "Para subir à contemplação da Alma universal, a alma deve ser digna por sua nobreza, ter-se livrado do erro e se furtado aos objetos que fascinam os olhos das almas comuns, deve estar imersa em profunda contemplação e fazer calar em torno de si, não só a agitação do corpo e o tumulto das sensações, mas tudo o que a rodeia. Que tudo se cale, portanto, tanto a terra como o mar, tanto o ar como o próprio céu" (*Enn.* V,1,2).

D.L.: Que tudo se cale para que Deus se faça ouvir. E, como o senhor gosta de dizer, Ele se faz ouvir no silêncio. É por isso que os monges sempre amaram a oração noturna? Santo Antão passava noites inteiras em oração. O Ofício da noite é um momento central da vida cartuxa que jamais abandonaremos.

Entrecortando o repouso da noite, esse tempo é inteiramente entregue à oração, o que lhe confere uma dimensão especial: o Ofício noturno é um dom gratuito que se oferta somente a Deus. Vigias na noite, oferecemos nossa pobreza, que nós bem conhecemos, juntamente com a do mundo. Essa bela palavra dos nossos Estatutos revela mais do que nunca o seu sentido: "Separados de todos estamos unidos a todos, pois é em nome de todos que nos mantemos na presença do Deus vivo" (*Estatutos* 34, 2). Sempre gostei dessa passagem do capítulo; "Função da nossa Ordem na Igreja". Enquanto o mundo dorme, escolhemos nos levantar para unir o nosso louvor e nossa intercessão à de Cristo, para que a oração dos homens, essa ligação vital entre o céu e a terra, não cesse jamais. Quando vamos dormir, outros, como os beneditinos ou os cistercienses, farão a mesma coisa em nosso lugar.

ND: O Ofício noturno não é a alma da Ordem dos cartuxos, a oração que atravessa toda a sua história?

D.L.: Hesito em dizer que sim, no sentido de que, pelo mistério que se realiza, a Eucaristia continua a ser o centro natural da nossa jornada. No entanto, não há dúvida de que o Ofício noturno tem um lugar especialíssimo em nossa vida. Por sua duração de duas a três horas toda noite, por ser um momento muito especial, entre dois períodos de sono, a oração noturna será sempre um momento insubstituível. Estamos distraídos ou recolhidos, esse momento nos molda. É uma oração do corpo, bem como da mente, por causa do canto, mas também simplesmente porque nós estamos lá.

Nossos pais estimavam de tal maneira a oração noturna que, até a Revolução Francesa, eles cantavam de memória toda a salmodia do

Ofício noturno na mais completa escuridão. Ele tem uma dinâmica particular. Estamos juntos e estamos sós. O equilíbrio de nossa vida, feita de solidão e vida comum, se realiza no coração da nossa oração, em uma unidade profunda; o canto coral continua a ser uma obra coletiva em que temos necessidade uns dos outros. Mas à noite, o coro invisível nos deixa a sós em uma atmosfera íntima que facilita o encontro de nosso coração com o de Deus. Seu mistério parece cada vez mais próximo e mais incompreensível.

Unimos nossa oração à de Cristo conforme as belas palavras de Santo Agostinho: "Em toda liturgia, é Cristo que ora por nós como nosso Sacerdote, e em nós, como nossa Cabeça. Assim, reconheçamos nele as nossas vozes, e em nós a sua". (*Enarrat. In Ps.*85: PL 37,1081).. Apenas a luz de Cristo sacramentado brilha intensamente na Igreja.

A Eucaristia mantém o primeiro lugar, e nos une à Igreja inteira. O Ofício noturno marca ainda mais a nossa particularidade, nele se distinguem os irmãos que estão presentes ao Ofício mas normalmente não cantam, orando silenciosamente na parte mais escura da igreja. Os equilíbrios que caracterizam a vida cartuxa estão presentes: vida solitária e trabalho comum, oração silenciosa e oração coral, monges conversos e monges do claustro e, devo acrescentar, monges e monjas.

Esse fato é pouco conhecido, mas, quase desde o início da Ordem, a vocação da cartuxa foi vivida também no feminino. Nascido apenas cinquenta anos depois da morte de são Bruno, o segmento feminino continua bem vivo ainda hoje, discreto e retirado, mas não menos importante para a plenitude do carisma de são Bruno. As monjas da cartuxa rezam o Ofício noturno como nós, no meio da noite.

A alma da Ordem é a sede de Deus. Somos os portadores da sede de Deus, a qual, mesmo sem saber, a humanidade tem ao ansiar por paz, justiça e amor.

Gostaríamos de responder a Deus, que deseja tanto estabelecer um relacionamento de amor com os seres humanos. "Tenho sede", disse Jesus na Cruz.

No silêncio da noite, seja o da cela seja o do coração dos cartuxos, nos Lhe apresentamos a sede inextinguível dos homens, e, à humanidade, apresentamos a sede do próprio Deus, participando assim na obra de Jesus na qual esses dois impulsos se encontraram para sempre.

Eis aí, passados dois mil anos, a grande e humilde ambição da Grande Cartuxa e de todos os filhos de são Bruno.

Posfácio

Como concluir dizendo uma palavra sobre Deus e o silêncio? Devo humildemente reconhecer que já gaguejei diante de um grande mistério. Quem pode realmente falar de silêncio, e sobretudo de Deus, de maneira adequada? Ele é esse rochedo escarpado e íngreme. É-nos impossível subir. Ele desliza por entre os dedos e nossa inteligência, ao fixar nele o olhar, é tomada de vertigem. Na verdade, "quem pode subir a montanha do Senhor e estar no lugar santo? O homem de coração puro e de mãos limpas, que não entrega a sua alma aos ídolos" (Sl 24, 3-4). Deus é inefável, inacessível, invisível. Como ousar falar de alguém que nunca encontramos ou tocamos, nós, que temos o coração impuro?

Diante do mistério de Deus, experimento os mesmos sentimentos que são Gregório de Nissa ao escrever sua *Homilia sobre as bem-aventuranças*: "A impressão que se experimenta quando, do alto de um promontório, lançamos o olhar sobre o mar imenso, é a que o meu espírito sente quando, do alto da Palavra do Senhor, como do cume de uma montanha, ele considera a profundidade insondável dos pensamentos divinos. Certa vez, à beira-mar, vemos uma montanha elevada que apresenta ao oceano uma encosta abrupta de alto a baixo, e cujo cume se precipita sobre um abismo. Minha alma sofre de mesma vertigem, quando levada por esta grande palavra do Senhor: 'Bem-aventurados os limpos de coração, porque verão a Deus'. Deus se mostra àqueles que purificaram seus corações. Ora, Deus ninguém jamais viu, disse o grande são João. E são Paulo, esse espírito sublime, reforça essa afirmação dizendo que ninguém jamais viu, e ninguém o pode ver".

No entanto, podemos tentar falar com Deus a partir de nossa própria experiência do silêncio. Porque Deus se esconde no silêncio e revela-se no silêncio interior de nosso coração.

Neste livro, pretendi mostrar que o silêncio é um dos principais meios que nos permitem entrar em espírito de oração; o silêncio nos dispõe a estabelecer relações vitais e permanentes com Deus. É difícil encontrar uma pessoa piedosa que, ao mesmo tempo, fala muito. Pelo contrário, quem tem o espírito de oração ama o silêncio.

Desde tempos imemoriais, o silêncio é considerado o baluarte da inocência, o escudo contra as tentações e a fonte fecunda do recolhimento. O silêncio favorece a oração, pois desperta em nosso coração os bons pensamentos. De acordo com são Bernardo, ele permite a alma pensar melhor sobre Deus e as realidades do céu. Por essa simples razão, todos os santos ardentemente amaram o silêncio.

A primeira linguagem de Deus é o silêncio. Em seu livro *A oração, frescor de uma fonte*, santa Teresa de Calcutá diz que "temos sede de encontrar com Deus, mas ele não se deixa descobrir no ruído ou na agitação [...]. Quanto mais recebemos em uma oração silenciosa, mais podemos dar em nossa vida ativa. O silêncio nos dá um novo olhar sobre todas as coisas. Precisamos de silêncio para tocar as almas. O essencial não está no que dizemos, mas no que Deus nos diz e naquilo que ele transmite por nosso intermédio. É no silêncio que Jesus sempre nos aguarda. Nesse silêncio, ele também nos ouvirá; nele ele falará às nossas almas e nele vamos ouvir a sua voz. Nesse silêncio, encontraremos nova energia e verdadeira unidade. A energia de Deus será nossa para melhor realizar todas as coisas na unidade de nossos pensamentos com os seus, a unidade de nossas orações com as suas, a unidade de nossas ações com as suas ações, de nossas vidas com a sua".

Nestas páginas, respondendo às belas perguntas de Nicolas Diat, espero ter conseguido mostrar que o silêncio e a oração são inseparáveis e se fecundam mutuamente.

A tagarelice excessiva, presunçosa, caluniadora e descontrolada costuma ter consequências desastrosas. O silêncio favorece o recolhimento, e sempre sai prejudicado por palavras fáceis e demagógicas. Uma pessoa pode se recolher, mas se não é capaz de segurar a sua língua, sua meditação não a terá ajudado a entrar no mistério de Deus nem a se curvar silenciosamente aos pés de seu trono.

Quem abre a porta de um forno, faz com que o calor escape. "Toma cuidado com a tagarelice", disse santa Doroteia, "porque ela afugenta os pensamentos piedosos e a meditação sobre Deus". Uma pessoa que fala incessantemente às criaturas dificilmente falará com Deus, e, por sua parte, Deus lhe falará pouco também. Assim diz o Senhor: "Eu o levarei ao deserto e lhe falarei de coração para coração" (Os 2,14). "Quem fala muito não evita o pecado; quem controla a própria língua, esse é sábio" (Pr 10,19). São Tiago é taxativo: "A língua é um mundo de injustiça" (Tg 3,6).

"No barulho interior, não podemos receber nada nem ninguém", lembra com autoridade e sabedoria o papa Francisco na constituição apostólica *Vultum Dei quaerere* [Buscar a face de Deus].

Sim, muitos pecados advêm do falatório ou do fato de ouvi-lo com complacência. Quantas almas se perderão no Dia do Juízo Final, porque não guardaram a sua língua? "O falante", diz o salmista, "erra sem guia algum" (Sl 139), razão pela qual ele percorre mil e um caminhos sem esperança alguma de acertar. "Quem vigia os lábios guarda a sua alma, diz o sábio, mas quem muito a boca encontrará os demônios" (Pr 13, 3). E são Tiago diz também: "Se alguém não comete falta alguma ao falar, este é um homem perfeito" (Tg 3, 2). Quem permanece em silêncio por amor a Deus se entregará à meditação, à leitura espiritual e à oração diante do Santíssimo Sacramento. Santa Maria Madalena de Pazzi nos diz que aquele que não gosta do silêncio não pode apreciar as coisas de Deus e muito rapidamente se lançará numa enorme fornalha de prazeres mundanos.

A virtude do silêncio não significa que nunca se deva falar. Ela nos convida a permanecer calados quando não há boas razões para falar. O Eclesiastes diz: " Há tempo de calar, e tempo de falar" (3, 7). Referindo-se a essas palavras, são Gregório de Nissa diz: "O silêncio é mencionado em primeiro lugar, porque é por meio do silêncio que aprendemos a arte de falar". Quando um cristão, que deseja se tornar santo, deve guardar o silêncio? Quando deve falar? Quando deve desafiar as seduções da ditadura do ruído? Ele permanecerá em silêncio quando não é necessário falar, e abrirá a boca quando a necessidade da caridade o exigir. São João Crisóstomo formula a seguinte regra: "Fale apenas quando for mais útil falar que manter silêncio".

Da mesma forma, santo Arsênio reconhece que muitas vezes ele se arrependeu de ter falado, mas nunca de ter ficado em silêncio. Santo Efrém se junta a ele, e insiste: "Fale muito com Deus, mas pouco com os homens".

Posfácio

Encorajo a todos que não se esqueçam desses conselhos. Se, em sua presença, usa-se de linguagem imprópria e pecaminosa, saia desse ambiente, se for possível fazê-lo. Se as circunstâncias lhe obrigam a ficar, ao menos abaixe os olhos e permaneça em silêncio, ou tente desviar a conversa para outro assunto. Assim o seu silêncio torna-se um protesto contra uma fofoca nauseante. Quando você for obrigado a falar, pese bem as palavras a ser ditas. "Pesa tuas palavras numa balança", diz o livro do Eclesiástico (28, 25). São Francisco de Sales observou isso metaforicamente: "Para evitar os pecados da língua, devemos ter os lábios abotoados para pensar sobre o que iremos dizer ao desabotoá-los".

É hora de nos rebelarmos contra a ditadura do ruído que visa quebrar os nossos corações e as nossas inteligências. Uma sociedade barulhenta é como uma triste decoração feita de papelão, um mundo sem consistência, uma fuga imatura. Uma Igreja barulhenta torna-se vaidosa, infiel e perigosa.

Na *Vultum Dei quaerere*, o papa Francisco nos diz que precisamos nos "livrar de tudo o que é exclusivamente mundano para viver a lógica do Evangelho, que é a lógica do dom, especialmente o dom de si, como exigência de resposta ao primeiro e único amor de nossa vida". Essas palavras vigorosas do pontífice ressoam como uma advertência.

Para aprender a guardar silêncio e nutrir-se da presença de Deus, devemos praticar a *lectio divina*, que é um momento de escuta silenciosa, de contemplação e de profundo recolhimento à luz do Espírito. A *lectio divina* é um caudaloso rio que transporta todas as riquezas acumuladas ao longo da história da Igreja pelos fervorosos leitores da Palavra de Deus.

A *lectio divina* nunca é uma leitura particular. Ela se alimenta da interpretação dos que nos precederam. O monge, o sacerdote e o diácono estão a ela habituados pela Liturgia das Horas, que os faz ouvir, depois da leitura do Livro Sagrado, os comentários dos Santos Padres da Igreja. Esses comentários não raro são muito diferentes entre si. Eles podem ser austeros, desconcertantes e mesmo estranhos para a nossa mentalidade contemporânea. Mas se perseverarmos na *lectio divina* e na escuta silenciosa do que o Espírito diz às Igrejas, nosso estranhamento será recompensado com joias e riquezas inauditas.

Assim, Isaac da Estrela se maravilha com os inesgotáveis recursos do texto sagrado. "A sabedoria de Deus é justamente chamada como fonte dos jardins e poços de águas vivas (Ct 4,15), 'fonte' por seu escoamento inesgotável, e 'poços', isto é, a inspiração superabundante de sentidos que jorram perpetuamente" (Sermão 16,1). Com essa mesma agilidade interpretativa, ele encontra, no próprio texto, a permissão de que se façam comentários sempre novos: O Filho da Promessa manteve os poços cavados por seu Pai e escavou, para si mesmo, outros novos" (Sermão 16,1).

Como uma presença viva, a Palavra não nos deixa, e nós não a deixamos também. Nós a comemoramos todos os dias. Nossa memória a rumina e nosso coração a medita. Torna-se uma fonte de água que flui continuamente para dentro de nós. Não é isso que Jesus disse à mulher samaritana: "Quem beber da água que eu lhe der nunca mais terá sede, e a água que eu lhe der se tornará nele uma fonte de água que jorra para a vida eterna?" (Jo 4,14). A Palavra lida em silêncio nos acompanha, ilumina e alimenta. "Como eu amo a vossa lei, Senhor, todos os dias eu a medito" (Sl 118, 97). Essa Palavra é amada, frequentada, procurada porque ela é a Presença daquele que nos ama eternamente.

Por meio dela, Aquele a quem minha alma busca lá está. Ele me encontra e eu O encontro. Ele se revela a mim e Ele me revela a mim mesmo.

Posfácio

Nesse caso, a oração pode mergulhar no silêncio: não no silêncio da ausência do outro ou de mim mesmo, que a seu tempo também ocorre, mas esse silêncio que vem além da Palavra quando ela nos alcança.

Em uma palavra, Deus ou nada. Porque Deus nos basta.

Cardeal Robert Sarah

Bibliografia

Accart Xavier. *Comprendre et vivre la liturgie*. Paris: Plon, 2015.

Ambroise de Milan (santo). *Traité sur les mystères*. In: *Des sacrements, des mystères. Explication du symbole*, Paris, Éditions du Cerf, 2008.

Augustin (santo). *Confessions*. Paris: Flammarion, 2008.

Bernanos, Georges. *Dialogue des carmélites*. Paris: Éditions du Seuil, 1995.

_____ . *Journal d'un curé de campagne*, Paris, Plon, 1987.

Bérulle, Pierre de. *OEuvres de piété*. Paris: Éditions du Cerf, 1996.

Camus, Albert. *L'Homme révolté*. Paris: Gallimard, 1951.

Comastri, Angelo. *Quand le ciel s'ouvre récits de conversions au xxe siècle*. Nouan-le-Fuzelier: Éditions Edb, 2010.

_____ . *Dio scrive dritto*. avec Saverio Gaetta, San Paolo, 2012.

Dagens, Claude. *Saint Grégoire le Grand. Culture et expérience chrétiennes*. Paris: Éditions du Cerf, 2014.

Denys l'Aréopagite (santo). *La Théologie mystique*. Paris: Éditions J.-P. Migne, 1991.

Dillard, Victor. *Au Dieu inconnu*. Paris: Beauchesne, 1938.

Eckhart, Johannes. *Sermons*. Paris: Éditions du Seuil, 2012.

Green, Julien. *Partir avant le jour*. Paris: Grasset, 1963.

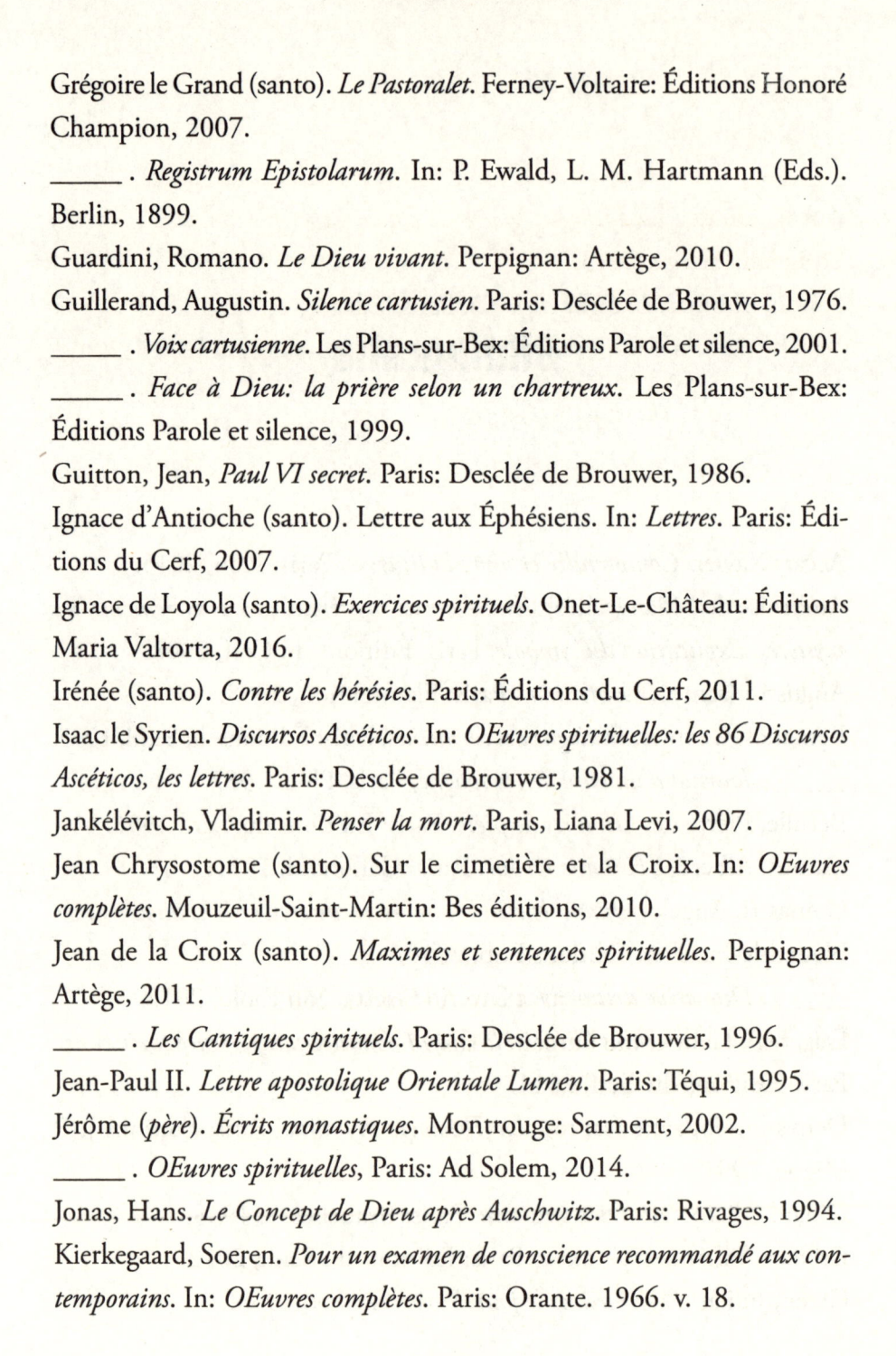

Grégoire le Grand (santo). *Le Pastoralet*. Ferney-Voltaire: Éditions Honoré Champion, 2007.

_____ . *Registrum Epistolarum*. In: P. Ewald, L. M. Hartmann (Eds.). Berlin, 1899.

Guardini, Romano. *Le Dieu vivant*. Perpignan: Artège, 2010.

Guillerand, Augustin. *Silence cartusien*. Paris: Desclée de Brouwer, 1976.

_____ . *Voix cartusienne*. Les Plans-sur-Bex: Éditions Parole et silence, 2001.

_____ . *Face à Dieu: la prière selon un chartreux*. Les Plans-sur-Bex: Éditions Parole et silence, 1999.

Guitton, Jean, *Paul VI secret*. Paris: Desclée de Brouwer, 1986.

Ignace d'Antioche (santo). Lettre aux Éphésiens. In: *Lettres*. Paris: Éditions du Cerf, 2007.

Ignace de Loyola (santo). *Exercices spirituels*. Onet-Le-Château: Éditions Maria Valtorta, 2016.

Irénée (santo). *Contre les hérésies*. Paris: Éditions du Cerf, 2011.

Isaac le Syrien. *Discursos Ascéticos*. In: *OEuvres spirituelles: les 86 Discursos Ascéticos, les lettres*. Paris: Desclée de Brouwer, 1981.

Jankélévitch, Vladimir. *Penser la mort*. Paris, Liana Levi, 2007.

Jean Chrysostome (santo). Sur le cimetière et la Croix. In: *OEuvres complètes*. Mouzeuil-Saint-Martin: Bes éditions, 2010.

Jean de la Croix (santo). *Maximes et sentences spirituelles*. Perpignan: Artège, 2011.

_____ . *Les Cantiques spirituels*. Paris: Desclée de Brouwer, 1996.

Jean-Paul II. *Lettre apostolique Orientale Lumen*. Paris: Téqui, 1995.

Jérôme (*père*). *Écrits monastiques*. Montrouge: Sarment, 2002.

_____ . *OEuvres spirituelles*, Paris: Ad Solem, 2014.

Jonas, Hans. *Le Concept de Dieu après Auschwitz*. Paris: Rivages, 1994.

Kierkegaard, Soeren. *Pour un examen de conscience recommandé aux contemporains*. In: *OEuvres complètes*. Paris: Orante. 1966. v. 18.

Marie-Eugène de l'Enfant-Jésus (*père*). *Au souffle de l'Esprit*. Chouzé-sur--Loire: Saint-Léger productions, 2014.

_____ . *Je veux voir Dieu*. Toulouse: Éditions du Carmel, 2014.

Marini. Guido. *La Liturgie: gloire de Dieu. sanctification de l'homme*. Perpignan: Artège, 2013.

Merton, Thomas. *Le Signe de Jonas*. Paris: Éditions Albin Michel, 1955.

Messori, Vittorio. Ratzinger Joseph. *Entretien sur la foi*. Paris: Fayard, 2005.

Nabert, Nathalie. *La Grande Chartreuse, au-delà du silence*. Grenoble: Glénat, 2002.

Newman, John Henry. *Grammaire de l'assentiment*. Paris: Ad Solem, 2010.

Norwich. Julienne de. *Une révélation de l'amour de Dieu*. Bégrolles-en--Mauges: Éditions de l'Abbaye de Bellefontaine, 1977.

Pascal, Blaise. *Pensées*. Paris: Flammarion, 2015.

Plotin. *Ennéades*. Paris: Éditions des Belles Lettres, 1964.

Porion, Jean-Baptiste. *Amour et silence*. Paris: Ad Solem, 2010.

Raguin, Yves. *Les Chemins de la contemplation. éléments de la vie spirituelle*. Paris: Desclée de Brouwer, 1970.

Rassam, Joseph. *Le Silence comme introduction à la métaphysique*. Toulouse: Éditions universitaires du Sud, 1989.

Ratzinger, Joseph. *Un chant nouveau pour le Seigneur. La foi dans le Christ et la liturgie aujourd'hui*. Paris: Fleurus, 2005.

_____ . *L'Esprit de la liturgie*. Paris: Ad Solem, 2001.

Rueg, Jean Gabriel (de l'Enfant-Jésus). *Le Son du silence au saint désert*. Toulouse: Éditions du Carmel, 2010.

Saint-Thierry, Guillaume de. *Lettre aux frères du Mont-Dieu*. Paris: Éditions du Cerf, 2004.

Samuel (*père*). *Qui cherchait Théophane*. Turnhout: Brepols, 1992.

Scheeben, Matthias-Joseph. *Les Mystères du christianisme*. Paris: Desclée de Brouwer, 1947.

Sesboüé, Bernard. *Croire. Invitation à la foi catholique pour les femmes et les hommes du xxie siècle*. Paris: Droguet et Ardant, 1999.
Teresa de Calcutta (santa). *La Prière, fraîcheur d'une source*. Paris: Centurion, 1992.
_____ . *Jésus, celui qu'on invoque: prières et méditations pour chaque jour de l'année*. Bruyères-le-Châtel: Nouvelle Cité, 1995.
Thérèse d'Ávila (santa). *Le Château intérieur: les trois premières demeures de l'âme*. Paris: Gallimard, 2016.
Thérèse de Lisieux (santa). Lettre à Celine. In: *Les Plus Belles Lettres de Thérèse de Lisieux*. Paray-le-Monial: Éditions de l'Emmanuel, 2016.
Valéry, Paul. *Tel quel*. Paris: Gallimard, 1996.
Zundel, Maurice. *Un autre regard sur l'homme*. Montrouge: Éditions du Jubilé, 2006.
_____ . *L'Humble Présence*. Montrouge: Sarment, 2008.

Fons Sapientiae

Este livro foi impresso em papel polen soft 70g, capa triplex laminação fosca com verniz UV
Senador Feijó, 120 - Centro - Sé - 01006-000 São Paulo - SP
T 55 11 3242 0449
www.FonsSapientiae.com.br